PÔLE NORD
OCÉAN GLACIAL ARCTIQUE
ESTONIE
LETTONIE
LITUANIE
RÉPUBLIQUE TCHÈQUE
RUSSIE
Moscou
EUROPE
SLOVAQUIE
HONGRIE
SLOVÉNIE
CROATIE
ROUMANIE
BULGARIE
GRÈCE
Ankara
TURQUIE
CHYPRE
Méditerranée
Téhéran
IRAN
ASIE
JAPON
Tokyo
Pékin
CHINE
PAKISTAN
Karachi
New Delhi
Le Caire
Riyad
ÉGYPTE
ARABIE SAOUDITE
Mer Rouge
Golfe d'Oman
INDE
Golfe du Bengale
OCÉAN PACIFIQUE
CONGO
Jakarta
INDONÉSIE
Mayotte
OCÉAN INDIEN
OCÉANIE
La Réunion
Nouvelle-Calédonie
Pretoria
AUSTRALIE
Nouvelle-Amsterdam
Canberra
Saint-Paul
Crozet
Kerguelen
NOUVELLE-ZÉLANDE
N
O
E
S
OCÉAN GLACIAL ANTARCTIQUE
ANTARCTIQUE
Terre Adélie
PÔLE SUD

Moi en CE2

Tout Savoir

CONFORME AUX PROGRAMMES

CE2

Français
Dominique Marchand

Mathématiques
André Mul

Temps, Enseignement moral et civique, Espace
Bénédicte Idiard

Sciences
Marc Antoine et Richard Minguez

Anglais
Corinne Touati

Avec la participation de Stéphanie Grison

Cet ouvrage est conforme à la nouvelle orthographe
www.orthographe-recommandee.info

Hatier

Mode d'emploi

QUAND utiliser *Tout Savoir* au CE2 ?

- Tu veux réviser et t'entrainer avant un contrôle.
- Tu as besoin de vérifier tes connaissances dans une matière… c'est le moment d'ouvrir *Tout Savoir* !

COMMENT utiliser *Tout Savoir* au CE2 ?

- Pour profiter au mieux de chaque chapitre :
  - commence par lire très attentivement la **LEÇON** ;
  - observe la **MÉTHODE** pour comprendre comment faire ;
  - fais les **EXERCICES** par ordre de difficulté pour t'entrainer.

- Dans le **GUIDE PARENTS DÉTACHABLE**, tu trouveras les corrigés détaillés de tous les exercices. Lorsque tu as vérifié tes réponses, seul(e) ou avec tes parents, entoure un des smileys et reporte tes résultats sur la page sommaire de chaque matière.
- Dans l'onglet « **Moi en CE2** », tu trouveras des conseils et des activités pour mieux te connaitre, bien apprendre et t'épanouir à l'école.
- Dans l'onglet « **Vers le CM1** », tu trouveras des bilans-quiz dans toutes les matières et le programme de l'année prochaine.
- Dans ce livre, certains mots sont écrits avec l'orthographe recommandée par le ministère de l'Éducation nationale. Par exemple, « entraîner » devra s'écrire « entrainer » ou encore le mot composé « un abat-jour » s'écrira au pluriel « des abat-jours ». Seuls les textes d'auteur restent dans l'ancienne orthographe.

Cet ouvrage est conforme à la nouvelle orthographe
www.orthographe-recommandee.info

+ UN SITE D'ENTRAINEMENT

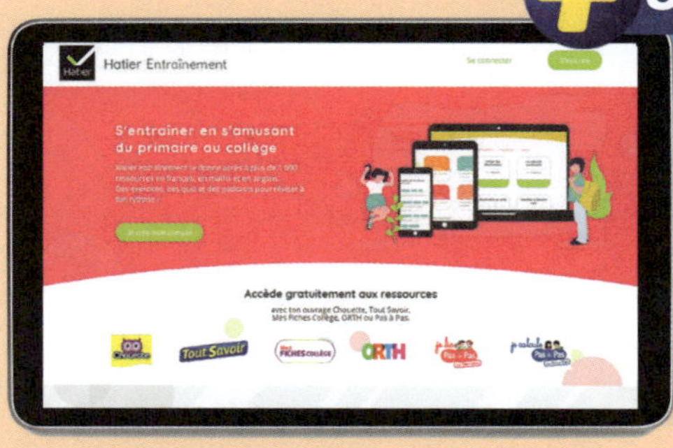

avec **DES EXERCICES INTERACTIFS ET DES DICTÉES EN ACCÈS GRATUIT** sur www.hatier-entrainement.com

Scannez ce code pour découvrir le site www.hatier-entrainement.com

Édition : Stéphanie Simonnet et Imaginemos
Conception graphique : Favre et Lhaïk
Réalisation : Ici & ailleurs
Cartographie : Jean-Pierre Crivellari
Dessins : Corédoc, Ici & ailleurs, Domino
Illustrations : Anne Guillard (pictos rubriques et entrées de parties), Christel Han (*Guide parents* et onglet « Moi en CE2 »), Hélène Fuggetta, Mathias Gally, Vincent Landrin, Benoît Perroud, François Vincent, Ama illustratrice
Iconographie : Hatier illustration

Adaptées à tous les profils, les leçons te permettent d'utiliser la méthode d'apprentissage qui te convient le mieux.

regarder écouter manipuler

Le numéro du chapitre

Une **LEÇON** visuelle pour bien mémoriser

Une question pour démarrer la leçon

Des **EXERCICES VARIÉS** avec 3 niveaux de difficulté repérés par des étoiles

Un **QUIZ** sur la leçon

Une couleur par matière

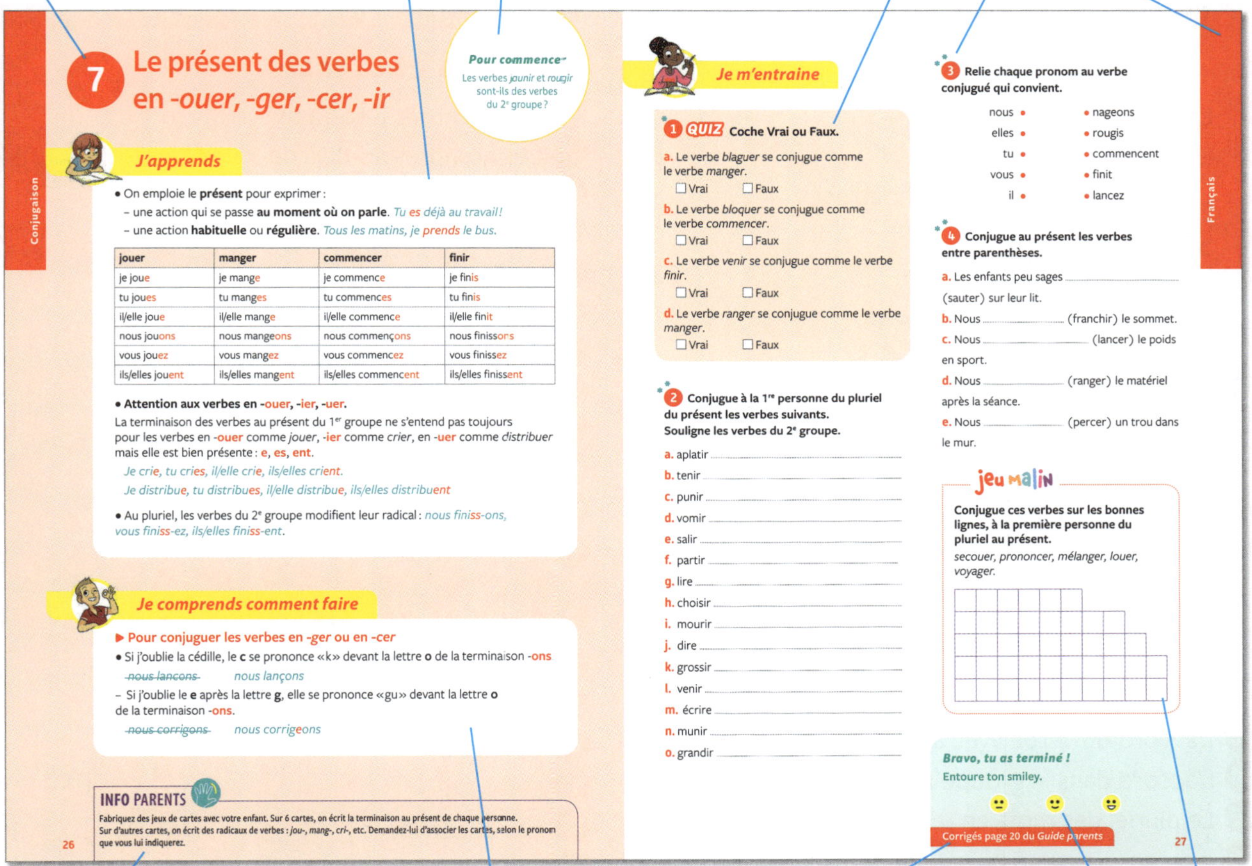

Conjugaison

7 Le présent des verbes en *-ouer, -ger, -cer, -ir*

Pour commencer
Les verbes *jaunir* et *rougir* sont-ils des verbes du 2e groupe ?

J'apprends

- On emploie le **présent** pour exprimer :
  - une action qui se passe **au moment où on parle**. *Tu es déjà au travail !*
  - une action **habituelle** ou **régulière**. *Tous les matins, je prends le bus.*

jouer	manger	commencer	finir
je joue	je mange	je commence	je finis
tu joues	tu manges	tu commences	tu finis
il/elle joue	il/elle mange	il/elle commence	il/elle finit
nous jouons	nous mangeons	nous commençons	nous finissons
vous jouez	vous mangez	vous commencez	vous finissez
ils/elles jouent	ils/elles mangent	ils/elles commencent	ils/elles finissent

- **Attention aux verbes en -ouer, -ier, -uer.**

La terminaison des verbes au présent du 1er groupe ne s'entend pas toujours pour les verbes en -ouer comme *jouer*, -ier comme *crier*, en -uer comme *distribuer* mais elle est bien présente : **e, es, ent**.

Je crie, tu cries, il/elle crie, ils/elles crient.

Je distribue, tu distribues, il/elle distribue, ils/elles distribuent

- Au pluriel, les verbes du 2e groupe modifient leur radical : *nous finiss-ons, vous finiss-ez, ils/elles finiss-ent.*

Je comprends comment faire

▶ Pour conjuguer les verbes en *-ger* ou en *-cer*

- Si j'oublie la cédille, le **c** se prononce «k» devant la lettre **o** de la terminaison -**ons**

~~nous lancons~~ *nous lançons*

– Si j'oublie le **e** après la lettre **g**, elle se prononce «gu» devant la lettre **o** de la terminaison -**ons**.

~~nous corrigons~~ *nous corrigeons*

INFO PARENTS
Fabriquez des jeux de cartes avec votre enfant. Sur 6 cartes, on écrit la terminaison au présent de chaque personne. Sur d'autres cartes, on écrit des radicaux de verbes : *jou-*, *mang-*, *cri-*, etc. Demandez-lui d'associer les cartes, selon le pronom que vous lui indiquerez.

26

Je m'entraine

1 QUIZ Coche Vrai ou Faux.

a. Le verbe *blaguer* se conjugue comme le verbe *manger*.
☐ Vrai ☐ Faux

b. Le verbe *bloquer* se conjugue comme le verbe *commencer*.
☐ Vrai ☐ Faux

c. Le verbe *venir* se conjugue comme le verbe *finir*.
☐ Vrai ☐ Faux

d. Le verbe *ranger* se conjugue comme le verbe *manger*.
☐ Vrai ☐ Faux

2 Conjugue à la 1re personne du pluriel du présent les verbes suivants. Souligne les verbes du 2e groupe.

a. aplatir ……
b. tenir ……
c. punir ……
d. vomir ……
e. salir ……
f. partir ……
g. lire ……
h. choisir ……
i. mourir ……
j. dire ……
k. grossir ……
l. venir ……
m. écrire ……
n. munir ……
o. grandir ……

3 Relie chaque pronom au verbe conjugué qui convient.

nous •	• nageons
elles •	• rougis
tu •	• commencent
vous •	• finit
il •	• lancez

4 Conjugue au présent les verbes entre parenthèses.

a. Les enfants peu sages …… (sauter) sur leur lit.
b. Nous …… (franchir) le sommet.
c. Nous …… (lancer) le poids en sport.
d. Nous …… (ranger) le matériel après la séance.
e. Nous …… (percer) un trou dans le mur.

jeu malin

Conjugue ces verbes sur les bonnes lignes, à la première personne du pluriel au présent.
secouer, prononcer, mélanger, louer, voyager.

Bravo, tu as terminé !
Entoure ton smiley.

Corrigés page 20 du *Guide parents*

27

Français

Le smiley à entourer

Des **CONSEILS** pratiques pour appliquer la leçon au quotidien

Le renvoi au *Guide parents* (corrigés et conseils)

Un jeu malin pour terminer le chapitre

Une **MÉTHODE** pour comprendre et savoir faire

SOMMAIRE

MOI EN CE2

FRANÇAIS

Grammaire

Conjugaison

Orthographe

Vocabulaire

Lire et écrire

MATHÉMATIQUES

Nombres et calculs

Espace et géométrie

Grandeurs et mesures

Problèmes

TEMPS • EMC • ESPACE

TEMPS

Repères et mesures du temps

Les modes de vie de différentes époques

Des évènements clés

ENSEIGNEMENT MORAL ET CIVIQUE

ESPACE

Situer un lieu

Identifier des paysages

SCIENCES

La matière

Le vivant

Les objets techniques

ANGLAIS

VERS LE CM1

Comment bien retenir tes leçons ?

Ton cerveau est comme une **grande forêt** dans laquelle des chemins se tracent **tout au long de ta vie**, au fur et à mesure de tes apprentissages. Et comme dans une forêt, plus tu repasses sur le même sentier, plus le chemin se dessine et devient facile à emprunter. Il est donc important de refaire **plusieurs fois** les choses pour les retenir.

1 Conseils pour retenir tes leçons

• Répète plusieurs fois ce que tu as appris pour t'en souvenir longtemps.

Tes connaissances passeront ainsi dans la **mémoire à long terme** mais il faut être patient car ce transfert d'informations est long. Pour que tu te souviennes dans 10 ans des apprentissages que tu fais en CE2, il faut revenir dessus pendant environ 2 ans. Il est donc important que tu répètes régulièrement les leçons que tu es en train d'apprendre **mais aussi** celles que tu as apprises il y a longtemps. Ce délai peut te sembler très long mais ne t'inquiète pas : les apprentissages que l'on fait en classe sont toujours revus dans les classes suivantes.

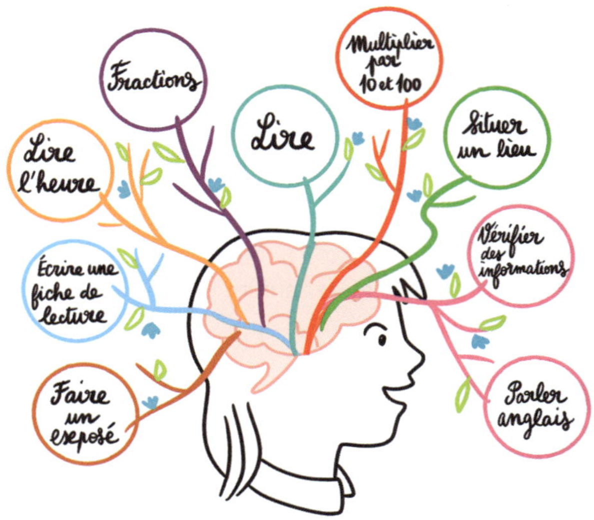

Il y a deux périodes dans la mémorisation des apprentissages :
– **une première période d'apprentissage intensif** (en début d'apprentissage), pendant laquelle tu dois revenir souvent sur ta leçon (plusieurs fois par semaine) ;
– **une deuxième période de consolidation** (lorsque la leçon est retenue) pendant laquelle tu dois espacer tes révisions (tous les 15 jours, puis tous les mois...).

• Fais des pauses régulièrement.

Lorsque tu dois retenir une leçon, programme un minuteur à 20 minutes. Si tu passes plus de 20 minutes sur une leçon, tu seras moins concentré(e) et tu retiendras moins bien ta leçon. Organise ton temps de travail pour ne pas être bousculé(e). Si tu as une longue leçon à apprendre, commence plusieurs jours avant et apprends petit à petit, tu seras beaucoup plus efficace ! Si tu as pris du retard et que tu dois fournir un effort plus longtemps, fais une pause au bout de 20 minutes.

- **Dors bien !**

Pendant que tu dors, ton cerveau continue de travailler. Il consolide les apprentissages que tu as faits dans la journée.

- **Fais des tests de connaissances.**

Lorsque tu as appris une leçon et que tu as laissé passer une bonne nuit, demande-toi ce que tu en as retenu. L'effort que ton cerveau doit fournir pour retrouver le chemin de cette connaissance permet de tracer durablement ce chemin dans ta mémoire. Cette étape d'autotest te permet aussi de te rendre compte de ce que tu as moins bien retenu de la leçon, et donc de ce que tu devras revoir davantage.

Pour t'autotester, tu peux te fabriquer des cartes, sur lesquelles tu écris une question au recto et la réponse au verso. Tu poses ensuite les cartes faces recto visibles, tu lis les questions puis tu y réponds avant de vérifier tes réponses au verso.

2 Astuces et jeux pour mieux retenir une leçon

- **Fabrique un jeu de cartes.**

Pour mémoriser les unités de masses et de contenances :

avion	sac de farine	baguette de pain	flacon de médicament	bassine
tonne	kilogramme	gramme	centilitre	litre

- reproduis et découpe ces cartes, puis associe-les en fonction de la masse ou de la contenance de chaque objet.

- **Fais un tableau.**

Pour mémoriser les cinq classes de mots variables :

Les cinq classes de mots variables	
Les verbes	marche – marchons
Les noms	Alix, chat
Les déterminants	le, un, des
Les adjectifs	petit, grandes, rouge
Les pronoms	elle, vous

- **Fabrique des boites secrètes.**

Pour mémoriser le pluriel des mots en *-ou* :

- écris sur des petits papiers les noms en *-ou* de ta leçon : *pou, fou, trou, bijou, genou, écrou*… puis range-les dans la boite des S ou dans celle des X en fonction de leur pluriel ;
- amuse-toi ensuite à « deviner » quels mots tu peux trouver dans chacune des boites.

Comment apprendre efficacement ?

Pour bien apprendre, il est important d'être concentré(e) sur son travail et d'avoir **l'esprit dégagé** de tous ses problèmes.
Pour avoir **l'esprit dégagé**, tu peux écrire sur un carnet ce qui te rend malheureux(se) ou énervé(e) : *une dispute avec un copain, une mauvaise note, un exercice que tu n'as pas réussi à faire en classe*... Cela te permettra de mettre le problème de côté le temps de tes devoirs et d'y revenir ensuite pour le régler.

Astuces pour mieux te concentrer

• Fais des exercices de relaxation.

- Assieds-toi sur une chaise, les pieds au sol.
- Ferme tes yeux et ressens les différents endroits de ton corps qui touchent la chaise (les omoplates sur le dossier, les coudes sur les accoudoirs...).
- Fais un point de couleur sur chacune de ces parties de ton corps avec un feutre imaginaire.
- Relie les différents points avec ton feutre imaginaire.

• Trace un carré puis visualise-le.

- Trace un carré en reliant les points de 1 à 5.

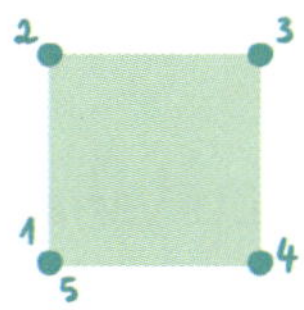

- Dessine un carré à côté de celui-ci en t'arrêtant à chaque coin.

- Ferme les yeux et trace mentalement un carré en t'arrêtant 1 seconde à chaque coin.

• Écris des mots à l'envers.

Choisis 10 mots dans un livre que tu aimes et écris-les à l'envers en respectant scrupuleusement l'ordre des lettres.

Comment faire tes devoirs ?

• **Colorie les objets restés en blanc dans chaque dessin, puis observe comment Lili se met dans de bonnes conditions pour faire ses devoirs.**

Comment renforcer ta confiance en toi?

Entoure les dessins qui illustrent les bonnes attitudes à suivre pour avoir confiance en soi et mieux réussir à l'école.

- **Oublier la peur des erreurs.**

- **Accepter de mettre du temps pour apprendre.**

- **Se fixer des objectifs qui te correspondent.**

Tu peux te fabriquer une échelle pour te rendre compte de tes progrès.

Je connais ma table de 7.

Je connais	7 × 7	8 × 7	9 × 7	10 × 7
Je connais	4 × 7	5 × 7	6 × 7	
Je connais	1 × 7	2 × 7	3 × 7	

Comment préparer un exposé ?

Comme pour beaucoup de personnes (adultes et enfants), **prendre la parole en public** peut être impressionnant, et même parfois paralysant !

Traduis les mots codés pour découvrir des astuces qui te permettront de rendre cette activité moins stressante.

A	B	C	D	E	F	G	H	I	J	K	L	M
⌑	♓	♊	□	✪	⌖	💧	★	♌	♒	☼	♈	❄
N	**O**	**P**	**Q**	**R**	**S**	**T**	**U**	**V**	**W**	**X**	**Y**	**Z**
▶	❁	♍	🕯	⌨	&	♋	♦	▲	♑	❑	♎	⌘

a. Plus tu connais ton (&♦♒✪♋) ……………… , plus il est facile d'en parler devant tes (♊⌑❄⌑⌨⌑□✪&) ……………… . Il est donc important que tu (⌨✪♈♌&✪&) ……………… plusieurs fois ton exposé avant de le présenter devant ta classe.

b. Répète plusieurs fois ton texte devant un (❄♌⌨❁♌⌨) ……………… , en parlant (♈✪▶♋✪❄✪▶♋) ………………, mais avec une voix suffisamment (⌖❁⌨♋✪) ……………… pour être entendu(e) par toute la classe. Plus tu parleras fort, moins on te fera répéter.

c. Lorsqu'on se retrouve devant un public, on ne sait souvent plus quoi faire de son (♊❁⌨♍&), ………………, comme si tout à coup on se rendait compte qu'on en avait un ! Pense à utiliser tes (❄⌑♌▶&) ……………… pour accompagner ce que tu veux dire. Si tu veux dire : «il y a d'un côté… et d'un autre côté…», montre quelque chose dans le vide vers la gauche avec une main, puis montre autre chose dans le vide vers la droite avec l'autre.

d. Accroche ton (⌨✪💧⌑⌨□)……………… à un camarade et change de camarade à chaque nouveau (♍⌑⌨⌑💧⌨⌑♍★✪) ……………… de ton exposé.

e. Ne panique pas lorsque tu ne trouves plus tes mots. Les (&♌♈✪▶♊✪&) ……………… permettent à tes camarades de «digérer» toutes les informations que tu leur as données, et ces «blancs» créent en plus un (&♦&♍✪▶&) ……………… pour la suite de l'exposé.

f. Pour diminuer ton stress, préviens tes camarades avant le début de l'exposé que tu n'es pas très à l'aise dans ce type de situation et que tu t'excuses si tu parles trop (▲♌♋✪) ……………… ou trop doucement. Annoncer ta peur t'aide à la (□♌❄♌▶♦✪⌨) ………………!

FRANÇAIS

→ Des exercices interactifs
et des dictées audio sur
www.hatier-entrainement.com

Date Évaluation

Grammaire

Conjugaison

Orthographe

Vocabulaire

Lire et écrire

1 La phrase

Pour commencer

Quel point termine une phrase exclamative ?

J'apprends

• **Une phrase est une suite de mots dont l'ordre permet de donner du sens.**
Elle commence par une majuscule et se termine par :

– un point quand elle affirme un fait et donne un avis.
Tu aimes te promener.

– un point d'interrogation quand elle pose une question.
Rentreras-tu ce soir ? Quand rentreras-tu ?

– un point d'exclamation quand elle exprime un sentiment fort (émotion, colère, joie, admiration, etc.)
Comme tu as grandi !

• **Une phrase qui ne contient pas de négation est une phrase affirmative.**
Pour dire le contraire d'une affirmation, on emploie la forme négative.
On encadre le verbe avec *ne... pas*, *point*, *jamais*, etc.

Forme affirmative	Forme négative
Il a toujours faim.	*Il **n'**a **jamais** faim.*
Est-ce que tu pars en vacances ?	*Est-ce que tu **ne** pars **pas** en vacances ?*
Comme il fait beau aujourd'hui !	*Comme il **ne** fait **pas** beau aujourd'hui !*

Je comprends comment faire

▶ Pour utiliser la phrase négative

• J'utilise toujours deux mots qui encadrent le verbe comme une paire de lunettes.
Cendrillon ne va pas au bal.

• Je peux utiliser comme deuxième mot : *jamais*, *plus*, *personne*, *rien*.
Cendrillon ne va jamais au bal.
Cendrillon ne va plus au bal.

INFO PARENTS

Veillez bien à ce que votre enfant emploie le *ne* même à l'oral quand il dit une phrase négative.

Je m'entraine

1 QUIZ Coche Oui ou Non.

a. Dans une phrase négative, on peut employer *ne… jamais*.
☒ Oui ☐ Non

b. Dans une phrase interrogative, on inverse toujours le sujet et le verbe.
☐ Oui ☒ Non

c. Le contraire de *quelqu'un* est *personne ne…*
☒ Oui ☐ Non

d. Pour exprimer la colère, on peut finir la phrase par un point d'exclamation.
☒ Oui ☐ Non

2 On a effacé tous les points, les points d'interrogation et les points d'exclamation de ce texte. **Mets la ponctuation qui convient à la fin de chaque phrase.**

Des bougies ? Naturellement, sur un gâteau d'anniversaire ! Sept bougies, puisque Zétic a sept ans . Mais il y avait aussi trois petits animaux en pâte d'amande . Zétic a crié tout de suite :

« Je veux le nounours ! Je veux le nounours ! »

D'après *Le Journal de Manou*.

3 Transforme ces phrases affirmatives en phrases négatives.

a. Je [ne] suis [pas] triste.
b. En général, les enfants [n'] aiment [pas] les épinards.
c. Il [n']a [pas] vu ce film.
d. L'hôtel [n']est [pas] complet.
e. Pierrot [n']a [pas] encore du feu.
f. Les rossignols [ne] chantent [pas] en été.

4 Transforme ces phrases négatives en phrases affirmatives.

a. Le pilote ne conduit pas bien sa voiture.
Le pilote conduit bien sa voiture.

b. Iko n'habite pas au Japon.
IKO habite au japon.

c. Est-ce que Magali ne joue plus à la poupée?
Est-ce que Magali joue à la poupée?

d. Mon vélo ne roule pas bien sur les bosses.
Mon vélo roule bien sur les bosses.

e. Ferdinand n'a pas voulu de chocolat.
Ferdinand a voulu du chocolat

jeu malin

Remets ces morceaux de puzzles dans l'ordre pour former 3 phrases.

aimons | déjeuner? | pas | votre | Non merci. | poisson! | pour | Voulez- | le | panés | vous | des | poissons | Nous n'

Bravo, tu as terminé !

Entoure ton smiley.

Corrigés page 20 du *Guide parents*

2 Le nom et le groupe nominal

Pour commencer

Je suis précédé d'un déterminant. Qui suis-je ?

J'apprends

- Le **nom commun** désigne une **personne**, un **animal**, un **objet**, un **sentiment**, un **fait** de manière générale.

Il est presque toujours précédé d'un **déterminant**.

L'ensemble forme le **groupe nominal**.

Un peintre, un chien, des maisons, la nuit, ton livre...

- Le groupe nominal peut être enrichi par un **adjectif qualificatif**.

un enfant malin

Je comprends comment faire

▶ Pour distinguer un nom propre d'un nom commun

Parmi tous ces chiens, le mien est ce chien noir qui s'appelle Rex.

Je lui ai donné un nom particulier, Rex.

Un nom propre commence par une majuscule.

INFO PARENTS

Demandez à votre enfant de vous lister les prénoms de la famille en associant nom propre et degré de parenté :
Emma → ma sœur, Pierre → mon oncle...

Je m'entraine

1 QUIZ Coche Vrai ou Faux.

a. Tous les mots qui commencent par une majuscule sont des noms propres.

☐ Vrai ☒ Faux

b. À la gauche d'un nom commun on peut écrire un déterminant.

☒ Vrai ☐ Faux

c. Le Rhône est un nom propre.

☒ Vrai ☐ Faux

d. Dans le groupe nominal « le drapeau français », *français* est un nom propre.

☐ Vrai ☒ Faux

2 Remplace les noms propres soulignés par des noms communs.

a. Blanchette n'a pas écouté Monsieur Seguin.

La chèvre n'a pas écouté Monsieur Seguin.

b. Idéfix ronge un os.

Le chien ronge un os.

c. Donald est poursuivi par un ours.

Le canard est poursuivi par un ours.

d. Jerry adore le fromage.

La souris adore le fromage.

e. Minette a bu tout son lait.

La chatte a bu tout son lait.

3 Rétablis dans les phrases suivantes les majuscules aux noms propres.

a. Les plus hautes montagnes de france sont : les alpes et les pyrénées. Là-bas vivent encore des ours et des loups.

b. Mon amie anna est allée passer ses vacances dans un petit village qui s'appelle mosset. Elle a pu emmener son chien faire de longues promenades. Elle y a rencontré des voisins dont le nom de famille m'a bien fait rire : donald ! Ils ne ressemblaient pas à des canards.

c. En italie, on mange des pizzas.

4 Indique si le mot souligné est un verbe (V) ou un nom (N).

a. Le garçon marche en sifflotant. V

b. J'ai raté la marche et je suis tombé. N

c. La sorcière est montée sur son balai. N

d. Je balaie ma chambre chaque matin. V

e. J'agrafe ces feuilles pour ne pas les perdre. V

f. Il y a des agrafes à ma veste. N

g. Tu skies très bien. V

h. Il a perdu son ski. N

i. Ne mets jamais tes doigts dans les prises. N

j. Les revues que j'ai prises à la bibliothèque m'intéressent beaucoup. V

jeu malin

Colorie les cases selon le code couleur.
(Attention ! Certaines cases peuvent rester en blanc.)

nom propre   nom commun   déterminant

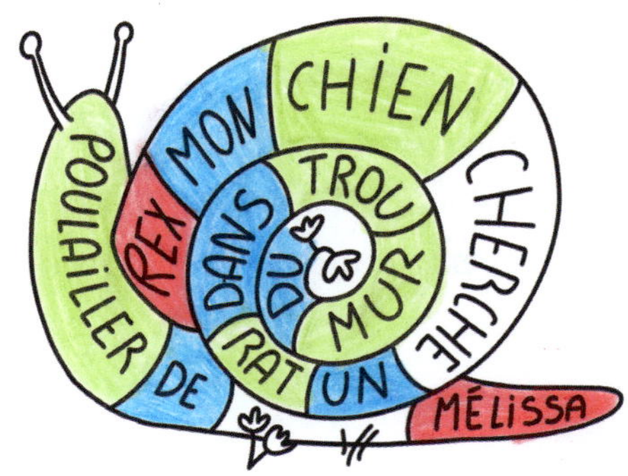

Bravo, tu as terminé !
Entoure ton smiley.

Corrigés page 20 du *Guide parents*

3 Les cinq classes de mots variables

Pour commencer

Peux-tu citer des classes de mots qui changent de terminaisons ?

J'apprends

Il y a **cinq classes** de mots variables.

Les verbes	**Les noms**	**Les adjectifs**	**Les pronoms**	**Les déterminants**
Ils se conjuguent.	Les noms communs prennent un s ou un x au pluriel.	Ils prennent un s ou un x au pluriel et souvent un e au féminin car **ils s'accordent en genre et en nombre avec le nom.**	**Ils remplacent** un nom et **prennent le genre et le nombre** du nom qu'ils remplacent.	**Ils se placent devant** un nom commun et forment le groupe nominal.
être, avoir, aller, chanter, finir	*un chien, des chiens, un château, des châteaux*	*un **petit** chien, des **petits** chiens, un **grand** miroir, une **grande** table*	*Marie met ses gants. **Elle** part au ski.*	***mon** école, **cette** école, **l'**école, **une** école, **chaque** école*
Derrière *il faut*, les verbes sont à l'infinitif.	**Les noms propres commencent par une majuscule** *Émile, Anna, Italie, Lyon…*	Ils apportent des **précisions** sur le nom.	Ils peuvent aider à conjuguer : *je, tu, il, elle, on, nous, vous, ils, elles*.	**Ils s'accordent** en genre et nombre avec le nom qu'ils précisent. *un garçon, une fille, des garçons, des filles*

Je comprends comment faire

▶ Pour repérer la classe d'un mot

Tous les mots que je peux mettre les uns à la place des autres appartiennent à la même classe grammaticale.

Déterminants	**noms**	**verbes**	**groupes nominaux**
Mon	*frère*	*fabrique*	*une cabane.*
Ce	*garçon*	*fait*	*une petite maison.*
Ton	*ami*	*construit*	*un abri.*

INFO PARENTS

Créez un jeu des 3 familles : une famille de noms, une famille de déterminants, une famille de verbes à l'infinitif. Chacun tire une carte de chaque famille et lit sa phrase, peu importe qu'elle soit absurde.

Je m'entraine

1 QUIZ Coche la bonne réponse pour chaque mot souligné.

a. Il faut lutter contre le bruit. (groupe nominal)
☐ Oui ☐ Non

b. Je vais à la plage. (verbe)
☐ Oui ☐ Non

c. Il mange trop de bonbons. (pronom)
☐ Oui ☐ Non

d. La fée futée ne perd pas sa baguette. (adjectif)
☐ Oui ☐ Non

2 Dans ce texte, souligne tous les verbes.

Les animaux possèdent des moyens de défense : les araignées fabriquent des toiles fines ; les oiseaux ont des ailes grandes ou petites ; les cafards sont rapides ; des chiens mordent ; certains chats griffent. Moi, je suis une pauvre limace. Je suis flasque. Je suis nue. Les moineaux me gobent.

3 Dans ce texte, souligne en rouge deux adjectifs et en bleu trois déterminants.

Un petit chacal aimait beaucoup les coquillages. Il descendait chaque jour au bord du fleuve, pour y chercher des moules et des crabes. Un jour, il mit sa patte dans l'eau, sans bien regarder et snap ! en un clin d'œil, le vieux crocodile le happa.

D'après *Le Petit Chacal et le Crocodile*.

4 Souligne en bleu les pronoms personnels, en rouge les verbes, en vert les noms communs.

Un puceron tomba sur un banc de jardin.

Un escargot s'y promenait.

« Tiens ! dit l'escargot, voilà mon déjeuner. »

Le puceron répondit :

« Tu ne me fais pas peur ! »

jeu malin

Colorie les cases de ce papillon selon le code couleur. (Attention ! Certaines cases peuvent rester en blanc.)

nom commun
verbe
déterminant

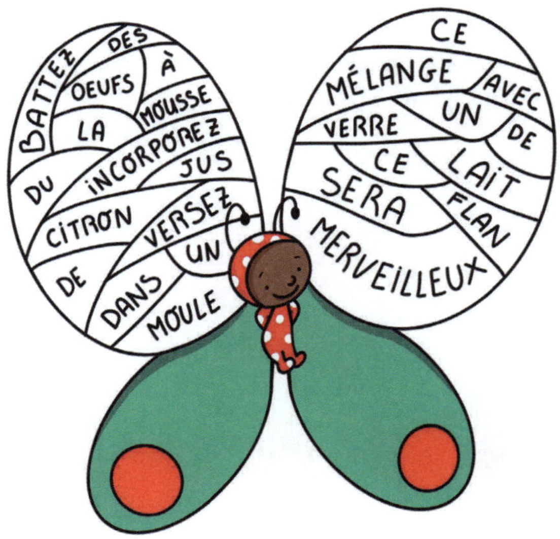

Bravo, tu as terminé !

Entoure ton smiley.

Corrigés page 20 du *Guide parents*

Grammaire

4 Le sujet

Pour commencer

Avant de trouver le sujet dans une phrase, faut-il chercher le verbe ?

J'apprends

• Chaque phrase est constituée au moins de deux groupes : le **groupe sujet** et le **groupe verbal**.

Le chevalier (groupe sujet) *enlève la princesse.* (groupe verbal)

• Le **sujet** du verbe peut être :

– un nom propre : *Linda joue au foot*.

– un pronom : *Elle joue au foot*.

– un groupe nominal : *Ces filles jouent au foot*.

Un groupe nominal peut être enrichi par un adjectif qualificatif ou un complément du nom. On parle alors de groupe sujet : *Les filles de ma classe jouent au foot.*

– un verbe à l'infinitif : *Jouer au foot est un grand plaisir*.

• Le sujet est le plus souvent devant le verbe, sauf dans les phrases interrogatives où il peut être inversé.

Tu viens. Viens-tu?

Je comprends comment faire

▶ Pour trouver le sujet d'une phrase

• Je cherche le verbe.

• Puis je transforme la phrase en utilisant *c'est... qui*.

Les mots encadrés par *c'est... qui* forment le groupe sujet.

La tortue dépasse le lièvre. → ***C'est** la tortue (sujet) **qui** dépasse (verbe) le lièvre.*

INFO PARENTS

Faites bien repérer le verbe (le seul mot à pouvoir se conjuguer) à votre enfant avant qu'il n'emploie *c'est....qui* pour trouver le sujet.

Je m'entraine

1 QUIZ Coche la bonne réponse.

a. Le sujet est une fonction dans une phrase.
☐ Oui ☐ Non

b. Les pronoms *il*, *elle* sont toujours sujets.
☐ Oui ☐ Non

c. Le sujet est toujours devant le verbe.
☐ Oui ☐ Non

d. Un verbe à l'infinitif peut être sujet.
☐ Oui ☐ Non

2 Souligne le sujet ou le groupe sujet dans chaque phrase.

a. Aurélien joue.
b. Les écureuils mangent des noisettes.
c. Le poussin jaune a brisé sa coquille.
d. Ton petit chien est malade.
e. Ils répondaient à leur professeur.
f. La fille de la voisine a réussi son examen.
g. Nous mangeons des fraises.
h. Le ciel gris et bleu est menaçant.
i. Cet élève écrit comme un chat.
j. Les chats ont des moustaches.
k. Les dauphins entendent très bien de très loin.

3 Souligne le sujet ou le groupe sujet et encadre le verbe.

Clément et Arthur se trouvaient dans un parc. La journée était ensoleillée mais le vent soufflait. De nombreux garçons faisaient voler de grands cerfs-volants. Arthur soupirait d'envie.

D'après *Clément aplati*.

4 Des morceaux de phrases ont été mélangés. Recopie les phrases correctes.

a. Le train à grande vitesse
b. Nous
c. Une grosse limace flasque
d. Un serpent à lunettes
e. Vous

1. attendons devant la maison.
2. êtes charmants.
3. se tortille dans l'herbe.
4. entre en gare.
5. mange la salade.

....
....
....
....
....
....
....

jeu malin

Retrouve dans cette grille 3 classes grammaticales de mots qui peuvent être sujets.

V	E	R	B	E	A	D	J	E
P	R	O	N	O	M	D	E	T
A	D	V	O	I	N	T	E	R
V	O	U	M	R	S	T	U	W
I	N	F	I	N	I	T	I	F

Bravo, tu as terminé !
Entoure ton smiley.

Corrigés page 20 du *Guide parents*

5 Les compléments du verbe

Pour commencer

Les C.O.D. et C.O.I. sont-ils des compléments du verbe ?

J'apprends

Le **complément du verbe** est un mot ou un groupe de mots qui donnent du sens au verbe.

Léa <u>regarde</u> <u>un film</u>.
regarde : verbe — un film : complément du verbe

- Il ne peut pas être déplacé.
  Film regarde Léa. Cette phrase n'a aucun sens.
- Il ne peut pas être supprimé.
  Léa regarde. Cette phrase n'a pas de sens.
- Le complément du verbe peut suivre directement le verbe : c'est un C.O.D.
  Léa <u>regarde</u> <u>un insecte</u> à la loupe.
  regarde : verbe — un insecte : complément du verbe (C.O.D.)
- Il peut y avoir un petit mot (une préposition) entre le verbe et son complément.
  Léa <u>s'aperçoit</u> <u>de</u> <u>son erreur</u>.
  s'aperçoit : verbe — de : préposition — son erreur : complément de verbe (C.O.I.)
- L'attribut du sujet se trouve derrière les verbes d'état : *être, sembler, paraitre, demeurer*.
  Mon chien <u>est</u> <u>un labrador</u>.
  est : verbe d'état — un labrador : attribut du sujet

Je comprends comment faire

▶ Pour repérer les compléments du verbe

Le complément du verbe

- est construit directement après le verbe.
- est construit avec une préposition.
- est attribut du sujet.

Maman <u>donne</u> <u>un cadeau</u> <u>à Léo</u>.
donne : verbe — un cadeau : quoi ? complément 1 — à Léo : à qui ? complément 2

Léo <u>est</u> <u>ravi</u>.
est : verbe d'état — ravi : attribut du sujet

INFO PARENTS

Si votre enfant a du mal à trouver les compléments construits directement derrière le verbe, proposez-lui d'employer *c'est... que*. *C'est un cadeau que maman donne à Léo* : *cadeau* est complément du verbe *donner*.

Je m'entraine

1 QUIZ Les mots soulignés sont-ils compléments du verbe?

a. Aujourd'hui, je repeins mes volets.
☐ Oui ☐ Non

b. Emma s'occupe de son petit frère.
☐ Oui ☐ Non

c. Vas-tu souvent à la piscine?
☐ Oui ☐ Non

d. Où poussent les champignons?
☐ Oui ☐ Non

2 Parmi les mots qui sont soulignés, relève ceux qui sont compléments du verbe.

Petit-Sauvage est tombé à l'eau! Sifflotin et moi, nous nous jetons à l'eau et nous sauvons notre petit frère! Galipette et Cerise allument un grand feu, et nous réchauffons Petit-Sauvage qui dit: «Moi aussi ze voulais chasser le mamouzz…»

D'après *Petit-Féroce va à l'école*.

…………………………………………

…………………………………………

…………………………………………

…………………………………………

…………………………………………

3 Dans ce texte, souligne en bleu les sujets et en rouge les compléments du verbe.

Un petit chat n'écouta pas sa maitresse et partit se promener loin dans les bois. Il perdit son chemin. Il courut à droite, à gauche, il était bel et bien perdu. Mais voici qu'un petit lapin passa et aperçut le petit chat.

4 Remplace les noms soulignés par un pronom personnel. Souligne le pronom complément.

a. Noémie a perdu un ballon jaune et bleu.

…………………………………………

b. Emmanuel a cassé son violon.

…………………………………………

c. Hugo et Lucas regardent un film.

…………………………………………

d. La souris grignote un morceau de fromage.

…………………………………………

e. Théo lit des journaux.

…………………………………………

jeu malin

Dessine le chemin qui relie le nom Léa à son attribut du sujet. Attention! Tu ne dois passer que par des cases où il y a des verbes d'état.

Bravo, tu as terminé !

Entoure ton smiley.

Corrigés page 20 du *Guide parents*

6 L'infinitif des verbes

Pour commencer

Quel est l'infinitif du verbe de cette phrase ? « Nous faisons nos devoirs à l'école. »

J'apprends

- **L'infinitif sert à désigner le verbe.** C'est la forme non conjuguée du verbe. Dans le dictionnaire, on trouve les verbes sous la forme de l'infinitif.

nous jouons : infinitif *jouer* *tu peins :* infinitif *peindre*
je grandis : infinitif *grandir*

- **On classe les verbes selon leurs terminaisons à l'infinitif.**

Il existe trois groupes de verbes.

– **1er groupe** : infinitif en **-er**.
Ce sont les plus fréquents : *parler*

– **2e groupe** : infinitif en **-ir**.
On ajoute **-iss** entre le radical et la terminaison à l'imparfait et aux 1re, 2e et 3e personnes du pluriel du présent.
grandir, je grandissais, nous grandissions, nous grandissons

– **3e groupe** (tous les autres verbes).
Leur conjugaison est très irrégulière.
→ Infinitif en **-ir** sans **-iss** à l'imparfait : *mentir* (imparfait : *il mentait*), *tenir*, *cueillir*, *couvrir*...
→ Infinitif en **-oir** : *voir*, *pouvoir*, *devoir*...
→ Infinitif en **-re** : *rendre*, *mettre*, *suivre*, *faire*, *croire*, *dire*...

Je comprends comment faire

▶ Pour trouver l'infinitif d'un verbe

- Pour trouver l'infinitif, **j'emploie le verbe dans une phrase commençant par *il peut*.**

Nous jouons → Il peut jouer. *Tu peins → Il peut peindre.*

- Je retiens que je dois d'abord retrouver **l'infinitif du verbe** avant de chercher son sens dans le dictionnaire.

INFO PARENTS

Dites à votre enfant de mettre *il faut* devant le verbe conjugué pour trouver son infinitif.
Il ouvre la porte. → Il faut ouvrir la porte.

Je m'entraine

1 QUIZ Coche Vrai ou Faux.

a. Les verbes qui se terminent par *-oir* sont des verbes du 2e groupe.

☐ Vrai ☐ Faux

b. Dans le dictionnaire, les verbes sont conjugués au présent.

☐ Vrai ☐ Faux

c. Le verbe *venir* est un verbe du 2e groupe.

☐ Vrai ☐ Faux

d. Le verbe *jaunir* est un verbe du 3e groupe.

☐ Vrai ☐ Faux

2 Souligne en bleu les verbes à l'infinitif puis donne l'infinitif des verbes déjà soulignés en noir.

Je vais frapper chez ma voisine de droite : «Bonjour, voisine ! Je suis votre voisin de gauche ! Je viens d'acheter la petite maison avec chambre, cuisine, salle de bains, living-room, pipi-room et placard aux balais !» Je vois la vieille qui joint les mains, me regarde avec compassion et se met à gémir.

D'après *La Sorcière du placard aux balais.*

3 Relie chaque forme conjuguée à son infinitif.

vous dites •	• venir
nous venons •	• faire
elle est •	• dire
nous ferons •	• manger
il mangea •	• être

4 Indique dans les parenthèses l'infinitif des verbes conjugués.

La forêt est (..........................) vivante. Elle se meurt (..........................) faute d'entretien et ne peut (..........................) se renouveler si les hommes ne replantent pas d'autres arbres. Elle ne se forme (..........................) pas dans les zones désertiques.

jeu malin

Trouve les verbes à l'infinitif et place-les dans la grille.

1. Verbe formé à partir du nom clignotant.

2. Cacher.

3. Verbe qui s'utilise en cuisine quand on verse du chocolat sur un gâteau.

4. Infinitif du verbe de la phrase suivante : «Les bateaux de pêche trainaient de lourds filets derrière eux.»

5. Crier pour un lion.

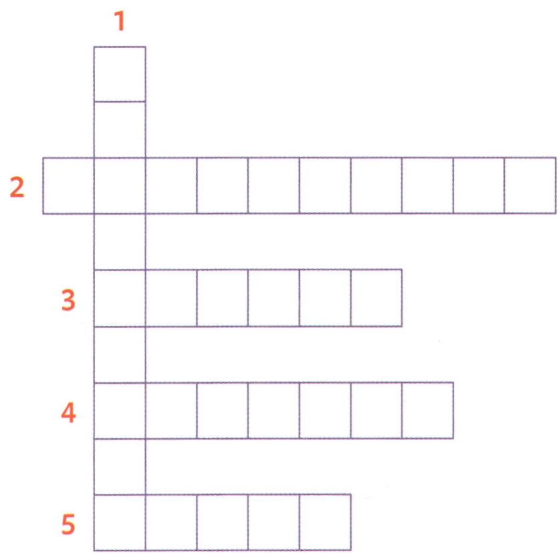

Bravo, tu as terminé !

Entoure ton smiley.

Corrigés page 20 du *Guide parents*

7 Le présent des verbes en *-ouer, -ger, -cer, -ir*

Pour commencer

Les verbes *jaunir* et *rougir* sont-ils des verbes du 2e groupe ?

J'apprends

- On emploie le **présent** pour exprimer :
  – une action qui se passe **au moment où on parle**. *Tu es déjà au travail !*
  – une action **habituelle** ou **régulière**. *Tous les matins, je prends le bus.*

jouer	manger	commencer	finir
je joue	je mange	je commence	je finis
tu joues	tu manges	tu commences	tu finis
il/elle joue	il/elle mange	il/elle commence	il/elle finit
nous jouons	nous mangeons	nous commençons	nous finissons
vous jouez	vous mangez	vous commencez	vous finissez
ils/elles jouent	ils/elles mangent	ils/elles commencent	ils/elles finissent

- **Attention aux verbes en -ouer, -ier, -uer.**

La terminaison des verbes au présent du 1er groupe ne s'entend pas toujours pour les verbes en -**ouer** comme *jouer*, -**ier** comme *crier*, en -**uer** comme *distribuer* mais elle est bien présente : **e**, **es**, **ent**.

Je crie, tu cries, il/elle crie, ils/elles crient.

Je distribue, tu distribues, il/elle distribue, ils/elles distribuent

- Au pluriel, les verbes du 2e groupe modifient leur radical : *nous finiss-ons, vous finiss-ez, ils/elles finiss-ent*.

Je comprends comment faire

▶ Pour conjuguer les verbes en *-ger* ou en *-cer*

- Si j'oublie la cédille, le **c** se prononce « k » devant la lettre **o** de la terminaison -**ons**.

~~nous lancons~~ *nous lançons*

– Si j'oublie le **e** après la lettre **g**, elle se prononce « gu » devant la lettre **o** de la terminaison -**ons**.

~~nous corrigons~~ *nous corrigeons*

INFO PARENTS

Fabriquez des jeux de cartes avec votre enfant. Sur 6 cartes, on écrit la terminaison au présent de chaque personne. Sur d'autres cartes, on écrit des radicaux de verbes : *jou-*, *mang-*, *cri-*, etc. Demandez-lui d'associer les cartes, selon le pronom que vous lui indiquerez.

Je m'entraine

1 QUIZ Coche Vrai ou Faux.

a. Le verbe *blaguer* se conjugue comme le verbe *manger*.

☐ Vrai ☐ Faux

b. Le verbe *bloquer* se conjugue comme le verbe *commencer*.

☐ Vrai ☐ Faux

c. Le verbe *venir* se conjugue comme le verbe *finir*.

☐ Vrai ☐ Faux

d. Le verbe *ranger* se conjugue comme le verbe *manger*.

☐ Vrai ☐ Faux

2 Conjugue à la 1re personne du pluriel du présent les verbes suivants. Souligne les verbes du 2e groupe.

a. aplatir ....

b. tenir ....

c. punir ....

d. vomir ....

e. salir ....

f. partir ....

g. lire ....

h. choisir ....

i. mourir ....

j. dire ....

k. grossir ....

l. venir ....

m. écrire ....

n. munir ....

o. grandir ....

3 Relie chaque pronom au verbe conjugué qui convient.

nous •	• nageons
elles •	• rougis
tu •	• commencent
vous •	• finit
il •	• lancez

4 Conjugue au présent les verbes entre parenthèses.

a. Les enfants peu sages .... (sauter) sur leur lit.

b. Nous .... (franchir) le sommet.

c. Nous .... (lancer) le poids en sport.

d. Nous .... (ranger) le matériel après la séance.

e. Nous .... (percer) un trou dans le mur.

jeu malin

Conjugue ces verbes sur les bonnes lignes, à la première personne du pluriel au présent.

secouer, prononcer, mélanger, louer, voyager.

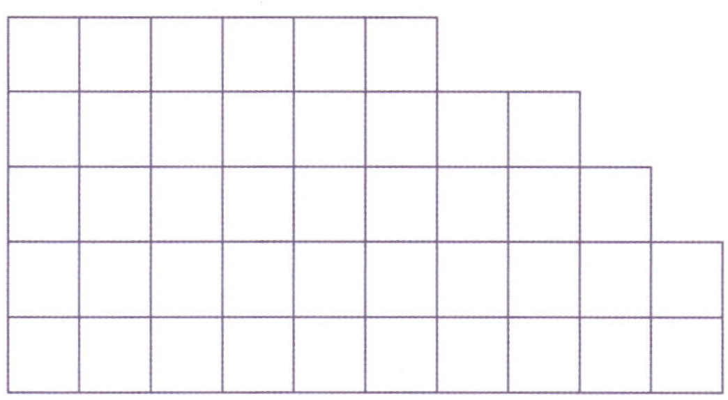

Bravo, tu as terminé !

Entoure ton smiley.

Corrigés page 20 du *Guide parents*

Français

8 Le futur de l'indicatif

Pour commencer

Je suis le temps qu'on associe aux mots *demain*, *plus tard*.
Qui suis-je ?

J'apprends

- On emploie **le futur** pour exprimer **une action qui aura lieu plus tard** par rapport à des actions situées dans le présent.

  Je lirai une histoire tout à l'heure.

- **Terminaisons** des verbes au futur de l'indicatif derrière la lettre **r**.

		1er, 2e et 3e groupes
singulier	1re personne 2e personne 3e personne	-ai -as -a
pluriel	1re personne 2e personne 3e personne	-ons -ez -ont

- **Futur**

1er groupe	2e groupe	3e groupe
chanter	**finir**	**mentir**
je chanterai tu chanteras il/elle chantera nous chanterons vous chanterez ils/elles chanteront	je finirai tu finiras il/elle finira nous finirons vous finirez ils/elles finiront	je mentirai tu mentiras il/elle mentira nous mentirons vous mentirez ils/elles mentiront

Je comprends comment faire

▶ Pour conjuguer les verbes au futur

Pour les verbes des 1er et 2e groupes, je prends l'infinitif et j'ajoute les terminaisons -**ai**, -**as**, -**a**, -**ons**, -**ez**, -**ont**.

jouer → -ai, -as, -a, -ons, -ez, -ont

créer → -ai, -as, -a, -ons, -ez, -ont

grossir → -ai, -as, -a, -ons, -ez, -ont

INFO PARENTS

Montrez bien à votre enfant qu'aux 1re et 3e personnes du pluriel, un verbe au futur se prononce de la même façon mais s'écrit différemment : *nous marcherons*/*ils marcheront*.

Je m'entraine

1 QUIZ Ces verbes sont-ils au futur ? Coche Vrai ou Faux.

a. il soufflera ☐ Vrai ☐ Faux
b. nous jouerons ☐ Vrai ☐ Faux
c. tu salueras ☐ Vrai ☐ Faux
d. vous bavardez ☐ Vrai ☐ Faux
e. il poussera ☐ Vrai ☐ Faux
f. je jouerais ☐ Vrai ☐ Faux

2 Les verbes soulignés sont au futur. Indique dans les parenthèses leur infinitif.

Demain, Lise distribuera (..........) les feuilles de papier coloré. Nous les plierons (..........) et les replierons (..........), nous créerons (..........) des cerfs-volants. Je jouerai (..........) avec le mien sur la plage. Nous participerons (..........) au concours de cerfs-volants organisé chaque été.

3 Complète les phrases avec un verbe au futur.

a. Papa .... une berceuse à mon petit frère.
b. Tu .... tes devoirs avant de diner.
c. Nous .... les photos de vacances avec plaisir.
d. Vous .... des champignons à l'automne.
e. Elles .... leurs leçons.

4 Barre l'intrus sur chaque ligne.

a. tu pousseras – il soufflera – il finissait
b. je finirai – nous jouons – vous direz
c. tu changeras – tu crieras – vous bavardez
d. tu parleras – nous saluons – nous sortirons

5 Souligne les verbes au futur

Par les soirs bleus d'été, j'irai dans les sentiers,
Picoté par les blés, fouler l'herbe menue :
Rêveur, j'en sentirai la fraîcheur à mes pieds.
Je laisserai le vent baigner ma tête nue.
Je ne parlerai pas, je ne penserai rien :
Mais l'amour infini me montera dans l'âme
Et j'irai loin, bien loin, comme un bohémien.
Par la Nature.

Poésies, A. Rimbaud.

jeu malin

Conjugue ces verbes sur les bonnes lignes, à la 3e personne du singulier du futur.

être, avoir, créer, jaunir, changer.

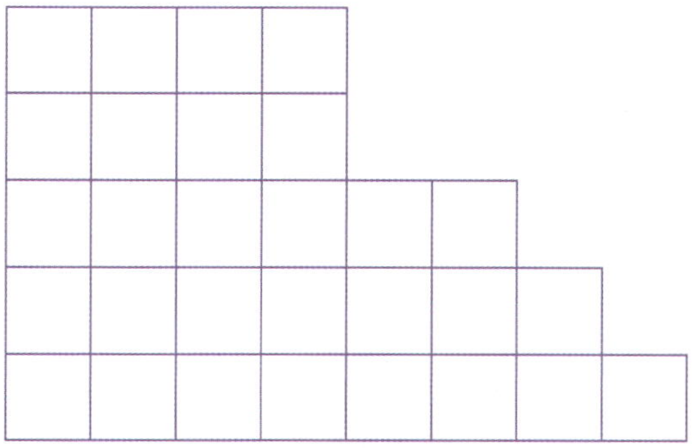

Bravo, tu as terminé !

Entoure ton smiley.

Corrigés page 21 du *Guide parents*

9 L'imparfait de l'indicatif

Pour commencer

Mon premier est le contraire de *plusieurs*, mon second est synonyme de *merveilleux*, mon tout est un temps du passé. Qui suis-je ?

J'apprends

- **On emploie l'imparfait**

– pour exprimer une action qui dure ou qui **se répète dans le passé**.
Quand j'étais plus jeune, j'aimais écouter une histoire avant de m'endormir.

– dans un récit pour **présenter les personnages ou les lieux**.
Il était une fois une famille de rats qui habitait en ville.

- **Pour former l'imparfait**, on prend comme radical la forme du verbe à la première personne du pluriel du présent : *nous mange-ons, nous pren-ons, nous ven-ons, nous finiss-ons...* auquel on ajoute **-ais**, **ais**, **ait**, **ions**, **iez**, **aient**.

- **Imparfait**

1e groupe	2e groupe	3e groupe
envoyer	**agir**	**prendre**
j'envoyais	j'agissais	je prenais
tu envoyais	tu agissais	tu prenais
il/elle envoyait	il/elle agissait	il/elle prenait
nous envoyions	nous agissions	nous prenions
vous envoyiez	vous agissiez	vous preniez
ils/elles envoyaient	ils/elles agissaient	ils/elles prenaient

Je comprends comment faire

▶ Pour mémoriser les terminaisons de l'imparfait

Je retrouve les terminaisons de personne(s) que je connais déjà derrière les lettres **ai** et **i** qui marquent le temps.

INFO PARENTS

Inventez des débuts de contes avec votre enfant dans lesquels il emploiera spontanément l'imparfait.

Je m'entraine

1 QUIZ Coche Vrai ou Faux.

a. À la 1re personne du pluriel on trouve *-ons* comme marque de personne au présent, au futur et à l'imparfait.

☐ Vrai ☐ Faux

b. Si je prends le radical d'un verbe conjugué au présent à la 1re personne du pluriel et que j'ajoute les terminaisons de l'imparfait, je sais conjuguer tous les verbes à l'imparfait.

☐ Vrai ☐ Faux

c. Je peux employer l'imparfait pour décrire une action brève dans le passé.

☐ Vrai ☐ Faux

2 Barre l'intrus.

a. Il avait – nous mangerions – vous veniez – ils appelaient – nous réfléchissions.

b. Je disais – tu faisais – ils approchaient – elle mettait – nous voyons.

c. Vous disiez – ils pleuraient – nous aimerions – elle brillait.

3 Mets le verbe entre parenthèses à l'imparfait.

a. Les loups .... (faire) peur aux enfants.

b. Nous .... (pouvoir) faire nos devoirs rapidement.

c. Vous .... (lire) des romans quand vous .... (être) fatigués.

d. Il .... (connaitre) par cœur ses cours d'histoire.

e. Tu .... (réfléchir) avant de parler.

f. Ils .... (travailler) tard le soir.

4 Copie les phrases suivantes en mettant le sujet au pluriel.

a. Je voyais souvent ma grand-mère pendant les vacances.

b. Le clown ressemblait à un petit hibou.

c. Tu créais de jolis objets de bois quand tu étais enfant.

d. Le petit berger faisait ses devoirs en gardant les brebis.

e. Tu dormais mal quand tu n'étais pas dans la maison.

f. Elle écrivait son journal intime chaque jour.

jeu malin

Complète la grille en conjuguant les verbes entre parenthèses à l'imparfait.

1. Nous (écouter) de la musique.
2. Il (être) fatigué.
3. Tu (commencer) à jouer.
4. Elles (oser) marcher sur la poutre.
5. Vous (suer) beaucoup.

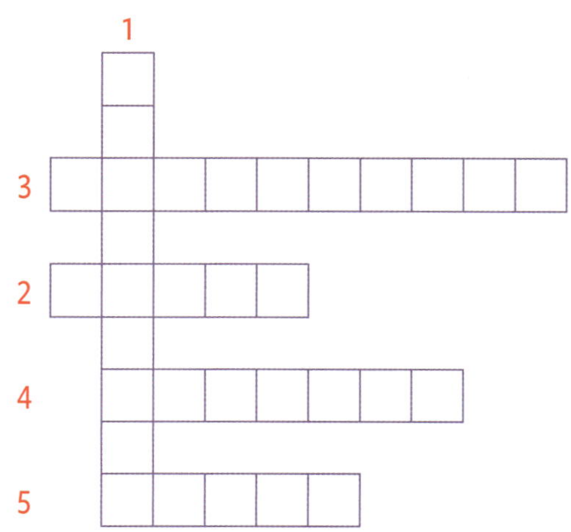

Bravo, tu as terminé !

Entoure ton smiley.

Corrigés page 21 du *Guide parents*

10 Le passé composé

Pour commencer

Dans la phrase « J'ai mangé une pomme. », le verbe *avoir* est-il un auxiliaire ?

J'apprends

- Le **passé composé** indique qu'**une action est terminée**.

  Il a bu son lait. → Il n'en reste plus dans son bol.

- Il est aussi utilisé dans la langue orale comme **temps du récit**.

  Il jouait dans une clairière, soudain il a vu un loup.

- Le passé composé de l'indicatif est formé de **l'auxiliaire *être* ou *avoir* au présent et du participe passé** du verbe.

On emploie l'auxiliaire *être* avec les verbes *aller*, *venir* et les verbes pronominaux (ex. : *se laver*).

chanter	avoir	être	aller
j'**ai** chant**é**	j'ai eu	j'ai été	je suis allé(e)
tu **as** chant**é**	tu as eu	tu as été	tu es allé(e)
il/elle **a** chant**é**	il/elle a eu	il/elle a été	il/elle est allé(e)
nous **avons** chant**é**	nous avons eu	nous avons été	nous sommes allé(e)s
vous **avez** chant**é**	vous avez eu	vous avez été	vous êtes allé(e)s
ils/elles **ont** chant**é**	ils/elles ont eu	ils/elles ont été	ils/elles sont allé(e)s

Je comprends comment faire

▶ Pour accorder le participe passé

- Après l'auxiliaire ***être***, j'accorde le participe passé en genre et en nombre avec le sujet.

Sujet — ÊTRE — Participe passé

Elles (sujet féminin pluriel) *sont* (auxiliaire *être*) *allées* (participe passé féminin pluriel) *au marché.*

- Après l'auxiliaire ***avoir***, je n'accorde jamais le participe passé avec le sujet.

Sujet — AVOIR — Participe passé

Elles (sujet féminin pluriel) *ont* (auxiliaire *avoir*) *marché* (ne s'accorde pas) *jusqu'à la plage.*

INFO PARENTS

Votre enfant se souvient mieux des exemples que des règles. Proposez-lui de se souvenir de cet exemple.
La maitresse ogresse a effrayé les petits enfants (auxiliaire avoir) *qui sont sortis* (auxiliaire être) *en courant*.

Je m'entraine

1 QUIZ Ces verbes se conjuguent avec l'auxiliaire *avoir* ou *être*. Coche la bonne réponse.

a. monter ☐ avoir ☐ être
b. comprendre ☐ avoir ☐ être
c. descendre ☐ avoir ☐ être
d. sortir ☐ avoir ☐ être
e. boire ☐ avoir ☐ être
f. arriver ☐ avoir ☐ être

2 Souligne les verbes conjugués au passé composé.

Nous sommes arrivés ! À quatre cents mètres d'altitude, dans le massif des Monédières, nous a appris Madame Frimous. C'est vert, humide, froid, brumeux et mystérieux. Nous logeons dans un manoir fabuleux en plein bois. À notre arrivée, j'ai bondi vers le recoin de notre grande chambre, parce qu'il abrite des lits superposés. J'ai choisi celui du haut. Anna et Sarah ont voulu tout de suite s'y mettre. Je n'ai pas cédé. En qualité de chouchoute de la maîtresse, Sarah a demandé à Mme Frimous de changer de dortoir. Mme Frimous a refusé. Le nez de Sarah s'est allongé comme une trompette en chewing-gum.

D'après *Un fantôme en classe verte*.

3 Mets les verbes entre parenthèses au passé composé.

a. Je .... (monter) en haut des dunes.

b. Tu .... (être) pun .

c. Vous .... (avoir) mal aux dents.

d. Elles .... (aller) chez une amie.

e. Ils .... (rentrer).

4 Souligne les participes passés.

Méli-mélo mal aux dents,
On a perdu la nourrice,
On a vendu la police,
Et sifflé le Président,
On a fait rouler la terre
Dans la gueule d'un cratère
Mais c'était un accident.
Méli-mélo mercredi,
On a mis les enfants sages
À l'école de dressage
Dans la cage des ouistitis
Ah ! quel bon après-midi !

La Banane à la moutarde.

jeu malin

Retrouve dans la grille les participes passés des verbes :
créer, rougir, venir, prendre, dire.

R	A	U	E	A
O	V	E	N	U
U	O	C	D	F
G	P	R	I	S
I	B	É	T	J
X	C	É	D	L

Bravo, tu as terminé !
Entoure ton smiley.

🙁 🙂 😀

Corrigés page 21 du *Guide parents*

11 Conjuguer *partir, prendre, vouloir*

Pour commencer

Le verbe *tenir* est un verbe du 2e ou du 3e groupe ?

J'apprends

Les verbes du 3e groupe se terminent en -**ir**, -**endre**, -**oir**.

	Présent	Futur	Imparfait	Passé composé
partir	je pars tu pars il/elle part nous partons vous partez ils/elles partent	je partirai tu partiras il/elle partira nous partirons vous partirez ils/elles partiront	je partais tu partais il/elle partait nous partions vous partiez ils/elles partaient	je suis parti(e) tu es parti(e) il/elle est parti(e) nous sommes parti(e)s vous êtes parti(e)s ils/elles sont parti(e)s
prendre	je prends tu prends il/elle prend nous prenons vous prenez ils/elles prennent	je prendrai tu prendras il/elle prendra nous prendrons vous prendrez ils/elles prendront	je prenais tu prenais il/elle prenait nous prenions vous preniez ils/elles prenaient	j'ai pris tu as priis il/elle a priis nous avons pris vous avez pris ils/elles ont pris
vouloir	je veux tu veux il/elle veut nous voulons vous voulez ils/elles veulent	je voudrai tu voudras il/elle voudra nous voudrons vous voudrez ils/elles voudront	je voulais tu voulais il/elle voulait nous voulions vous vouliez ils/elles voulaient	j'ai voulu tu as voulu il/elle a voulu nous avons voulu vous avez voulu ils/elles ont voulu

Je comprends comment faire

▶ Pour conjuguer les verbes du 3e groupe

- Sur le modèle du verbe **vouloir**, je peux conjuguer le verbe **pouvoir** :
  je peux, je pourrai, je pouvais, j'ai pu
- Sur le modèle du verbe **prendre**, je peux conjuguer le verbe **apprendre** :
  j'apprends, j'apprendrai, j'apprenais, j'ai appris

INFO PARENTS

Agrandissez les familles de cartes de conjugaison que vous avez commencées avec les verbes des 1er et 2e groupes.
La fabrication de ce jeu apprend à votre enfant à manipuler les radicaux des verbes et les terminaisons, et donc à les mémoriser.

Je m'entraine

1 QUIZ Coche Vrai ou Faux.

a. Au futur, le radical du verbe *vouloir* est *voud-*.

☐ Vrai ☐ Faux

b. À l'imparfait, le radical du verbe *vouloir* est *voul-* puisqu'on écrit au présent : *nous voulons*.

☐ Vrai ☐ Faux

c. Au présent, le verbe *vouloir* et le verbe *pouvoir* prennent un *s* après *tu*.

☐ Vrai ☐ Faux

d. Le verbe *partir* est un verbe du 2e groupe.

☐ Vrai ☐ Faux

2 Souligne tous les verbes conjugués.

Demain, nous prendrons le train pour aller voir mon grand-père. Nous voulons lui faire une surprise. Nous partirons assez tôt pour profiter de la journée. Nous sommes allés le voir souvent cette année depuis qu'il a déménagé assez près de chez nous.

3 Réécris ces phrases à l'imparfait.

a. Je prends du chocolat au petit déjeuner.

b. Nous partons au ski, à Noël.

c. Vous voulez des bonbons.

d. Elle partira bientôt en Angleterre.

4 Réécris ces phrases au futur.

a. Ils veulent acheter un petit chat.

b. Vous partiez bien vite.

c. Tu prends le pain en rentrant de l'école.

d. Nous voulons bien jouer avec toi.

e. Elle part se promener en forêt.

5 Indique le temps des verbes de chaque phrase.

a. Nous voudrons revenir très vite vous voir.

....

b. Que preniez-vous monsieur comme dessert?

....

c. Je partirai à pied à l'école.

....

d. Ils prennent de bonnes habitudes de travail.

....

e. Tu ne pars pas d'ici avant d'avoir fini ce travail.

....

jeu malin

Complète la grille.

1. Ne se souviens pas.

2. Saisis.

3. Apportez votre soutien.

4. Frappes.

A. Tirait un trait sur un mot.

B. Quittes.

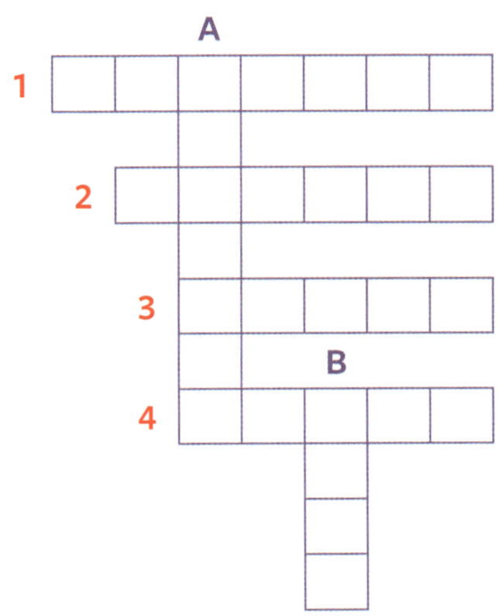

Bravo, tu as terminé !

Entoure ton smiley.

Corrigés page 21 du *Guide parents*

12 Conjuguer *faire, dire, aller*

Pour commencer

Tu dis « vous faisez votre travail » ou « vous faites votre travail » ?

J'apprends

Présent	Présent	Imparfait	Futur
je fais	je dis	je faisais	je ferai
tu fais	tu dis	tu faisais	tu feras
il/elle fait	il/elle dit	il/elle faisait	il/elle fera
nous faisons	nous disons	nous faisions	nous ferons
vous faites	vous dites	vous faisiez	vous ferez
ils/elles font	ils/elles disent	ils/elles faisaient	ils/elles feront

À l'imparfait, le verbe **dire** se conjugue à partir du radical **dis**- : *je disais* et au futur à partir du radical **dir**- : *je dirai*.

Présent	Imparfait	Futur	Passé composé
je vais	j'allais	j'irai	je suis allé(e)
tu vas	tu allais	tu iras	tu es allé(e)
il/elle va	il/elle allait	il/elle ira	il est allé, elle est allée
nous allons	nous allions	nous irons	nous sommes allé(e)s
vous allez	vous alliez	vous irez	vous êtes allé(e)s
ils/elles vont	ils/elles allaient	ils/elles iront	ils sont allés, elles sont allées

Je comprends comment faire

▶ Pour conjuguer le verbe *aller*

Aller a plusieurs radicaux

- **v**- au présent → vais, vas, va, vont
- **all**- au présent et à l'imparfait → allons, allez, allais...
- **ir**- au futur → irai, iras, ira, irons...

INFO PARENTS

Construisez avec votre enfant des cocottes en papier de conjugaison. Écrivez avec lui des verbes conjugués sous chaque rabat. Demandez-lui quel temps il a tiré.

Je m'entraine

1 QUIZ Coche Oui ou Non.

a. Le verbe *dire* et le verbe *faire* sont les seuls verbes à se terminer par *-tes* après vous.

☐ Oui ☐ Non

b. Les verbes de déplacement *aller*, *venir*, *revenir* se conjuguent avec l'auxiliaire *être* aux temps composés.

☐ Oui ☐ Non

c. Le verbe *aller* se conjugue à partir de son infinitif au futur.

☐ Oui ☐ Non

d. Le verbe *faire* se conjugue à partir de son infinitif au futur.

☐ Oui ☐ Non

2 Relie les pronoms et les formes conjuguées.

Elles •	• allons au cinéma.
Ils •	• faites trop de bruit.
Vous •	• dis des bêtises.
Tu •	• sont allés chez le médecin
Nous •	• sont allées à la piscine.

3 Complète en conjuguant le verbe entre parenthèses au temps qui convient.

Hier, tu .... (aller) au judo. Demain, nous .... (aller) au marché. Vous .... (dire) souvent des blagues. Vous .... (faire) souvent des blagues. Tu .... (faire) tes devoirs quand tu auras gouté. Nous .... (défaire) notre valise après le repas. Les enfants .... (aller) à la maternelle à partir de trois ans.

4 Barre l'intrus de chaque ligne.

a. disent, lis, dira, disons, dit.

b. fais, faites, faisons, fête, fera.

c. faites, dites, allez, faisons.

d. fais, fait, fera, faisons.

5 Conjugue le verbe *faire* et les verbes de la même famille au présent.

Tu .... (refaire) ton lit.

Nous .... (défaire) les cartons.

Ils .... (refaire) une partie de cartes.

Vous .... (faire) des crêpes.

Elle .... (faire) ses devoirs.

jeu malin

Barre les «paf», «bong», «vlang», recoupe les mots au bon endroit pour comprendre ce que dit ce personnage devant le miroir.

Moipafjebongdisvlangquepafsipaflepoulpe
bongmpafattaquepafjevlangvaisbonglui
paffairevlongavalerpafsesbongtentacules.

Bravo, tu as terminé !

Entoure ton smiley.

Corrigés page 21 du *Guide parents*

13 L'accord du verbe avec son sujet

Pour commencer
Qui commande l'accord du verbe en personne et en nombre ?

J'apprends

- **Le verbe s'accorde toujours avec son sujet.**

– Il s'accorde en **nombre** (singulier ou pluriel) :
Sujet au singulier → verbe au singulier : *L'enfant joue*.
Sujet au pluriel → verbe au pluriel : *Les enfants jouent*.

– Il s'accorde en **personne** (1re, 2e et 3e personnes) :
1re personne → ***je** chante, **nous** chantons*
2e personne → ***tu** chantes, **vous** chantez*
3e personne → ***il** chante, **ils** chantent*

- Le sujet peut être :

– un **pronom personnel** :
je, tu, il, elle, on, nous, vous, ils, elles

– un **autre pronom** :
celui-ci, ceux-ci, certains, certaines...

– un **nom propre** :
Pierre, la Loire, le mont Blanc...

– un **groupe nominal :**
la pluie, les livres, les chanteurs...

Je comprends comment faire

▶ Pour accorder le verbe avec son sujet

L'Indien chasse le bison dans la plaine.

C'est l'Indien qui chasse le bison dans la plaine.

Sujet GN singulier = **il** → **terminaison à la 3e personne du singulier**

Les Indiens chassent le bison dans la plaine.

Sujet GN pluriel = ils → **terminaison à la 3e personne du pluriel**

INFO PARENTS

Montrez bien à votre enfant que seuls les verbes prennent *-ent* au pluriel, alors que le *s* est la marque du pluriel pour le déterminant, le nom et l'adjectif.

Je m'entraine

1 QUIZ Coche Vrai ou Faux.

a. Quand un verbe se termine par un *s*, c'est que son sujet est au pluriel.
☐ Vrai ☐ Faux

b. Quand un verbe se termine par *-ons*, c'est que son sujet est le pronom *nous*.
☐ Vrai ☐ Faux

c. Quand un verbe a plusieurs sujets, il s'accorde au pluriel.
☐ Vrai ☐ Faux

d. Quand un verbe se termine par *-ez*, il est au pluriel.
☐ Vrai ☐ Faux

2 Souligne les sujets et entoure les verbes qui s'accordent avec eux.

a. L'ours adore le miel.

b. Ces jolies princesses dormiront cent ans.

c. Son maitre habitait le vieux moulin.

d. On trouve des repères dans la forêt.

e. La chèvre saute sur le rocher.

3 Recopie ces phrases en mettant le groupe sujet au pluriel.

a. Après l'orage, il ramassera des escargots.

....

b. Où est le lion?

....

c. La fillette saute à la corde.

....

d. L'oiseau chante à tue-tête.

....

e. La route est glissante.

....

4 Invente un sujet pour chaque verbe.

a. .... roucoulent.

b. .... rugissent.

c. .... mugissent.

d. .... glapit.

e. .... coasse.

5 Recopie ces phrases en mettant le groupe sujet au singulier.

a. Des mouettes planent.

....

b. Des camions roulent.

....

c. Des filles jouent au ballon.

....

d. Les chats miaulent.

....

e. Les canards plongent.

....

jeu malin

Décode cette phrase mystérieuse. Chaque lettre correspond à sa place dans l'alphabet + 2.

14-7-21 7-26-18-14-17-20-3-22-7-23-20-21
E E E

17-16-22 18-7-20-6-23
E

14-7-23-20 9-18-21.
E G P S.

....

....

Bravo, tu as terminé !

Entoure ton smiley.

Corrigés page 21 du *Guide parents*

14 L'accord dans le groupe nominal

Pour commencer

Qui commande l'accord dans le groupe nominal : le nom ou l'adjectif ?

J'apprends

• **Le groupe du nom** est constitué d'un **nom principal** et d'un ou plusieurs **déterminants** qui s'accordent avec lui **en genre et en nombre.**

un personnage
masculin singulier

des personnages
masculin pluriel

une princesse
féminin singulier

des princesses
féminin pluriel

• **Un ou plusieurs adjectifs** peuvent se rattacher au nom principal et au déterminant. Ils s'accordent alors en genre et en nombre avec eux.

un grand ***personnage*** *célèbre*
masculin singulier

des grands ***personnages*** *célèbres*
masculin pluriel

une grande ***princesse***
féminin singulier

des grandes ***princesses***
féminin pluriel

Je comprends comment faire

▶ Pour accorder l'adjectif avec le nom

• Le déterminant, le nom, l'adjectif s'accordent en **genre**. La lettre finale **e** marque le féminin de l'adjectif.

un lézard vert
masculin singulier

une tortue verte
féminin singulier

• Le déterminant, le nom, l'adjectif s'accordent en **genre** et en **nombre**. Au pluriel, ils se terminent le plus souvent par la lettre **s**.

des lézards verts
masculin pluriel

des tortues vertes
féminin pluriel

• Attention : les adjectifs et les noms qui se terminent par **eau** prennent un **x** et non un **s** au pluriel.

un beau bateau *des beaux bateaux*

INFO PARENTS

Conseillez à votre enfant de se demander d'abord s'il faut accorder l'adjectif au masculin ou au féminin, puis au pluriel si c'est nécessaire.

Je m'entraine

1 QUIZ Coche Vrai ou Faux.

a. Le dictionnaire indique le genre du nom.
☐ Vrai ☐ Faux

b. Le féminin de l'adjectif *nouveau* est *nouvelle*.
☐ Vrai ☐ Faux

c. L'adjectif *cruel* s'écrit *cruelle* au féminin.
☐ Vrai ☐ Faux

d. J'ajoute un *x* au nom *cadeau* si j'en veux plusieurs.
☐ Vrai ☐ Faux

2 Complète avec l'adjectif *vert* correctement orthographié.

a. un manteau ....

b. des murs ....

c. une forêt ....

d. des prairies ....

e. un perroquet ....

f. un tas de feuilles ....

g. un bocal de bonbons ....

3 Recopie ces groupes nominaux au pluriel.

a. un délicieux gâteau

b. un nouveau maillot

c. un cochon gras

d. un arbre creux

e. un château royal

f. un grand chapeau

g. un tabouret bancal

h. un dindon dodu

i. un travailleur matinal

j. un beau stylo

4 Accorde les adjectifs en gras avec le nom qu'ils qualifient.

Au zoo, j'ai rencontré, une panthère **noir**.........., deux autruches **idiot**.........., trois ours **glouton**.........., quatre gorilles **farceur**.........., cinq girafes **immense**.........., six cacatoès **bavard**.........., deux zèbres **joueur**.......... et cinq otaries **curieu**...........

jeu malin

Complète ces phrases en trouvant les adjectifs dans la grille de mots mêlés. Il y a plusieurs solutions.

a. Les filles sont souvent ...., parfois ...., le plus souvent ....

b. Les garçons sont souvent ...., parfois.........., le plus souvent...........

d	o	u	e	e	s	s	r	i
m	a	l	i	n	s	s	e	m
c	h	a	r	m	a	n	t	s
a	d	r	o	l	e	s	j	f
f	u	t	e	e	s	h	m	u
e	f	f	i	c	a	c	e	s

Bravo, tu as terminé !

Entoure ton smiley.

Corrigés page 22 du *Guide parents*

15 Le pluriel des mots en *-eu, -eau, -al, -ail, -ou*

Pour commencer

On dit des bocals ou des bocaux ?

J'apprends

Les noms terminés par -al font leur pluriel en -aux.	Les adjectifs terminés par -al font leur pluriel en -aux.	Les noms terminés par -ail font leur pluriel en -ails.	La plupart des noms terminés par -eu, -au, -eau prennent un x au pluriel.	La plupart des adjectifs terminés par -eu, -au, -eau prennent un x au pluriel.	Les noms terminés par -ou prennent un s au pluriel.
le cheval → les chevaux	*un cheval royal → des chevaux royaux*	*un rail → des rails*	*le noyau → les noyaux, le gâteau → les gâteaux un feu → des feux*	*de beaux oiseaux, des manteaux nouveaux*	*des trous*
sauf : *bal, carnaval, chacal, festival, régal* qui prennent un s au pluriel.	sauf : *bancal, final, fatal, naval* qui prennent un s au pluriel.	sauf : *bail corail, travail, émail, vitrail* qui font leur pluriel en -aux.	sauf : *pneu* et *landau* qui prennent un s au pluriel *→ des pneus, des landaus.*	sauf : l'adjectif *bleu.*	sauf : *bijou, chou, caillou, genou, hibou, joujou, pou* qui prennent un x au pluriel.

Je comprends comment faire

▶ Pour écrire le pluriel des noms en *-al*

- J'entends bien à l'oral que l'on dit des journ**aux** et non des journals.
- Je sais que les noms terminés en **-al** prennent un **-x** au pluriel donc j'écris *des journaux, des chevaux.*

INFO PARENTS

Une phrase pour se souvenir des exceptions au pluriel des mots en *-ou* : *Venez mes choux, mes bijoux, sur mes genoux avec vos joujoux, et ne jetez pas de cailloux sur ces hiboux même s'ils sont plein de poux !*

Je m'entraine

1 QUIZ Ces mots changent-ils au pluriel comme cheval / chevaux?

a. tribunal ☐ Oui ☐ Non
b. vertical ☐ Oui ☐ Non
c. château ☐ Oui ☐ Non
d. signal ☐ Oui ☐ Non
e. cheveu ☐ Oui ☐ Non
f. cadeau ☐ Oui ☐ Non
g. international ☐ Oui ☐ Non

2 Complète les terminaisons.

des bijou..................	des sign..................
des anim..................	des riv..................
des boc..................	des crist..................
des évent..................	des mét..................
des cerceau..................	des trou..................

3 Écris les phrases suivantes au pluriel.

a. En forêt, le feu est interdit.

b. Le travail du chantier est interrompu.

c. Le portail de l'école ferme à 8 h 35.

d. J'achète un journal.

e. Le pneu de mon vélo est crevé.

4 Réécris le texte suivant au pluriel.

Un vaisseau spatial a atterri dans la cour de l'école. Un animal bizarre est descendu. Son cri n'était pas normal. Il ressemblait à celui du hibou. Son pied était bleu. Son genou était vert. Étrange, étrange.

jeu malin

Rébus

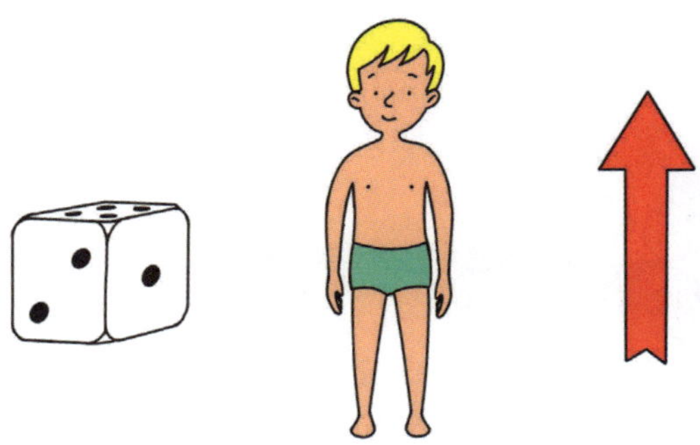

Bravo, tu as terminé !

Entoure ton smiley.

Corrigés page 22 du *Guide parents*

16 g ou ge, s ou ss, c ou ç

Pour commencer

Comment prononces-tu les lettres **g** et **c** quand elles sont devant les voyelles a, o et u ?

J'apprends

• **La même lettre ne donne pas toujours le même son.**

place du g	son « gue »	son « je »
devant une consonne	*grillon, règle*	
devant **a, o, u**	*gare, légume, garage, figure, gigot, goutte*	• **e** *geai, pigeon, il changeait*
devant **e, i**	• **u** *guitare, guichet, guêpe, gueule*	*gerbe, mange, neige, gigot, chirurgie*

place du s	son « s »	son « z »
entre une consonne et une voyelle	*casque, histoire, danse, course*	
entre deux voyelles	• **s** *poisson, dessert, poussin*	*cousin, voisin, poison*

place du c	son « k »	son « s »
devant une consonne	*crabe, clé*	
devant **a**, **o**, **u**	*car, couleur, cuillère*	*ça, garçon, reçu*
devant **e**, **i**		*cerise, cire*

Je comprends comment faire

▶ Pour bien orthographier certains mots

• Quand j'entends **« gue »**, j'écris **g** devant *a*, *o* ou *u* : *garage* et j'écris **gu** devant *e* ou *i* : *guitare*.

• Quand j'entends **« je »**, j'écris **j** ou **g** devant *e* ou *i* : *joli, gibus*.

• Quand j'entends **« z »**, j'écris **s** entre deux voyelles ou **z** : *cousin, zèbre*.

INFO PARENTS

Pour aider votre enfant à retenir cette règle, demandez-lui de mémoriser l'orthographe de l'expression : *un caleçon et des chaussettes de géant*.

Je m'entraine

1 QUIZ Coche la bonne réponse.

a. Le lait était chaud, je me suis brulé…
☐ la langue ☐ la lange.

b. La peur ☐ figue sur place. ☐ fige sur place.

c. ☐ L'orgue ☐ L'orge est une plante.

d. Ma ceinture est trop ☐ large. ☐ largue.

e. Le bateau ☐ large les amarres.
☐ largue les amarres.

2 Barre l'intrus dans chacune de ces listes.

a. gorille – griffe – cage – gant – galop – grille.

b. gifle – girouette – guimauve – giroflée – gilet – orgie.

c. rose – télévision – bonsoir – visage – cousin – musique.

d. vitesse – poste – piste – plaisir – brosse – chasseur.

3 Relie les mots de la même famille.

nager •	• dépasser, passoire
long •	• largeur, élargir
large •	• mangeoire, mangeable
manger •	• nageur, nageoire
passer •	• longueur, allonger

4 Complète les lettres qui manquent.

Un gar........on aimait beaucoup les ....la........es à la frai........e, à la fi........e et même au régli........e.

Alexandra va à la pla........e à marée ba........e pour pêcher le ....rabe. Elle fait attention aux pin........es de ce crusta........é.

jeu malin

Mots croisés

Horizontal

1. Volatile fléau des villes.
2. Pour passer la rivière à pied.
3. Désagréable en bouche.
4. Fille qui a éprouvé une déception.

Vertical

A. À l'intérieur d'un livre.
B. Oiseau des mers.
C. Se déplacer dans l'eau.

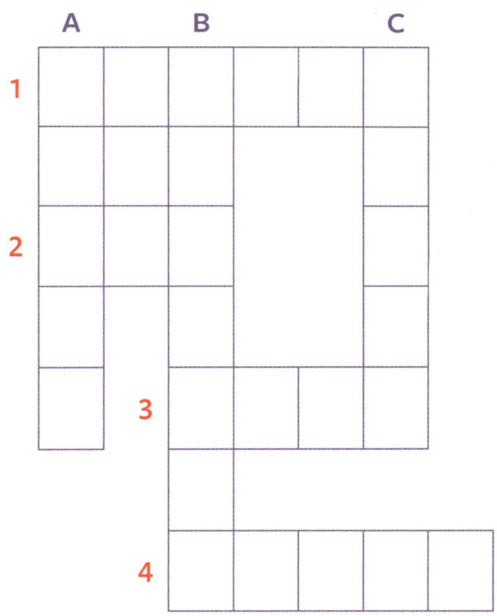

Bravo, tu as terminé !

Entoure ton smiley.

🙁 🙂 😀

Corrigés page 22 du *Guide parents*

17 *n* devant *m, b, p* Les mots commençant par *ap-* ou *ac-*

Pour commencer

« Impossible d'embrasser un tambour » balbutie la sorcière.
Que devient *n* devant *m, b, p* ?

J'apprends

- **La lettre *n* devient *m* devant *m, b, p.***

– le son **« en »**, **« an »** s'écrit **am** ou **em** : *la jambe, la rampe, emmener, la tempête*

– le son **« on »** s'écrit **om** : *compter, combien*
sauf : *bonbon, bonbonnière, embonpoint, néanmoins.*
Elle a interdiction de manger des bonbons à cause de son embonpoint.

- **Les verbes commençant par *ap-* redoublent le *p* derrière le *a* :**
appartenir, appeler...
sauf : *apercevoir, aplatir, aplanir, apaiser.*
J'aperçois un ballon aplati sur le terrain de foot bien aplani.

- **Les noms commençant par *ac-* redoublent le plus souvent le *c* :**
accordéon, accident
sauf : *acajou, acacia, acrobate, acoustique.*
Son bureau n'est pas fabriqué dans du bois d'acacia, il est fait avec de l'acajou.

Je comprends comment faire

▶ Pour écrire *in-, ir-, im-, il-* en début de mot

in-, **im-**, **ill-**, **ir-** sont des préfixes qui marquent le contraire.

probable → *im* + adjectif = *improbable*

in-	im- devant m, b, p	il- devant l → ill	ir- devant r → irr
invisible	*impair*	*illogique*	*irrespirable*
inabordable	*imbuvable*	*illettré*	*irresponsable*
incohérent	*immangeable*	*illisible*	*irréel*

INFO PARENTS

Jouez avec votre enfant au jeu des contraires : possible/impossible, visible/invisible...

Je m'entraine

1 QUIZ Coche Vrai ou Faux.

a. *Incendie* est le contraire de *cent*.
☐ Vrai ☐ Faux

b. *Impossible* est le contraire de *possible*.
☐ Vrai ☐ Faux

c. *Invisible* est le contraire de *visible*.
☐ Vrai ☐ Faux

d. *Immobile* est le contraire de *mobile*.
☐ Vrai ☐ Faux

e. *Illisible* est le contraire de *lisible*.
☐ Vrai ☐ Faux

f. *Intérêt* est le contraire de *taire*.
☐ Vrai ☐ Faux

2 Barre l'intrus.

a. rassembler – employer – envie – novembre – tempête – emboiter.

b. apaiser – aplanir – apercevoir – aplatir – apprendre.

c. accordéon – acclamer – acoustique – accepter – accord.

3 Complète avec *an*, *am*, *en* ou *em*.

a. g……bader

b. un git……

c. le l……demain

d. un fl……beau

e. ……pêcher

f. une ch……bre

g. ……mener

h. c……brioler

i. ral……tir

4 Entoure le mot qui convient.

a. Il n'ose pas (acepter – accepter) cette proposition.

b. Elle est tombée dans la cour et sa (jambe – jembe) lui fait mal.

c. Ils sont partis de bonne heure mais un grave (accident – acident) a retardé leur arrivée.

5 Souligne le son «en».

Le Sultan, sans se soucier des cris du coq, s'empara de la pièce et, rentré dans son palais, la porta dans la Chambre aux Trésors.
Le petit coq en colère l'avait suivi. Il se percha sur les grilles du palais et s'égosilla : «Sultan ventru ! sultan pansu ! Rends-moi mon bel écu !»

Contes des quatre vents

jeu malin

Retrouve les mots suivants dans la grille :
jambe, tempête, accord, acacia, approche, tombe, aplatir.

a	p	p	r	o	c	h	e
c	t	e	m	p	e	t	e
a	c	c	o	r	d	r	u
c	n	j	a	m	b	e	a
i	m	e	b	s	v	t	r
a	p	l	a	t	i	r	t
v	r	t	o	m	b	e	l

Bravo, tu as terminé !
Entoure ton smiley.

Corrigés page 22 du *Guide parents*

18 Les homophones : *a/à*, *son/sont*, *et/est*, *ou/où*

Pour commencer

Par quel mot peux-tu remplacer *et* ? *ou* ?

J'apprends

Orthographe

Les **homophones** se prononcent de la même manière mais s'écrivent différemment.

▶ a ou à?

- **À** est une préposition. C'est un mot invariable qui s'**écrit toujours avec un accent**. **À** relie le verbe à son complément : *J'habite à la campagne*.
- **A** est la forme conjuguée du verbe *avoir* à la 3ᵉ personne du singulier du présent de l'indicatif : *Pierre **a** un vélo*.

▶ *son ou sont?*

- **Son** est un déterminant qui marque la possession : *Il adore son papa*.
- **Sont** est la forme conjuguée du verbe *être* à la 3ᵉ personne du pluriel du présent de l'indicatif : *Ils sont fous*.

▶ *et ou est?*

- **Est** est la forme conjuguée du verbe *être* à la 3ᵉ personne du singulier du présent de l'indicatif : *Obélix est très gros*.
- **Et** est un mot de liaison invariable : *Astérix et Obélix rient*.

▶ *ou ou où?*

- **Où** marque le lieu. *Voici la maison où j'habite*.
- **Ou** est une conjonction de coordination qui signifie **ou bien**, **ou** ne prend **jamais** d'accent. *Fromage ou dessert?*

Je comprends comment faire

INFO PARENTS

Donnez bien l'habitude à votre enfant de remplacer *ou* par *ou bien* et a par *avait*.

Je m'entraine

1 QUIZ Coche Oui ou Non.

a. Les homophones se prononcent pareil mais n'ont pas le même sens.
☐ Oui ☐ Non

b. Les homographes s'écrivent pareil mais n'ont pas le même sens.
☐ Oui ☐ Non

c. Les homonymes regroupent les homophones et les homographes.
☐ Oui ☐ Non

d. *Et* est une forme conjuguée du verbe *être*.
☐ Oui ☐ Non

2 Complète avec *son* ou *sont*.

a. Les élèves …………………… dans la cour.

b. David ouvre …………………… cartable.

c. Les leçons …………………… à apprendre.

d. Les parents …………………… d'accord pour que nous allions au cinéma.

e. Il vide …………………… verre.

3 Complète avec *et* ou *est*.

a. J'ai un lapin …………………… un hamster.

b. Nous sommes contents …………………… surpris de votre travail.

c. La poule …………………… un drôle d'oiseau.

d. Le crocodile …………………… hypocrite.

e. Le tigre …………………… la panthère sont des félins.

f. Tu es malin …………………… rusé !

4 Complète les phrases avec a ou à.

a. Il ………… acheté un couteau ………… fromage.

b. La machine ………… laver ………… un hublot.

c. Elle ………… une collection de coquetiers pour les œufs ………… la coque.

d. Pierre ………… une chemise ………… carreaux.

e. Une aiguille ………… tricoter ………… un bout pointu.

f. Léo ………… une planche ………… roulettes.

5 Complète avec *ou* ou *où*.

a. Tu veux du chocolat ………… du miel sur ta tartine ?

b. Sais-tu ………… habite cette famille ?

c. ………… as-tu mis les clés ?

d. Tu préfères les chats ………… les chiens ?

e. Les chambres au Japon ………… j'ai dormi avaient des tatamis.

f. ………… trouve-t-on des tigres ?

jeu malin

Déchiffre la phrase en utilisant ce code.

✳ = i	☼ = o	✤ = e	♬ = s

♬✳ l✤♬ oiseaux ♬☼nt l✤g✤r♬ c'✤♬t qu✤ l✤ur♬ ☼♬ ♬☼nt cr✤ux.

……………………………………………………………

……………………………………………………………

Bravo, tu as terminé !
Entoure ton smiley.

Corrigés page 22 du *Guide parents*

19 Les lettres muettes

Pour commencer

Une lettre muette est une lettre inutile ou une lettre qui ne s'entend pas ?

J'apprends

De nombreux mots se terminent par une lettre muette qui ne se prononce pas.

- Cette lettre permet de former des mots d'une même famille :
  plomb → plombier
- Elle permet aussi de distinguer des homophones :
  vers → vert

Voici quelques lettres muettes qu'on trouve fréquemment en fin de mots.

Son «o»	Son «i»	Son «a»	Son «ar» «or»	Son «an» «on»
-ot *sot/sotte*	-is *souris*	-ac *tabac*	-ard *bavard*	-and *grand/grande*
-op *galop/galoper*	-it *lit/literie*	-at *chat/chatte*	-ort *effort*	-ant *passant/passante*
-aut *saut/sauter*	-iz *riz/rizière*	-as *las/lasse*	-ord *accord/accorder*	-ond *rond/ronde*
-oc *croc/crochet*	-ix *perdrix*			-ont *pont/pontage*

Je comprends comment faire

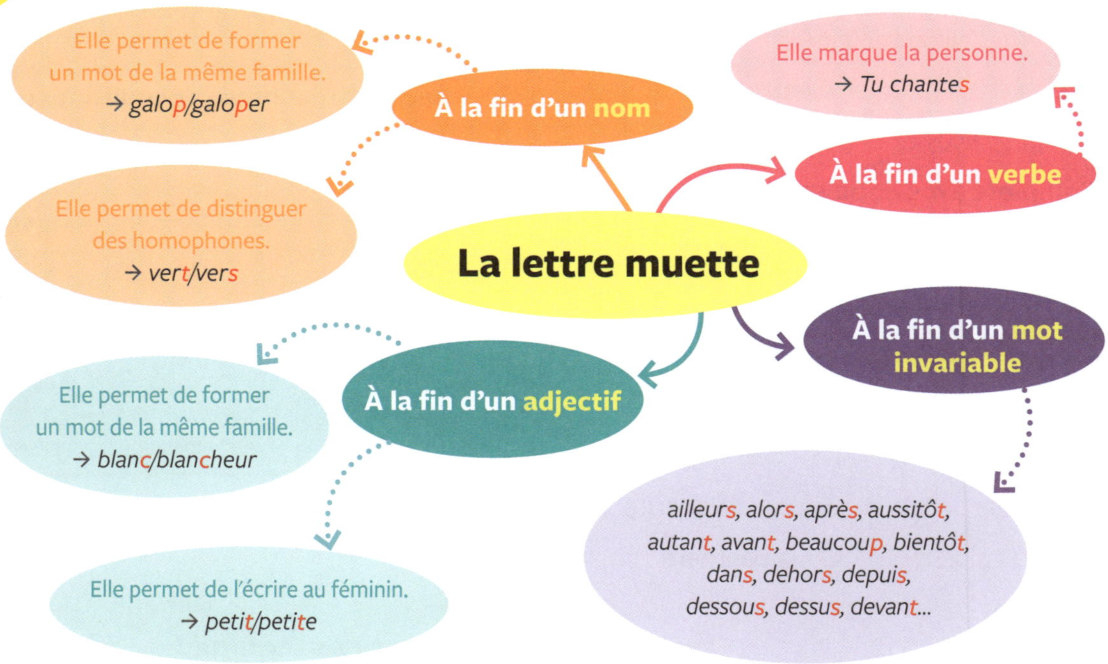

INFO PARENTS

Fabriquez 5 cartes avec, sur chacune, une des lettres muettes les plus fréquentes : s, d, t, p ou c.
Dites un mot et votre enfant vous montre la carte de la lettre muette de ce mot.

Je m'entraine

1 QUIZ Coche la bonne réponse.

a. Le mot *port* désigne :
☐ un cochon ☐ un refuge pour bateaux

b. Le mot *voie* désigne :
☐ un chemin ☐ un ensemble de sons

c. Le mot *cou* désigne :
☐ le soutien de la tête ☐ le prix d'un objet

d. Le mot *vert* désigne :
☐ une couleur ☐ un objet pour boire

2 Enlève le suffixe et écris le mot de la même famille qui se termine par une consonne muette.

a. hasardeux ....
b. paysan ....
c. étroitesse ....
d. rondeur ....
e. ouverture ....

3 Retrouve les lettres muettes de ces mots.

a. un sau..........
b. un renar ....
c. un exploi ....
d. un comba ....

4 Écris au masculin les adjectifs soulignés.

a. Une grosse éléphante ....
b. La neige épaisse ....
c. Une table blanche ....
d. Une salle complète ....
e. Une bille ronde ....

5 Classe les lettres soulignées dans le tableau.

La grand-mère du Chaperon Rouge habitait à une bonne demi-heure du village, tout là-bas, dans la forêt. Et la fillette était à peine entrée dans la forêt qu'elle rencontra le loup. Comme elle ne savait pas quel méchant animal c'était, elle n'eut pas peur du tout et alla vers lui.

Lettre qui marque la 3e pers. du sing. d'un verbe	Finale d'un mot invariable	Lettre qui sert à former d'autres mots de la même famille

jeu malin

Entoure 8 mots invariables se terminant pas la lettre muette *s*.

A	A	T	O	U	J	O	U	R	S
I	P	D	A	N	S	B	D	F	G
L	R	Q	Z	T	A	R	H	J	N
L	E	M	O	I	N	S	B	M	A
E	S	A	D	V	S	O	U	S	Z
U	W	I	X	B	J	E	T	R	S
R	B	S	C	P	U	I	S	F	Q
S	X	A	Z	E	T	Y	U	L	M

Bravo, tu as terminé !
Entoure ton smiley.

Corrigés page 22 du *Guide parents*

20 Savoir relire sa dictée

Pour commencer

Graphe signifie *écrire* en grec.
Que veut dire *ortho* à ton avis ?

J'apprends

Je relis ma dictée en vérifiant 5 règles d'orthographe.

- **Accord déterminant/nom/adjectif**

  un beau livre/des beaux livres (masc sing. / masc plur.) *une belle image/des belles images* (fém sing. / fém plur.)

- **Accord sujet/verbe**

  Le merle siffle dans le cerisier./Les merles sifflent dans le cerisier.

- **Les homophones a/à, et/est, son/sont, ou/où, etc.**

- **Une lettre = un son.**
  Mais parfois un son peut s'écrire de plusieurs manières.

  Cette saucisse est trop sèche pour ce garçon.

- **Une lettre muette** ne s'entend pas à la fin d'un mot mais je peux la trouver en cherchant un mot de la même famille.

  un petit renard/une petite renarde

Je comprends comment faire

▶ Pour relire ma dictée

Je coche les cases dans la fiche suivante.

J'ai bien commencé les phrases par une majuscule.	☐
J'ai vérifié l'accord déterminant/nom/adjectif.	☐
J'ai cherché le verbe et son sujet.	☐
J'ai accordé le verbe avec le sujet.	☐
J'ai bien fait attention aux homonymes.	☐
J'ai bien pensé à toutes les règles que j'ai apprises sur m devant m, b, p, g et ge, ç et c…	☐

INFO PARENTS

Reproduisez cette grille sur une feuille avec votre enfant pour qu'il sache bien relire ce qu'il écrit.

Je m'entraine

1 QUIZ Coche Vrai ou Faux.

a. Quand je ne connais pas l'orthographe d'un mot, je la cherche dans le dictionnaire.

☐ Vrai ☐ Faux

b. Il existe des mots invariables, je les apprends par cœur.

☐ Vrai ☐ Faux

c. Le déterminant commande l'accord dans le groupe nominal.

☐ Vrai ☐ Faux

d. *Toujours* prend toujours un *s*.

☐ Vrai ☐ Faux

2 Dictée

Les Esquimaux sont de grands chasseurs et de grands pêcheurs. Un bon chasseur est très respectueux des animaux. Il est très adroit et son arme tue un phoque sans le faire souffrir. Pour remercier sa proie de lui offrir son sang, le chasseur dépose un peu de neige sur son museau. Plus tard, l'animal chassé est partagé en famille.

Dans cette dictée, on attirera l'attention des enfants sur les homophones *est-et*, *son-sont*, sur les pluriels en *-aux* et sur l'accord sujet-verbe.

3 Dictée

Les hommes préhistoriques étaient nomades. Ils se déplaçaient pour se nourrir. Ils se réfugiaient, l'hiver, dans des grottes creusées dans la roche. Quand le temps devenait plus chaud, ils construisaient des huttes en branchages ou dressaient des tentes en peaux d'animaux séchées. Ils cueillaient des fruits sauvages et chassaient de gros animaux.

Dans cette dictée, on attirera l'attention des enfants sur les accords sujet-verbe, et adjectif-nom, ainsi que sur les terminaisons de l'imparfait.

4 Dictée

La sirène était là, ligotée et couchée sur la table de zinc d'un poissonnier. Elle était là, tranquille et toute souriante. Le poissonnier lui coupa la queue. À sa grande surprise, la queue repoussa et au lieu d'une sirène blanche et rose, il avait une sirène verte. Un peu troublé, le poissonnier coupa la queue verte. Cette fois, la sirène était bleue.

D'après *Le Gentil Petit Diable*.

Dans cette dictée, on attirera l'attention des enfants sur les accords en genre adjectif-nom.

5 Dictée

Aujourd'hui, Pierre et sa sœur vont à la patinoire. Ils chaussent leurs patins et font quelques pas. Pierre, qui n'a pas peur, s'élance et commence une série de sauts. Sa sœur préfère glisser doucement. Au bout d'une heure, ils sont en sueur et rentrent à la maison. Leur maman leur prépare un chocolat chaud. Ils regardent un dessin animé à la télévision : des canards font les pitres sur la glace.

Dans cette dictée, on attirera l'attention des enfants sur le mot *leur*.

jeu malin

Devinettes.

a. Monsieur et Madame Modlechef ont un fils. Comment s'appelle-t-il?

....

b. Monsieur et Madame Croc ont une fille. Comment s'appelle-t-elle?

....

c. Monsieur et Madame Leuze ont une fille. Comment s'appelle-t-elle?

....

Bravo, tu as terminé !

Entoure ton smiley.

Corrigés page 23 du *Guide parents*

21 Savoir utiliser le dictionnaire

Pour commencer

Ma 1re est une manière de parler, mon 2e transmet les ordres de mon cerveau. Mon tout classe les mots alphabétiquement. Qui suis-je ?

J'apprends

• **Le dictionnaire classe les mots par ordre alphabétique.** Il indique le sens des mots.

A B C D E F G H I J K L M N O P Q R S T U V W X Y Z

a b c d e f g h i j k l m n o p q r s t u v w x y z

Je comprends comment faire

▶ Pour chercher un mot dans le dictionnaire

609 — PATIENT

■ **dépassionner** v. SENS 2 *Cette proposition conciliante a **dépassionné** le débat* (= calmer, apaiser).

passivement → *passif.*

passoire → *passer.*

pastel n.m. *Ce dessin est fait au **pastel**,* avec une sorte de crayon de couleur.

pastèque n.f. *La **pastèque** est rafraîchissante,* une espèce de gros melon à chair rouge.

pasteur n.m. 1. Un ***pasteur*** est un gardien de troupeaux dans certains pays. 2. Chez les protestants, le ***pasteur*** est celui qui dirige le culte.

pasteuriser v. *Ils n'achètent que du lait **pasteurisé**,* purifié de ses microbes par une température élevée (= stériliser).

pastiche n.m. *Ce fantaisiste a fait un **pastiche** amusant d'un discours politique,* il en a imité le style (= imitation). ■ **pasticher** v. *Il a **pastiché** un discours politique.*

pastille n.f. *Marie suce des **pastilles** de menthe,* des petits bonbons de forme aplatie.

pastis n.m. Le ***pastis*** est un apéritif parfumé à l'anis.
R. On prononce le *s* final : [pastis].

patate n.f. Fam. *Pierre et Marie épluchent les **patates*** (= pomme de terre).

patatras interj. Fam. *Le plateau était en équilibre instable : **patatras** ! tout est tombé par terre !*
R. On prononce [patatra].

pataud adj. *Jacques est un gros garçon **pataud*** (= empoté, maladroit).

patauger v. *Les enfants **pataugent** dans la boue,* ils y marchent.

pâte n.f. 1. *Mme Durand fait une **pâte** à tarte,* elle mélange et pétrit de la farine avec de l'eau. 2. *Les **pâtes** de fruits, la **pâte** dentifrice, la **pâte** à modeler sont des matières molles.* 3. (au plur.) *Les macaronis, les spaghettis, etc., sont des variétés de **pâtes**,* des aliments préparés à partir de semoule de blé dur (= nouilles). ■ **pâteux** adj. SENS 2 *Ce gâteau est **pâteux**,* trop mou.

pâté n.m. 1. *Le cuisinier a préparé un **pâté** de lapin,* du lapin haché cuit dans une terrine. 2. *Pierre habite dans ce **pâté de maisons*** (= groupe). 3. *Les enfants font des **pâtés** de sable avec un seau,* ils remplissent le seau de sable mouillé et le démoulent.

pâtée n.f. *Le chien mange sa **pâtée**,* sa nourriture.

1. patelin adj. *M. Tartuffe m'a parlé d'un ton **patelin**,* doux mais hypocrite.

2. patelin n.m. Fam. *Comment s'appelle ce **patelin** ?* (= village).

patent adj. *Pierre a menti, c'est un fait **patent*** (= évident ; ≠ douteux).

patère n.f. *Accrochez vos manteaux à la **patère**,* au portemanteau fixé au mur.

paternalisme, paternel, paternité → *père.*

pâteux → *pâte.*

pathétique adj. *Ce film d'aventures est **pathétique**,* très émouvant.

pathologie n.f. La ***pathologie*** est la science qui étudie les maladies. ■ **pathologique** adj. *Ses migraines sont **pathologiques**,* elles tiennent de la maladie, ne sont pas normales.

patibulaire adj. *Cet individu a une mine **patibulaire**,* il n'inspire pas confiance (= louche).

patient 1. adj. *Marie a un caractère **patient**,* elle est calme, persévérante

Larousse Maxi débutant

pathétique adj. *Ce film d'aventures est **pathétique**,* très émouvant.

Je recherche le mot *pathétique* dans le dictionnaire.

1. Je cherche les mots commençant par ***p***.

La lettre **p** se trouve après **o** et avant **q** (… n, o, **p**, q, r…).

Je feuillette les pages du dictionnaire jusqu'à trouver un mot commençant par ***p***.

2. Je cherche les mots commençant par ***pa***.

3. Je cherche les mots commençant par ***pat***.

Des mots repères en haut des pages me guident dans ma recherche.

Ainsi, le mot *patient* est le dernier mot de cette page.

Enfin trouvé !

INFO PARENTS

Jouez avec votre enfant à la course au dictionnaire : trouver un mot dans le dictionnaire le plus vite possible.

Je m'entraine

1 QUIZ Coche Vrai ou Faux.

Dans le dictionnaire :

a. *Yoyo* est avant *xylophone*. ☐ Vrai ☐ Faux

b. *Haie* est avant *lion*. ☐ Vrai ☐ Faux

c. *Valise* est après *union*. ☐ Vrai ☐ Faux

d. *Isabelle* est avant *Hugo*. ☐ Vrai ☐ Faux

2 Place le mot *klaxon* dans cette liste classée par ordre alphabétique.

abattre – baie – dent – jovial – lait.

3 Classe ces mots par ordre alphabétique.

a. radis – ronde – rire – roulement – résister.

b. base – bagarre – bombe – boxe – blouse.

c. marchand – mulot – marguerite – maçon – macaroni.

d. pli – pichet – persil – pont – pari.

e. turquoise – tromper – tampon – tyran – terre.

4 a. Souligne les prénoms.
b. Classe-les par ordre alphabétique.

Agathe cette coquine,
Maïa la diva,
Dominique pathétique,
Sophie fantastique !
Lucie tout harmonie,
Fanny ma tendre cousine,
Chloé susceptible,
Éléonore toujours d'accord
Nathan éclatant,
Béatrice quelle chipie.

5 Dans chaque liste alphabétique, un mot est mal placé. Barre-le.

a. pouffer – poulain – poulet – poumon – poudrier – poupon.

b. abandonner – accident – accueillir – accorder – adversaire.

c. crème – crime – crique – crin – cultiver.

d. loto – loucher – loup – lune – lundi.

e. sofa – soin – soleil – soldat – solide.

jeu malin

Quel chemin doit suivre cet enfant pour arriver à la rivière ?
Pour le savoir, trace la route dont les lettres forment le mot *dictionnaire*.

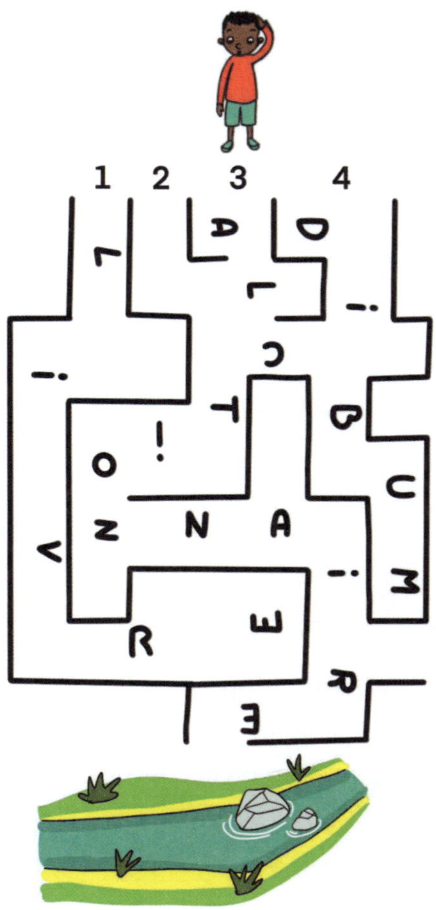

Bravo, tu as terminé !

Entoure ton smiley.

Corrigés page 23 du *Guide parents*

22 Les homonymes lexicaux

Pour commencer

Cendrillon avait une pantoufle en vair. Sais-tu de quelle fourrure il s'agit ?

J'apprends

- **Les homophones** sont des mots **qui se prononcent de la même façon** mais qui n'ont pas **la même signification.**

  Le bateau vogue sur une mer calme.

  Ma mère m'a accompagné à l'école.

  C'est le maire de sa commune qui l'a marié.

- **Les homophones** s'écrivent généralement **de façon différente.**

  Le kangourou avance en faisant des sauts.
  sauts : des bonds

  Je remonte l'eau du puits avec un seau.
  seau : le récipient

  Cette lettre porte le sceau du roi.
  sceau : le cachet

  Ce garçon est un peu sot.
  sot : légèrement idiot

- **Les homonymes** peuvent avoir la même orthographe, ce sont **des homographes.**

  L'homme pêche près de l'écluse.
  pêche : verbe *pêcher*

  Les pêches ne sont pas encore mûres.
  pêches : fruits

Je comprends comment faire

▶ Pour bien orthographier des homophones

Je cherche le sens du mot par rapport au contexte et je cherche des mots de la même famille.

Après avoir fait ses comptes, le comte lit un conte.
fait ses comptes : le verbe *compter* — comte : un comté — conte : raconter

INFO PARENTS

Habituez votre enfant à s'aider du contexte pour comprendre un mot.

Je m'entraine

1 QUIZ Coche le bon mot.

a. J'ai écrasé ☐ un ver de terre.
☐ un verre de terre.

b. Je bois ☐ un verre d'eau.
☐ un vert d'eau.

c. Le coureur a bien grimpé jusqu'au
☐ col. ☐ colle.

d. Je ☐ colle ma feuille.
☐ col ma feuille.

2 Complète les phrases en soulignant l'homophone qui convient.

a. Pour transporter de l'eau, je prends mon (**sot**, **saut**, **seau**).

b. Je cherche mon frère sur la plage, je (**la pelle**, **l'appelle**, **l'appel**).

c. Dans les contes de fées, le (**loue**, **loues**, **loup**) effraie les enfants.

d. S'il te plait, prends (**mais**, **mai**, **mes**) livres dans ton cartable.

e. Je vais à la fête. C'est mon père qui (**mie**, **m'y**, **mis**) conduit en voiture.

3 Complète avec l'homophone qui convient.

sans, sang, cent, s'en

a. Ce livre rare coute .... euros.

b. Le médecin lui a prescrit une prise de ....

c. La police l'a arrêté, il roulait à plus de .... kilomètres heure.

d. Il .... va à l'école .... son cartable.

philtre, filtre

e. La sorcière .... son .... d'amour dans une grande passoire.

cotte, côte

f. Le chevalier transpire sous sa .... de maille en grimpant la ....

4 Souligne l'homophone qui convient.

a. (**Qu'en**, **Quand**) pensez-vous ?

b. J'ai rempli la (**mal**, **malle**) de vieux livres.

c. Je fais (**parti**, **partie**) de l'équipe de foot.

d. Tu as (**prix**, **pris**) mon vélo par étourderie.

jeu malin

Entoure ces mots et leurs homophones dans la grille :
cahot, chair, glaciaire, loup.

G	L	A	C	I	A	I	R	E
L	O	C	H	E	R	R	E	S
A	U	V	A	F	J	A	T	N
C	P	F	I	C	A	H	O	T
I	N	B	R	H	T	L	M	P
E	D	O	P	A	S	F	H	K
R	I	D	L	O	U	E	J	C
E	G	R	U	S	N	T	S	E

cahot → ....

chair → ....

glaciaire → ....

loup → ....

Bravo, tu as terminé !

Entoure ton smiley.

Corrigés page 23 du *Guide parents*

Vocabulaire

23 Les mots qui ont plusieurs sens

Pour commencer

La glace peut être un miroir. Quel autre sens peut avoir ce mot ?

J'apprends

- Certains mots n'ont qu'**un seul sens**. *Un oiseau* = l'animal.
- Beaucoup de mots ont **plusieurs sens**.
- Le sens d'un mot est donné par **le contexte** dans lequel il est employé.

Le contexte est le sens général du texte. On peut aussi trouver les différents sens d'un mot dans un dictionnaire.

Cette ville est construite autour d'une grande place.

Chaque objet doit être rangé à sa place.

Nous avons gagné des places gratuites au cinéma.

- Selon son sens, un mot a donc **des synonymes et des contraires différents.**

Il dort dans un lit dur. → un lit rigide.
Contraire : un lit mou

Il porte un regard dur sur les gens. → un regard sévère.
Contraire : un regard indulgent.

Ce chemin est dur à grimper. → difficile à grimper.
Contraire : facile

Je comprends comment faire

▶ Pour comprendre le sens d'un mot

Je m'appuie sur le contexte.

Regarde ce dessin : une dame ne peut pas être l'oiseau chouette !

Une dame chouette, c'est une dame sympathique comme le sont les chouettes.

INFO PARENTS

Dites bien à votre enfant que le sens figuré d'un mot est un sens qui donne des images dans la tête.

Je m'entraine

1 QUIZ Coche la bonne réponse.

a. Le mot *mine* a :
☐ 1 sens. ☐ 2 sens. ☐ 3 sens.

b. Le mot *monter* a au moins :
☐ 2 sens. ☐ 3 sens.

c. Le mot *pièce* a :
☐ 2 sens. ☐ 3 sens.

d. Le mot *lame* a :
☐ 2 sens. ☐ 3 sens.

2 Relie les phrases au sens du mot *tirer* qui convient.

tirer un trait •	• sortir
tirer une caravane •	• extraire
tirer du charbon de la mine •	• tracer
tirer un mouchoir de sa poche •	• remorquer

3 Trouve le mot qui peut compléter les phrases suivantes mais qui change de sens.

a. J'ai arraché les .... de mon cahier. Le vent arrache les .... des arbres.

b. Le cerf a pris la .... devant les chasseurs. Le plombier est venu réparer une .... d'eau.

c. Le musicien a fait une fausse .... J'ai eu une bonne .... à mon devoir.

d. Il .... des pages à ce livre. Léo .... souvent l'école car il est fragile.

e. J'aime bien manger .... l'été. Les acteurs ont reçu un accueil très ....

f. Ce pain est sec et .... Je n'arrive pas à faire cet exercice, il est trop ....

4 Écris le mot qui sert de réponse pour chaque paire de devinettes.

a. Je suis un bijou que l'on porte au cou. Je suis un .... Un chien peut en porter pour ne pas avoir de puces. Je suis un ....

b. Je suis un bâtiment qui peut abriter une chambre de prince ou de princesse. Je suis un .... Je sépare le nez de la bouche. Je suis le ....

c. Je suis un bâton magique dans la main d'une fée. Je suis une .... Je suis vendue à la boulangerie. Je suis la ....

jeu malin

Découvre ce que dit la maitresse à Théo, à partir du code couleur de la phrase suivante.

Tout dort dans le moulin du fou.

Chaque case de couleur t'indique la lettre à écrire en dessous.

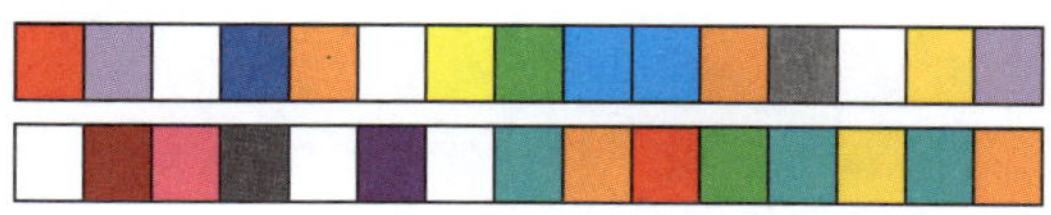

....

Bravo, tu as terminé !

Entoure ton smiley.

Corrigés page 23 du *Guide parents*

24 Synonymes et antonymes

Pour commencer

Comment dis-tu le contraire de : « Ma sœur est laide ? »

J'apprends

- Les **synonymes** sont des mots de sens proche.

  joli = beau

- Certains mots ont exactement le même sens, mais ils appartiennent à des **niveaux de langue différents**.

  tapage = bruit = boucan

Tapage est un mot du langage soutenu.
Bruit est un mot du langage courant.
Boucan est un mot du langage familier.

- Les mots de sens contraire sont des antonymes.

  beau ≠ laid

  ouvrir ≠ fermer

- **Les synonymes et les antonymes appartiennent à la même classe grammaticale.**

Nom	Adjectif	Verbe	Adverbe
un copain	courageux	avancer	calmement
un ami	vaillant	progresser	paisiblement
un ennemi	peureux	reculer	nerveusement

Je comprends comment faire

▶ Pour former des antonymes

Il y a **deux manières** de former des **antonymes.**

Les radicaux sont différents.

beau/laid
petit/grand

On ajoute un préfixe : **in-**, **im-**, **dé-**

visible/invisible
monter/démonter

INFO PARENTS

Choisissez une histoire connue de votre enfant et transformez-la en utilisant une majorité de mots contraires : La sorcière gentille, la méchante fée...

Je m'entraine

1 QUIZ Coche Vrai ou Faux.

a. Les synonymes évitent les répétitions.
☐ Vrai ☐ Faux

b. Les synonymes permettent d'utiliser un vocabulaire précis.
☐ Vrai ☐ Faux

c. Le contraire de *vide* est *remplir*.
☐ Vrai ☐ Faux

d. Les antonymes ont toujours le même radical.
☐ Vrai ☐ Faux

2 Relie les mots qui sont synonymes.

chute •	• flemmard
paresseux •	• s'éclater
grossir •	• trouille
peur •	• faire du lard
s'amuser •	• buche

3 Relie les mots qui sont synonymes.

maison •	• vaisseau
gourmand •	• frimas
brouillard givrant •	• onde
eau •	• valeureux
bateau •	• friand
courageux •	• demeure

4 Relie les mots qui sont antonymes.

bon •	• descendre
nouveau •	• mauvais
monter •	• longue
tristesse •	• ancien
courte •	• joie

5 Remplace les mots soulignés par l'un des synonymes suivants :
bâtir – ami – supplia – las – enclos

Un jour, un cochon, la queue en tire-bouchon, dit à son copain le mouton : « Je suis fatigué de vivre dans un lieu fermé. Je vais faire une maison sur la colline.
« Oh ! Laisse-moi venir avec toi ! demanda le mouton.

6 Souligne en bleu les mots synonymes de *bruit* et en rouge trois mots qui signifient *faire du bruit*.

C'étaient les panthères qui faisaient de la musique. Apparemment, cela faisait longtemps qu'elles n'avaient pas joué. C'était assourdissant ! « Pourquoi faites-vous tout ce tintamarre ? demanda le capitaine Nick.
– Pour couvrir cet insupportable boucan, répondirent les panthères. Tu entends ça ? »
Le capitaine Nick tendit l'oreille. Un bruit étrange retentissait au plus profond de la jungle. Ça grondait, ça grognait, ça craquait.

L'Île aux mystères.

jeu malin

Barre le mot *beurk* pour lire ce dialogue.

« Nbeurkous sobeurkmmes tombbeurkés » dibeurkt leprembeurkier Dupbeurkond. « Oubeurki, nbeurkous avbeurkons chutbeurké » répobeurknd lbeurke deuxbeurkième Dupbeurkond.

Bravo, tu as terminé !
Entoure ton smiley.

😐 🙂 😀

Corrigés page 23 du *Guide parents*

25 Les familles de mots

Pour commencer

Est-ce que « déterrer » est un mot de la famille de « terre » ?

J'apprends

- **Une famille de mots** regroupe tous les mots qui ont **le même radical (racine).** On les appelle **des mots dérivés.**

jour, journée, abat-jour, ajourner, journalier, séjour

Ces mots ont le même radical : *jour-*.

- **Un mot peut être formé de différents éléments :**

– le **radical** ;
– le **préfixe** modifie le sens d'un mot ; il se place **devant** le radical et permet d'obtenir des mots dérivés : *porter* → ***ex**porter*
– le **suffixe** change souvent la nature du mot ou en modifie parfois le sens ; il se place **après** le radical et permet d'obtenir des mots dérivés :

porter → *port**able***

- **En ajoutant un suffixe** au radical d'un verbe, on transforme **ce verbe en nom.**

*change*r (radical) → *change**ment*** (radical + ment)

- Voici quelques **suffixes** qui permettent de former des noms à partir des verbes :

suffixes	verbes	noms
-ade	fusiller	fusillade
-aison	livrer	livraison
-ance	insister	insistance
-eur, -euse	chanter	chanteur, chanteuse
-ure	blesser	blessure
-ée	pincer	pincée
-ison	guérir	guérison

Je comprends comment faire

▶ Pour orthographier un mot à partir d'un mot de la même famille

Je ne sais pas écrire le mot *feuillu*.

- Je cherche si je connais un mot de la même famille : *feuille*.
- Je connais un autre adjectif en *-u* formé à partir d'un nom : *poil*, *poilu*.

→ J'ajoute un *-u* à *feuille* et je sais orthographier *feuillu*.

INFO PARENTS

Connaitre l'orthographe des radicaux est très utile. Si votre enfant sait que *cycle* prend un *y*, il saura orthographier *recycler*, *bicyclette*. Proposez-lui des radicaux et demandez-lui de trouver des mots de même famille.

Je m'entraine

1 QUIZ Coche Oui ou Non.

a. *marcheur* est de la famille de *démarche*.
☐ Oui ☐ Non

b. *découvert* est de la famille de *couverture*.
☐ Oui ☐ Non

c. *lavoir* est de la famille de *laver*.
☐ Oui ☐ Non

d. *dentiste* est de la famille d'*édenté*.
☐ Oui ☐ Non

2 Relie le verbe au nom correspondant.

ronfler •	• ouverture
changer •	• fuite
ouvrir •	• ramassage
opérer •	• construction
construire •	• croisement
adopter •	• ronflement
croiser •	• changement
arroser •	• opération
ramasser •	• adoption
fuir •	• arrosage

3 Transforme les phrases sur le modèle suivant :

On ouvre la chasse.
→ Ouverture de la chasse.

a. On ferme le restaurant.

....

b. On part en vacances.

....

c. On change de propriétaire.

....

d. On plonge sur le corail.

....

e. On rentre en classe.

....

f. On sort de classe.

....

g. On inscrit à la cantine.

....

4 Remplace les noms soulignés par les verbes qui conviennent.

Voilà qui <u>guérison</u> le Père Screugneugneu de sa mauvaise humeur. Mère Citrouille <u>crachat</u> sur son chat qui n'<u>amour</u> pas ça. Tiens ! Mais c'est une fillette, saperlipopette ! Que <u>volonté</u>-tu, petite horreur. Allons, <u>entrée</u>, n'aie pas peur !

jeu malin

Place les mots suivants dans les cases.

a. Adjectif formé sur *muer*.
b. Nom formé sur *nager*.
c. Nom formé sur *habiter*.
d. Verbe formé sur *livraison*.
e. Verbe formé sur *travers*.

a.	☐	☐	☐	☐	☐	☐	☐	☐	
b.	☐	☐	☐	☐	☐	☐	☐	☐	
c.	☐	☐	☐	☐	☐	☐	☐		
d.	☐	☐	☐	☐	☐	☐			
e.	☐	☐	☐	☐	☐	☐	☐	☐	☐

Bravo, tu as terminé !
Entoure ton smiley.

Corrigés page 23 du *Guide parents*

26 Lire et comprendre un récit

Pour commencer

Quelle est ton histoire préférée ?

J'apprends

Pour comprendre un récit, il faut répondre aux questions : **Qui ? Où ? Quand ? Pourquoi ?**

> Il y a très longtemps vivait un jeune homme pauvre qui s'appelait Wan.
> Chaque jour, Wan allait boire une tasse de thé près de chez lui. Il n'avait jamais de pièces pour payer, mais il laissait souvent un dessin à l'aubergiste pour le remercier.
> Un matin de printemps, Wan dit à l'aubergiste : « Je vais partir en voyage. Vous m'avez toujours bien accueilli. C'est pourquoi je veux vous donner quelque chose. »
>
> D'après *Le Grand Livre des petites histoires*.

• **Qui est le personnage principal ?**
Le personnage est désigné par son nom propre Wan ou par un GN : « un jeune homme pauvre », ou par les pronoms personnels, « il », « je ». → La réponse est écrite dans le texte.

• **Pourquoi est-il pauvre ?** « Vivait un jeune homme pauvre qui s'appelait Wan, il n'avait jamais de pièces », il laissait ses dessins pour payer l'aubergiste. → La réponse demande de repérer divers indices dans le texte et de les relier entre eux comme pour une devinette.

• **Quand ?** « Il y a longtemps, un matin de printemps ». → La réponse demande de repérer divers indices dans le texte et de les relier entre eux comme pour une devinette.

• **Où ?** L'histoire se passe sans doute en Chine. Je peux le deviner grâce au nom du personnage, Wan, et parce que le thé est la boisson aimée des Chinois. → Pour trouver la réponse, il faut mettre en relation les informations du texte avec mes connaissances du monde.

Je comprends comment faire

▶ Pour répondre aux questions qui vérifient ma compréhension en lecture

Je peux
- → trouver une réponse écrite dans le texte.
- → relier des informations qui sont à plusieurs endroits du texte.
- → chercher dans ma tête ce que je connais sur le monde.

INFO PARENTS

Si votre enfant n'aime pas trop lire, continuez à lui lire des histoires courtes comme lorsqu'il était plus petit.

Je m'entraine

1 QUIZ Réponds par Oui ou Non.

a. Le personnage principal d'une histoire est le héros. ☐ Oui ☐ Non

b. Une histoire dans laquelle des animaux parlent est un conte. ☐ Oui ☐ Non

c. Dans un documentaire, il y a des bulles. ☐ Oui ☐ Non

d. Dans une BD, on donne des informations vraies. ☐ Oui ☐ Non

2 Place les mots en caractères gras dans les bonnes colonnes du tableau.

Philomène était assise entre **son frère** et Caroline. Papa nous a servi des frites. On ne parlait pas. Soudain Philomène a dit à Léo :
«Ce que **tu** manges vite !»
«Beaucoup moins vite que **toi**» a dit Caroline.
«Mais non, lui a répondu Philomène, **moi** je prends mon temps pour manger. **Toi aussi** tu engloutis la nourriture comme une baleine.»
Alors on s'est battu à coups de frites.

Philomène	Léo	Caroline

3 Devinettes

a. Sophie veut faire du sport.
Son école propose judo ou natation.
Elle n'aime pas la piscine.

Quel sport va-t-elle choisir ?

....

b. La sorcière voulait transformer Emma en grenouille. Elle lui a donné de la potion magique et Emma s'est mise à miauler.

Que s'est-il passé ?

....

4 Lis ces phrases et réponds aux questions.

Œil de Lynx prit son cheval, son arc et ses flèches. Il devait être capable de rester seul dans le désert pendant quatre jours. Le jeune garçon était courageux mais il avait peur des loups.

a. Qui a peur des loups ?

....

b. Comment dessinerais-tu Œil de Lynx ?

....

5 Voici le début d'une histoire dans le désordre. Remets oralement les phrases dans le bon ordre. Souligne les termes qui t'ont permis de le faire.

a. Mais le jeune loup grandissait et ses compagnons commençaient à avoir peur de lui.

b. Il était une fois un jeune loup qui ne savait pas qu'il était un loup. Il avait pour amis les animaux de la forêt.

c. Alors le cerf roi de la forêt décida de convoquer le grand conseil pour décider du sort de ce drôle de loup.

jeu malin

Regarde bien ces phrases : ce sont des palindromes. Essaie de deviner ce qu'est un palindrome.

- Tu l'as trop écrasé César ce Port-Salut.
- Eh ! Ça va la vache ?

....

....

Bravo, tu as terminé !

Entoure ton smiley.

Corrigés page 23 du *Guide parents*

27 Écrire la suite d'un récit

Pour commencer

Une reine disait :
« Je voudrais une enfant blanche comme la neige. »
De qui parle-t-elle ?

J'apprends

Pour **écrire la suite d'un récit**, il faut tenir compte du début du texte et bien comprendre l'histoire, en repérant les éléments suivants :

- **les personnages :** Qui est le héros? Qui va l'aider? Qui va lui causer des ennuis?
  Il y avait une fois un homme qui menait sa chèvre au marché. À l'entrée du pont, la chèvre refusa d'avancer.
  Deux personnages vont s'opposer : l'homme et la chèvre.
- **l'époque :** Quand se passe l'action?
  Un matin de mars, le soleil se dit : «Au travail!»
  L'histoire se passe obligatoirement au printemps.
- **les lieux :** Dans quel pays, dans quel décor se passe l'action?
  Au Japon, nous mangeons du riz avec des baguettes.
  Le Japon sert de décor.
- **Qui parle :** Le narrateur (celui qui raconte l'histoire) dit-il *je* ou *il*? Il faut garder le pronom utilisé.
  Je m'appelle Pierre. → pronom *je*.

Je comprends comment faire

▶ Pour continuer un récit

Il était une fois un jeune soldat qui jouait du tambour dans les batailles. Il était pauvre et serviable. Un jour, il rencontra en chemin une vieille dame qui portait un lourd fagot de bois sur ses épaules. Il lui dit : «Ô la vieille arrête-toi que je t'aide.» La vieille dame s'arrêta. Il vit qu'elle était pâle. Il lui donna son bout de pain et prit le fagot sur son dos. La dame lui dit : «Petit, tu as gagné une récompense!»

Avant de me mettre à écrire, je repère :

- **les personnages :** un jeune soldat pauvre mais généreux et une vieille femme qui va l'aider pour le remercier;
- **les lieux :** le texte ne donne aucune indication précise, je suis libre de choisir le décor de mon histoire;
- **l'époque :** le soldat joue du tambour, c'est avant le 20e siècle.

→ J'utilise les temps du passé et la troisième personne.

INFO PARENTS

Commencez à lire un début d'histoire avec votre enfant et demandez-lui à l'oral d'inventer la suite. Il fera de gros progrès en lecture et en rédaction.

Je m'entraine

1 QUIZ Coche Vrai ou Faux.

a. Dans un conte, le héros est toujours très courageux. ☐ Vrai ☐ Faux

b. Dans une histoire policière, il y a souvent un policier ou un détective. ☐ Vrai ☐ Faux

c. Pour savoir à quelle époque se déroule une histoire, je regarde les petits mots : *alors*, *ensuite*, *enfin*. ☐ Vrai ☐ Faux

d. Un personnage peut raconter son histoire en utilisant *je*. ☐ Vrai ☐ Faux

e. Un roman historique mélange des évènements vrais et des faits inventés. ☐ Vrai ☐ Faux

2 Lis ce texte et réponds aux questions.

Vlan ! La porte de la chambre claque, un nuage pourpre se forme et une petite créature étrange apparait. Hugo a devant lui une sorte de bonhomme haut comme un tabouret, plutôt bien habillé, avec un petit sourire gêné. Sa tête tient de la grenouille pour la forme et du porcelet pour la couleur.

« Bonjour, je me présente : Monsieur Rxizshx, je me suis perdu entre la troisième et la quatrième porte de l'espace-temps. »

Monsieur Rxizshx a de la chance, Hugo est un spécialiste des passages spatiotemporels. Chez lui personne ne le sait... Ses parents le traitent toujours de rêveur et sa sœur Cosima passe sa semaine au téléphone. Mais jusqu'à maintenant il a toujours voyagé seul.

a. Qui sont les deux personnages principaux ? Qui va aider qui ?

....

....

b. À quelle époque se passe l'histoire ? Comment le sais-tu ?

....

....

c. À quel temps sont les verbes ?

....

d. Écris la suite de l'histoire. Quel temps vas-tu utiliser ?

....

3 Les phrases de ce récit sont en désordre. Remets-les dans l'ordre en les numérotant de 1 à 7.

a. Virginie vient de relever son épuisette. ....

b. « Comme il semble méchant ! » ....

c. Paul rejoint Virginie. ....

d. Au fond du filet, elle voit un énorme crabe. ....

e. « Remets-le à l'eau, dit-il. ....

f. Ceux-là, on ne les prend pas, ils ne sont pas bons à manger. » ....

g. Il voudrait bien se montrer courageux, mais la taille des pinces lui fait peur. ....

jeu malin

Retrouve les mots suivants dans la grille : *lieu, personnage, narrateur, intrigue, époque, aventures.*

S	P	E	R	S	O	N	N	A	G	E	Z
R	F	G	L	M	R	A	D	I	U	C	M
A	V	E	N	T	U	R	E	S	A	R	U
O	O	J	S	D	F	R	C	H	S	I	O
P	U	I	D	M	P	A	R	T	V	E	R
L	D	O	S	I	N	T	R	I	G	U	E
G	E	F	F	L	I	E	U	T	B	D	H
E	S	E	P	O	Q	U	E	U	N	C	V
I	C	C	G	E	D	R	S	D	T	N	B

Bravo, tu as terminé !

Entoure ton smiley.

Corrigés page 24 du *Guide parents*

MATHÉMATIQUES

→ Des exercices interactifs sur
www.hatier-entrainement.com

Nombres et calculs

Date | Évaluation

Espace et géométrie

Grandeurs et mesures

Problèmes

1 Les nombres jusqu'à 999

Pour commencer

Avec combien de chiffres s'écrit le nombre cent-cinquante ?

J'apprends

- **Les nombres s'écrivent avec les dix chiffres qui sont : 0, 1, 2, 3, 4, 5, 6, 7, 8, 9.**
- **Un nombre s'écrit :**
  - **en chiffres :** 2 3 4
    - 2 : chiffre des centaines
    - 3 : chiffre des dizaines
    - 4 : chiffre des unités
  - **en lettres :** deux-cent-trente-quatre
- Pour **décomposer un nombre**, on peut utiliser un tableau.

centaines (c)	dizaines (d)	unités (u)	
2	3	4	$234 = (2 \times 100) + (3 \times 10) + 4$
3	0	6	$306 = (3 \times 100) + (0 \times 10) + 6$
7	9	0	$790 = (7 \times 100) + (9 \times 10) + 0$

Dans 234 : il y a **2 centaines**, car $234 = (2 \times 100) + 34$,
il y a **23 dizaines**, car $234 = (23 \times 10) + 4$.

Je comprends comment faire

Pour écrire en lettres les nombres de 1 à 999

- Je mets un trait d'union entre les mots.
  → trente-six, quatre-vingt-dix-sept, six-cent-trente-quatre, deux-cent-soixante-dix
- J'écris le mot et entre les dizaines puis un ou onze.
  → trente-et-un, deux-cent-vingt-et-un, soixante-et-onze, *sauf pour* quatre-vingt-un, quatre-vingt-onze
- Vingt et cent prennent la marque du pluriel uniquement quand ils sont écrits à la fin du nombre.
  → quatre-vingts, quatre-vingt-six, cinq-cents, cinq-cent-trente

INFO PARENTS

Demandez à votre enfant de lire les numéros des maisons ou immeubles lors de promenades ou sur le chemin de l'école.

Je m'entraine

1 QUIZ Coche les bonnes réponses.

a. Dans 456, le chiffre des dizaines est 4. ☐
b. $5 \times 100 + 4 = 540$ ☐
c. Dans 456, il y a 45 dizaines. ☒
d. $716 = 7 \times 100 + 2 \times 10 + 6$ ☐

2 Décompose ces nombres.

a. 465 = (4×100)+(6×10)+5
b. 907 = ……

3 Écris ces nombres en lettres.

a. 456 quatre-cent-cincante six.
b. 108 cent-huit
c. 497 quatre-cent-quatre vingt
d. 474 quatre-cent-soixante quatre
e. 291 deux-cent-quatre-vingt-et-un
f. 329 trois-cent-vingt-neuf

4 Écris ces nombres en chiffres.

a. deux-cent-dix-huit 218
b. quatre-vingt-dix-sept 99
c. sept-cent-trente 730
d. huit-cent-six 806
e. sept-cent-vingt-et-un 721

5 Dans le nombre 975, quel est :

a. le chiffre des unités ? 5
b. le nombre d'unités ? 75
c. le nombre de centaines ? 9

6 Trouve les nombres correspondant à ces décompositions.

a. $(7 \times 100) + (2 \times 10) + 6 =$ 726
b. $(5 \times 100) + 4 =$ 504
c. $(6 \times 10) + 8 =$ 68

7 Complète cette droite numérique.

364 374 384 394 400 414

8 Charlemagne est né le 2/04/742.
Il est mort le 28/01/814.
Écris ces deux dates en lettres.

deux avril sept-cent quarante-vingt-huit
janvier huit-cent-quatorze.

jeu malin

Devinette.

J'ai le même chiffre des centaines
que cent-trente-deux.
J'ai le même chiffre des dizaines
que cent-quatre-vingt-sept.
J'ai le même chiffre des unités
que sept-cent-trente.
Qui suis-je ?
180

Bravo, tu as terminé !
Entoure ton smiley.

Corrigés page 24 du *Guide parents*

2 Les nombres au-delà de 999

Pour commencer

Quel est le nombre qui suit 999 ?

J'apprends

• **Les nombres qui s'écrivent avec plus de 3 chiffres contiennent des milliers.**
On écrit d'abord le nombre de milliers, puis les chiffres des centaines, des dizaines et des unités.

• Pour **lire ou écrire les grands nombres**, on peut utiliser un tableau.

Classe des mille			Classe des unités			
centaines	dizaines	unités	centaines	dizaines	unités	On lit :
		3	1	2	6	trois-**mille**-cent-vingt-six
	9	8	4	1	0	quatre-vingt-dix-huit-**mille**-quatre-cent-dix
6	0	0	0	0	0	six-cent-**mille**

chiffre des unités de mille
chiffre des dizaines de mille
chiffre des centaines de mille

• **La classe des mille indique le nombre des milliers.**

Dans 3 126, il y a 3 milliers.

Dans 98 410, il y a 98 milliers.

Dans 600 000, il y a 600 milliers.

• **Attention**

Le mot **mille** ne prend jamais de **s** à la fin. Il est invariable. deux-mille

On laisse un espace entre la classe des mille et celle des unités. 125 369

Je comprends comment faire

▶ Pour décomposer un nombre

À partir du tableau, je peux trouver la décomposition additive des nombres :

• 3 126 = 3 000 + 100 + 20 + 6
= (3 × 1000) + (1 × 100) + (2 × 10) + 6

• 98 410 = 90 000 + 8 000 + 400 + 10
= (9 × 10 000) + (8 × 1000) + (4 × 100) + (1 × 10)

• 600 000 = 6 × 100 000

INFO PARENTS

Pour aider votre enfant à écrire un nombre en lettres, dites-lui de le lire d'abord à haute voix. Dans l'écriture chiffrée, veillez à ce qu'il laisse un espace entre la classe des mille et celle des unités.

Je m'entraine

1 **QUIZ** **Coche les bonnes réponses.**

a. Le chiffre des unités de mille de 25 041 est 0. ☐

b. Le nombre de milliers de 42 510 est 42. ☒

c. 3 200 = 3 × 1 000 + 2 × 100 ☐

d. 2 × 10 000 + 5 × 100 = 2 050 ☐

2 **Dans le nombre 45 326 :**

a. quel est le chiffre des unités de mille? 5

b. quel est le chiffre des dizaines de mille? 4

c. quel est le nombre de milliers? 45

d. quel est le nombre de dizaines de milliers? 4

e. quel est le chiffre des dizaines? 2

3 **Décompose ces nombres.**

a. 45 792 = (4×10000)+(5×1000)+(7×100)+(9×10)+2

b. 207 450 = (2×10000)+(7×1000)+(4×100)+(5×10)

c. 7 850 = (7×1000)+(8×100)+(5×10)

d. 230 068 = (2×100000)+(3×10000)+(6×10)+8

e. 700 045 = (7×100000)+(4×10)+8

f. 150 015 = (1×100000)+(5×10000)+(1×10)+5

4 **Écris ces nombres en lettres.**

a. 75 489 soixante_quinze_quatre-mille quatre_vingt neuf

b. 594 587 cinq-cent-quatre_vingt quatorze-mille-cinq-cent-quatre vingt-sept

c. 304 602 trois_cent_quatre_mille six-cent-deux

d. 300 000 trois_cent_mille

e. 90 000 quatre_vingt_dix_mille

f. 120 036 cent_vingt_mille_trente_six

5 **Complète cette droite numérique.**

25 478 — 26 478 — 27 478 — 28 478 — 29 478 — 30 478

6 **Écris ces nombres en chiffres.**

a. deux-cent-quarante-cinq-mille-trois-cent-quinze 245 315

b. sept-cent-quatre-vingt-quinze-mille-neuf-cent-quatre-vingt-trois 795 983

c. trois-cent-mille-sept-cent-quatre 300 704

d. soixante-dix-sept-mille-deux-cents 77 200

e. cinq-mille-neuf-cent-vingt-et-un 5 900

7 **Dans le nombre 12 415, quel est :**

a. le nombre de centaines? 124

b. le nombre de dizaines? 1241

jeu malin

Devinette.

Mon chiffre des centaines est le double de mon chiffre des unités de mille.
Mon chiffre des unités est la moitié de mon chiffre des dizaines.
Voici ce que l'on peut voir de mon écriture qui a été en partie cachée :

4 ▭ 3

Qui suis-je? ....

Bravo, tu as terminé !

Entoure ton smiley.

🙂 🙂 🙂

Corrigés page 24 du *Guide parents*

3 La comparaison des nombres

Pour commencer

123 et 321 : lequel est le plus grand nombre ?

J'apprends

▶ Pour comparer, on utilise les signes = , >, <.

23 = 23 On lit : 23 **égal à** 23.

85 > 44 On lit : 85 **plus grand que** 44, ou 85 **supérieur à** 44.

125 < 289 On lit : 125 **plus petit que** 289, ou 125 **inférieur à** 289.

▶ Pour utiliser les signes < et >

Je dirige toujours **la pointe** du signe < ou > **vers le plus petit des deux nombres** que je compare. 78 > 45 45 < 78

▶ Pour ranger des nombres

45 < 78 < 458 < 1 021 < 1 058

J'ai rangé ces nombres du plus petit au plus grand. Ils sont rangés par **ordre croissant**.

890 > 456 > 102 > 78 > 72

J'ai rangé ces nombres du plus grand au plus petit. Ils sont rangés par **ordre décroissant**.

Je comprends comment faire

▶ Pour comparer deux nombres

Le plus grand nombre est celui qui s'écrit avec le plus de chiffres.

79 s'écrit avec 2 chiffres et 123 avec 3 chiffres. Donc 123 > 79.

Il arrive que les nombres s'écrivent avec autant de chiffres.

Le plus grand est celui dont le premier chiffre de gauche est le plus grand.

4 166 et 8 545 sont deux nombres à 4 chiffres : 8 > 4 donc 8 545 > 4 166.

Quand le premier chiffre à gauche est le même, on compare le deuxième chiffre. Si on ne peut pas conclure, on passe au chiffre suivant, etc.

8 076 et 8 950 sont deux nombres à 4 chiffres. Ils ont 8 comme premier chiffre à gauche. Il faut comparer le chiffre suivant, ici le chiffre des centaines : 9 > 0 donc 8 950> 8 076.

INFO PARENTS

Demandez à votre enfant de deviner un nombre auquel vous pensez. Il vous propose un nombre et vous lui répondrez uniquement « trop grand » ou « trop petit ».

Je m'entraine

1 QUIZ Coche les bonnes réponses.

a. 4 587 < 2 013 ☐ c. 854 < 860 ☒

b. 2 873 > 999 ☒ d. 12 540 > 9 874 ☒

2 Dans quel ordre sont rangés ces nombres ?

a. 78 96 258 654 903 1 258 croissant

b. 82 785 82 625 79 921 79 605 decroissant

3 Range ces nombres du plus grand au plus petit.

784 562 782 958 1 025 568

1 025 - 958 - 784 - 782 - 568 - 568

4 Compare ces nombres et complète par les signes > ou <.

a. 12 457 > 9 875

b. 458 523 > 408 997

c. 45 235 < 54 532

d. 21 574 < 21 802

e. 70 402 > 70 035

f. 32 021 < 32 210

5 Utilise tous les chiffres 2, 7, 3 et 5 une seule fois pour écrire :

a. le plus grand nombre à quatre chiffres possible ;

b. le plus petit nombre à quatre chiffres possible.

6 Place sur cette droite numérique les entiers suivants : 240 ; 245 ; 242

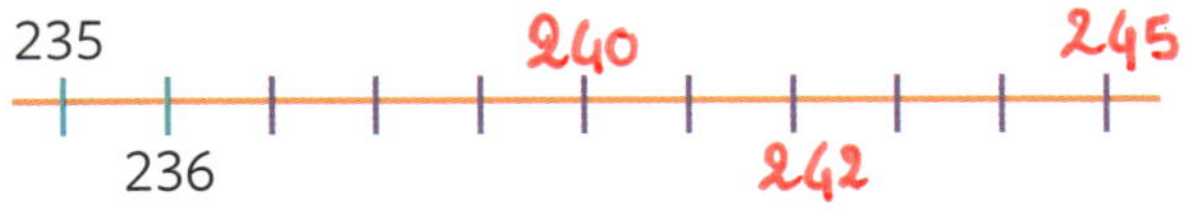

7 Complète :

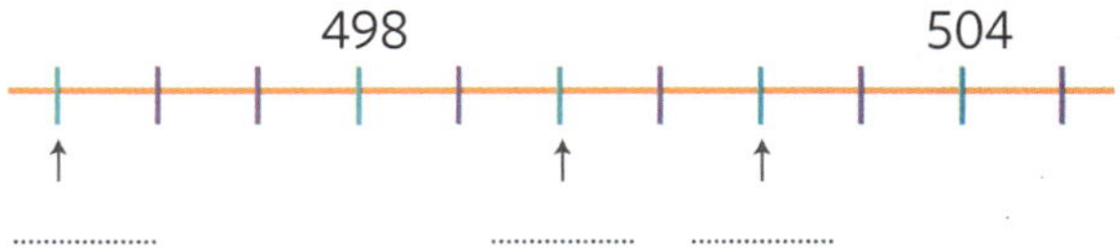

8 Range ces sommets par ordre décroissant d'altitude.

Hauteur en mètres	
Mont Blanc	4 808
Everest	8 848
K2	8 611
Kenya	5 199
Chimborazo	6 263
Jungfrau	4 158
Fuji Yama	3 776
Cameroun	4 070
Tahat	3 003

jeu malin

Parmi ces nombres, trouve le nombre mystère en barrant ceux qui ne conviennent pas.

2 312 3 012 3 425 3 741 4 252

5 257 6 898 7 212 9 725

Je ne suis pas le plus petit.
Je ne suis pas le plus grand.
Je suis plus petit que 6 999.
Je suis plus grand que 3 650.
Je suis plus grand que 4 999.
Je suis plus petit que 6 487.

Bravo, tu as terminé !

Entoure ton smiley.

Corrigés page 24 du *Guide parents*

4 Quand additionner ?

Pour commencer

J'ai un billet de 50 €
et un billet de 20 €.
J'ai combien d'argent ?

J'apprends

On fait une addition dans les problèmes suivants.

▶ Pour calculer une dépense totale

Pierre achète un album à 48 €, un appareil photo à 75 € et un cadre à 35 €.
Quelle somme Pierre a-t-il dépensée ?

48 + 75 + 35 = 158 → Pierre a dépensé 158 €.

▶ Pour réunir deux ou plusieurs collections

Dans un sac postal, il y a 453 lettres, dans un autre il y a 562 lettres.
Le facteur vide entièrement ces deux sacs sur une table pour trier les lettres.
Quel est le nombre de lettres sur la table ?

453 + 562 = 1 015 → Sur la table, il y a 1 015 lettres.

▶ Pour avancer sur la droite numérique

Jean de La Fontaine est né en 1621.
Il est mort à l'âge de 74 ans.
Quelle est l'année de la mort de La Fontaine ?

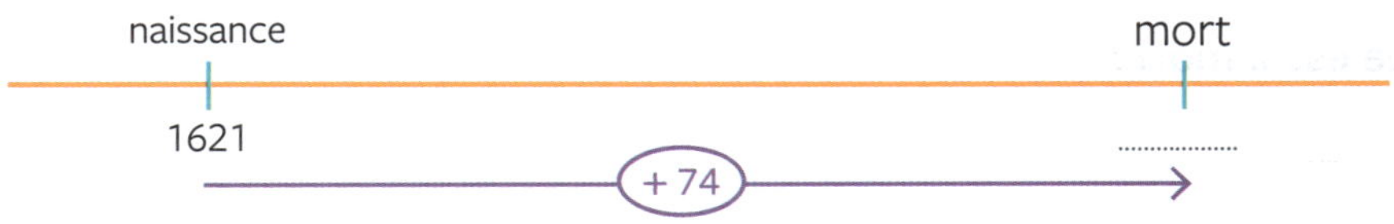

1621 + 74 = 1695 → La Fontaine est mort en 1695.

Je comprends comment faire

▶ Pour calculer un périmètre

Pour additionner trois nombres, je calcule d'abord **la somme de deux des nombres, puis j'ajoute le troisième**.

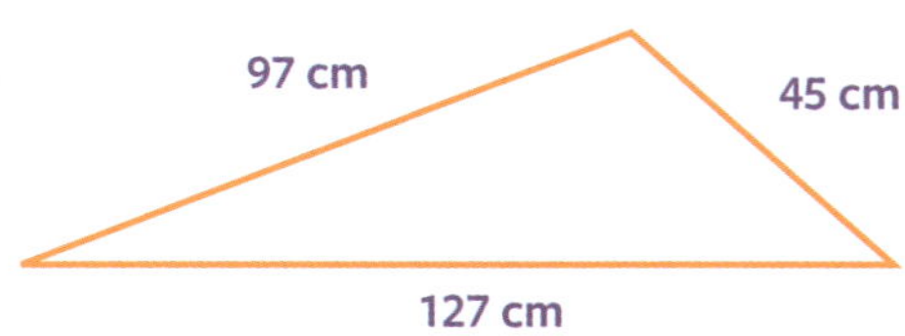

127 + 45 + 97 → 172 → 269 ou 127 + 45 + 97 → 142 → 269

Le périmètre de ce triangle mesure 269 cm.

INFO PARENTS

Demandez à votre enfant de raconter l'énoncé d'un exercice pour l'aider à identifier les situations additives.
Pour résoudre les problèmes de chronologie, votre enfant peut tracer une droite numérique.

Je m'entraine

1 QUIZ Coche les problèmes qui utilisent une addition.

a. J'ai 123 €, j'achète un livre à 45 €.
Combien me reste-t-il? ☐

b. Dans un match de basket, l'équipe A marque 85 points et l'équipe B 91 points.
Combien de points ont été marqués durant la partie? ☐

c. Jérôme a 11 ans, son père a 29 ans de plus que lui.
Quel est l'âge de son père? ☐

d. Chez le boulanger, Paul achète 2 pains au chocolat à 2 € et 3 boites de sucettes à 4 €.
Combien a-t-il dépensé? ☐

e. Quatre enfants se partagent 32 bonbons.
Quelle est la part de chacun? ☐

2 Le savant Louis Pasteur est né à Dole en 1822. Il a vécu 73 ans.

En quelle année est-il mort?

....

3 Calcule le périmètre de cette figure.

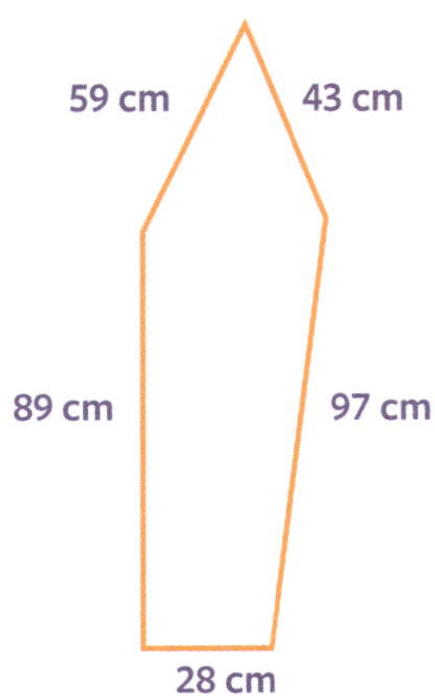

....

....

4 Complète cet arbre à calcul.

245 + 789 + 1 024 + 237

....

....

5 Monsieur Durand fait réaliser des travaux dans sa nouvelle maison : la toiture pour 78 490 €; tout le système de chauffage pour 21 350 €; les peintures et les papiers pour 12 540 €.

Quel est le prix total de ces travaux?

....

6 Si le 5 décembre est un lundi, quel jour de la semaine sera-t-on 20 jours après?

....

jeu malin

Un terrain de football est un rectangle de 105 mètres de longueur et 68 mètres de largeur. Jean fait 2 tours de terrain, Sylvia fait 1 tour et Mathilde 3 tours.
Associe les distances parcourues à chaque enfant.

	• 1 038 m
Jean •	• 692 m
Sylvia •	• 346 m
Mathilde •	• 1 112 m
	• 556 m
	• 173 m

Bravo, tu as terminé !

Entoure ton smiley.

😐 🙂 😀

Corrigés page 24 du *Guide parents*

5 L'addition

Pour commencer

À quoi est égal 200 + 80 + 6 ?

J'apprends

▶ Pour effectuer une addition en colonne

- on **aligne** les unités sous les unités, les dizaines sous les dizaines, etc ;
- on **additionne** en commençant par la colonne de **droite** des unités et en allant vers celles de **gauche** ;
- quand il y a une **retenue**, on la place en haut dans la colonne de gauche suivante.

		centaines	dizaines	unités
		2	1	
		6	2	6
+			8	7
+		3	9	2
	1	1	0	5

1re étape : 6 + 7 + 2 = 15,
→ j'écris 5 et je retiens 1.

2e étape : 1 + 2 + 8 + 9 = 20,
→ j'écris 0 et je retiens 2.

3e étape : 2 + 6 + 3 = 11,
→ j'écris 11.

Je comprends comment faire

▶ Pour additionner mentalement en utilisant la droite numérique

Pour calculer **4 521 + 548**, je peux tracer d'abord la droite numérique.

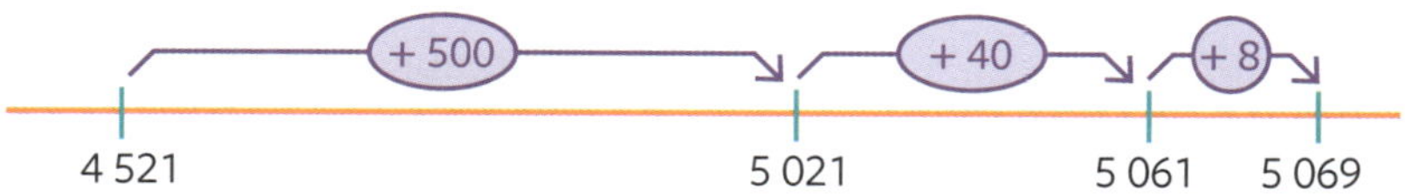

→ **Je pars toujours du plus grand des 2 nombres** et c'est le plus petit que j'ajoute.

4 521 + 548 = 4 521 + 500 + 40 + 8 = 5 069

▶ Pour additionner en décomposant les nombres

Pour calculer **425 + 263**, je peux procéder ainsi :

425 + 263 = 400 + 20 + 5 + 200 + 60 + 3

→ **Je calcule en regroupant entre elles les centaines, les dizaines, les unités.**

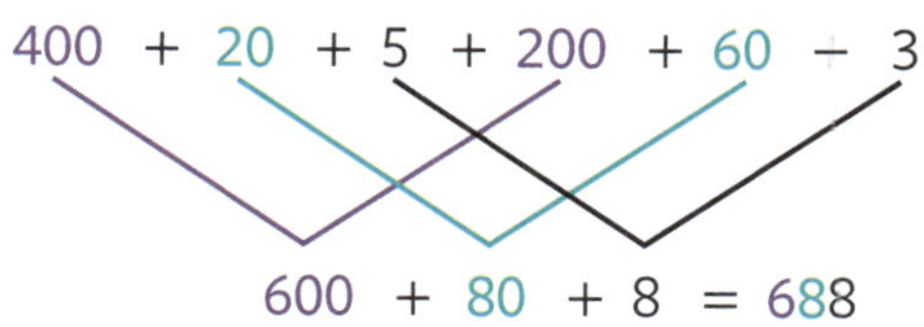

INFO PARENTS

Pour que votre enfant pose correctement une addition en colonne, donnez-lui du papier quadrillé à gros carreaux pour une bonne disposition des chiffres (1 chiffre par carreau). Demandez-lui de bien noter les retenues.

Je m'entraine

1 QUIZ Coche les bonnes réponses.

a.

	4	7	2	0	
+		8	5	6	
	4	5	8	5	☐

b.

	7	2	8	9	
+	6	4	3	5	
1	3	7	1	4	☐

c.

		5	3	8	
+		4	0	7	
+		2	6	2	
	1	2	0	7	☐

d.

	1	4	2	0	3	
+	2	5	4	7	2	
	3	9	6	7	5	☐

2 Pose et calcule ces additions.

a. 456 + 238 =

b. 458 + 2 287 + 732 =

c. 2 587 + 1 027 =

d. 478 + 589 + 326 + 4 584 =

e. 1 547 + 987 + 1 200 =

3 Complète cette grille de nombres croisés.

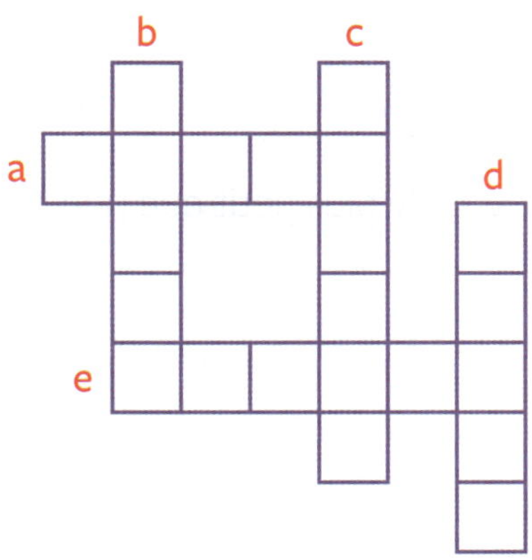

a. 17 485 + 28 138

b. 9 120 + 6 427

c. 458 963 + 276 251

d. 23 537 + 25 741

e. 405 192 + 299 000

4 Complète ces additions.

		4	......	2	
+		......	2	......	
		......	1	9	6

	3	......	7	
+	......	4	......	
	9	4	1	

	2	......	5	......
+	......	7	......	8
	6	0	6	0

	1	......	5	......	9
+	......	7	......	8	......
	5	1	6	4	7

jeu malin

Si tu ajoutes les trois nombres de chaque ligne, colonne ou diagonale, tu trouves toujours le même résultat : 438.

Complète ce carré magique.

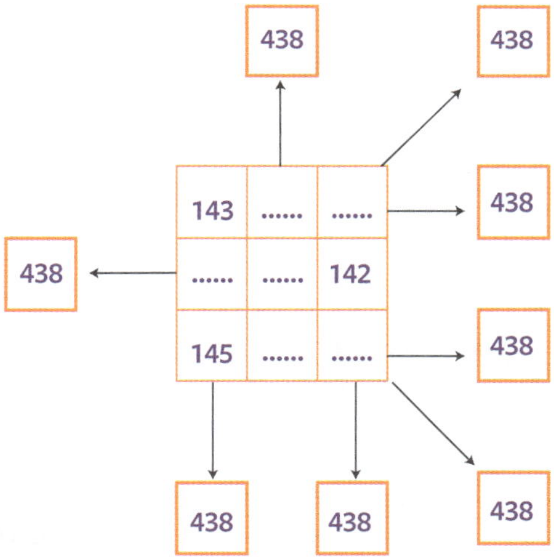

Bravo, tu as terminé !

Entoure ton smiley.

Corrigés page 25 du *Guide parents*

6 Quand soustraire ?

Pour commencer

Hugo habite au 4e étage, il rejoint Léa au 35e étage. Combien d'étages doit-il monter ?

J'apprends

On fait une soustraction dans les problèmes suivants.

▶ Pour calculer ce qui reste quand on enlève une partie d'un ensemble

Frédéric possède une collection de 864 timbres. Dans cette collection, il a 274 timbres qu'il décide de donner. Combien lui restera-t-il de timbres ?

Je calcule : 864 – 274 = 590. Il lui restera 590 timbres.

▶ Pour calculer ce qui est retiré quand on enlève une partie d'un ensemble

Jean possède une collection de 1 254 cartes Pokemon, il en donne une partie à Paul. Il lui reste alors 869 cartes. Combien en a-t-il donné à Paul ?

Je calcule : 1 254 – 869 = 385. Jean a donné 385 cartes à Paul.

Je comprends comment faire

Quand soustraire ?

Pour calculer un écart

Dans les Vosges, le ballon de Guebwilller a pour altitude 1 424 m, alors que le ballon d'Alsace atteint seulement 1 248 m. Quelle est la différence d'altitude entre ces sommets ?

1 424 – 1 248 = 176. La différence d'altitude est de 176 m.

Pour reculer sur la droite numérique

Victor Hugo est mort en 1885 à l'âge de 83 ans. Quelle est l'année de sa naissance ?

1885 – 83 = 1802. Victor Hugo est né en 1802.

Pour calculer une partie d'un ensemble

Dans une classe de 28 élèves, il y a 17 filles. Combien y a-t-il de garçons ?

On calcule : 17 + ... = 28 ou bien 28 – 17 = 11. Il y a 11 garçons.

INFO PARENTS

Pour trouver l'opération à effectuer et les nombres à utiliser dans un problème, proposez à votre enfant de faire un schéma. Il dessine les quantités avec des formes ou range des nombres sur une droite pour mettre en évidence ce qui est cherché.

Je m'entraine

1 QUIZ Coche les problèmes qui utilisent une soustraction.

a. Antoine donne un billet de 500 € pour payer une armoire qui coute 375 €. **Combien le vendeur doit-il lui rendre?** ☐

b. Dans une collection de timbres, il y a 365 timbres d'Amérique, 254 d'Asie et 879 d'Europe. **Combien y a-t-il de timbres dans cette collection?** ☐

c. Jean a 12 ans en 1995. **En quelle année est-il né?** ☐

d. Paul est né en 1984. **Quel sera son âge en 1996?** ☐

e. Dans une grille de mots croisés, il y a 6 cases horizontalement et 8 cases verticalement. **Quel est le nombre total de cases de cette grille?** ☐

2 Walt Disney est mort en 1966 à l'âge de 65 ans.
Quelle est l'année de sa naissance?

....

3 Le périmètre de ce triangle est 458 m.
Calcule la longueur du troisième côté.

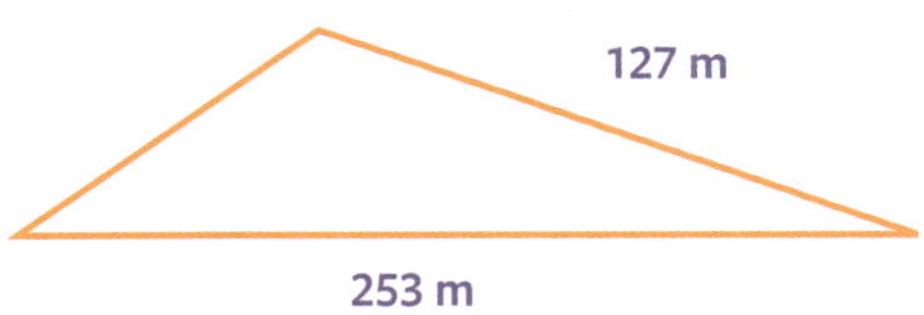

....

4 Complète ces additions.

a. 7 854 + ... = 12 045

b. .... + 8 423 = 17 368

5 À Lyon, on voit ce panneau.

Quelle distance doit-on parcourir pour aller de Valence à Marseille?

....

6 Trois pirates se partagent un coffre rempli de 9 584 louis d'or. Le premier en prend 2 954, le deuxième 3 262 et le troisième le reste.
Quel est le nombre de louis d'or pris par le troisième pirate?

....

jeu malin

Fais cette randonnée en calculant les altitudes et les différences d'altitude.

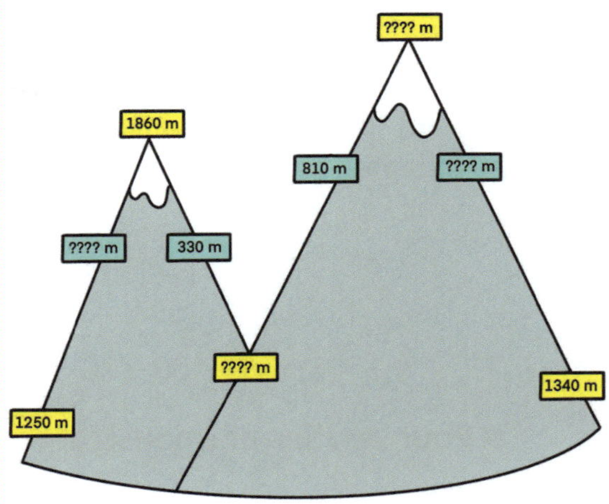

Bravo, tu as terminé !
Entoure ton smiley.

Corrigés page 25 du *Guide parents*

7 La soustraction

Pour commencer
Calcule
555 – 333.

J'apprends

Pour effectuer une soustraction en colonne, on écrit le plus grand des deux nombres d'abord. Puis on dispose le deuxième nombre en dessous en alignant les unités sous les unités, les dizaines sous les dizaines, etc.

	c	d	u
	3	6	[1]2
–	1	[1]4	7

1re étape
La soustraction 2 – 7 est impossible.
2e étape
→ On ajoute **10 unités** aux 2 unités de 362.
→ On ajoute **1 dizaine** aux 4 dizaines de 147.

	c	d	u
	3	6	[1]2
–	1	[1]4	7
			5

3e étape
12 – 7 = 5
→ On écrit **5** sous les unités.

	c	d	u
	3	6	[1]2
–	1	[1]4	7
	2	1	5

4e étape
6 – (4 + 1) = 6 – 5 = 1
→ On écrit **1** sous les dizaines.

5e étape
3 – 1 = 2
→ On écrit **2** sous les centaines.

Je comprends comment faire

▶ Pour soustraire mentalement en utilisant la droite numérique

Pour calculer **720 – 581**, je peux tracer la droite numérique puis calculer.
Je pars toujours du plus petit des 2 nombres et je fais des additions pour arriver au plus grand.

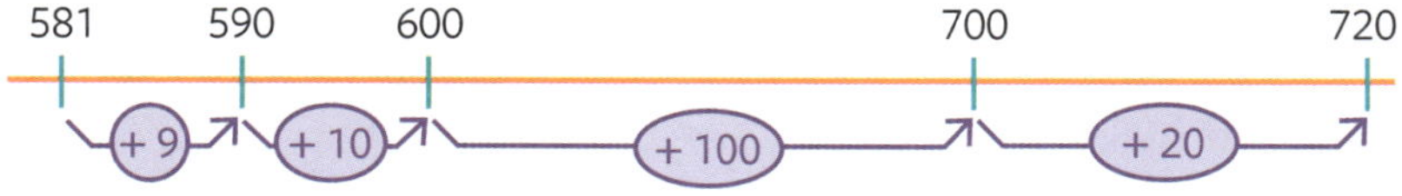

720 – 581 = 9 + 10 + 100 + 20 = 139

▶ Pour vérifier une soustraction

Je peux vérifier ma soustraction **en ajoutant le nombre trouvé au plus petit des deux nombres**. Ma soustraction est juste si je trouve le plus grand des deux nombres.

soustraction

	5	2	7
–	3	6	5
	1	6	2

vérification par addition

	3	6	5
+	1	6	2
	5	2	7

INFO PARENTS

Il est important que votre enfant ait mémorisé les tables de soustraction. Pour cela, vous pouvez l'aider en lui proposant un nombre inférieur à 10 et en lui demandant de trouver 2 nombres dont l'écart est égal au nombre proposé. Par exemple pour 7, il y a 8 et 1 ou 9 et 2 comme réponses possibles.

Je m'entraine

1 QUIZ **Coche les bonnes réponses.**

a.

	4	7	2	7	
−		8	6	5	
	4	0	6	2	☐

b.

	7	2	8	9	
−		4	3	5	
	7	8	5	4	☐

c.

	4	0	7	
−	2	6	2	
	1	4	5	☐

d.

	9	8	0	3	
−	5	4	7	2	
	4	3	3	1	☐

2 **Calcule.**

a. 352 − 127 = ...

b. 285 − 172 = ...

c. 318 − 142 = ...

d. 956 − 453 = ...

e. 2 478 − 1 956 = ...

3 **Complète ces opérations.**

a. 452 + ... = 579

b. 325 + ... = 706

c. 521 + ... = 910

d. 789 − .... = 256

e. 5 478 − .... = 2 759

4 **Complète ce tableau.**

	Répartition des élèves dans l'académie		
	Enseignement public	Enseignement privé	Total
Écoles élémentaires	....	32 135	360 476
Collèges	249 267	....	297 627
Lycées	163 099	27 895	....

5 **a. Calcule :**

98 − 76 = ... et 987 − 654 = ...

b. Selon toi, sans faire le calcul, quels vont être les résultats de :

9 876 − 5 432 et 98 765 − 43 210

....

6 **Complète ces soustractions.**

a.

	4	5	......
−	2	......	5
	......	2	1

b.

	......	4	......
−	5	......	3
	4	3	4

jeu malin

Complète cette grille de nombres croisés.

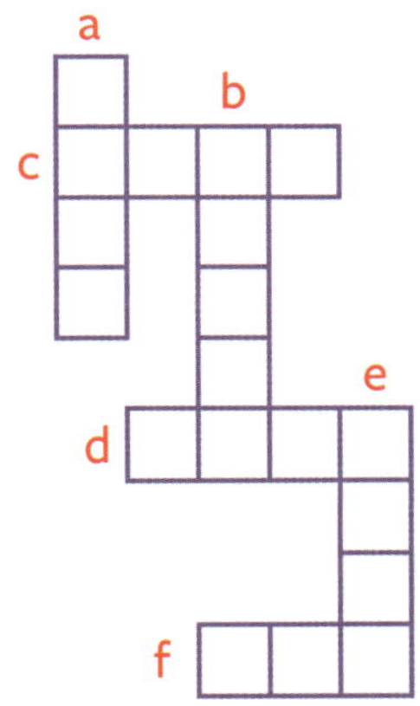

a. 14 160 − 8 740

b. 221 845 − 140 325

c. 17 126 − 12 543

d. 3 165 − 2 140

e. 15 306 − 9 879

f. 1 715 − 1 258

Bravo, tu as terminé !

Entoure ton smiley.

Corrigés page 25 du *Guide parents*

8 Quand multiplier ?

Pour commencer

Magali achète 10 gâteaux à 3 € l'un. Combien va-t-elle payer ?

J'apprends

▶ On fait une multiplication pour calculer

- La dépense totale quand on achète des objets au même prix.
  Un fauteuil coute 452 €. Quel est le prix de 6 fauteuils?
  452 × 6 = 2 712 → 6 fauteuils coutent 2 712 €.

- Le nombre d'objets disposés de façon régulière en rectangle.
  Quel est le nombre de carreaux?
  5 × 6 = 30 ou 6 × 5 = 30 → Il y a 30 carreaux.
- Le nombre d'objets groupés
  Dans un troupeau de mouton, je compte 30 têtes. Combien y a-t-il de pattes?
  30 × 4 = 120 → Il y a 120 pattes.

▶ Une multiplication remplace une addition de nombres identiques

6 + 6 + 6 + 6 + 6 → 6 × 5 = 5 × 6 = 30

5 + 5 + 5 + 5 + 5 + 5 → 6 × 5 = 5 × 6 = 30

Le résultat d'une multiplication s'appelle **un produit**.

Je comprends comment faire

▶ Pour multiplier par 10 ou par 100

- Pour multiplier un nombre par **10**, **j'écris un zéro à droite** de ce nombre.
  27 × 10 = 270
- Pour multiplier un nombre par **100**, **j'écris deux zéros à droite** de ce nombre.
  43 × 100 = 4 300

INFO PARENTS

Dans la règle de la multiplication par 10 ou 100, veillez à la bonne énonciation de la règle. On ne dit pas «on ajoute un ou deux zéros» mais on dit «on écrit un ou deux zéros».

Je m'entraine

1 QUIZ **Coche les problèmes qui utilisent une multiplication.**

a. Un jardinier plante 8 rangées de 15 salades. **Combien de salades a-t-il plantées ?** ☐

b. Julien possède 15 billes rouges et 8 billes bleues. **Combien a-t-il de billes ?** ☐

c. Mehdi a 15 ans et Jean a 8 ans. **Quelle est leur différence d'âge ?** ☐

d. Maman achète 6 savonnettes à 3 € l'une. **Combien va-t-elle payer ?** ☐

2 **Transforme ces additions en multiplications puis calcule les multiplications obtenues.**

a. 45 + 45 + 45 + 45 + 45 + 45 =

....

b. 7 + 7 + 7 + 7 + 7 + 7 + 7 + 7 + 7 =

....

c. 10 + 10 + 10 + 10 + 10 + 10 =

....

3 Chez le libraire, Sarah achète 12 cahiers à 4 € et 12 protège-cahiers à 1 €.

Calcule sa dépense.

....

4 Dans un carton, on trouve 120 paquets de clous. Chaque paquet contient 30 clous.

a. **Combien y a-t-il de clous dans un carton ?**

....

b. **Si un paquet de clous coute 13 €, combien coute un carton entier ?**

....

5 Pour paver une cour rectangulaire, des ouvriers disposent 80 pavés en largeur et 265 pavés en longueur.

Combien de pavés les ouvriers ont-ils utilisés pour paver la cour ?

....

6 **Calcule ces multiplications sans les poser.**

a. 45 × 10 = ...

b. 25 × 100 = ...

7 **Complète cette facture.**

Désignation	Prix unitaire	Quantité	Prix à payer
Vestes	195 €	20	....
Manteaux	350 €	15	....
Chemises	92 €	40	....
		Total	....

jeu malin

Devinette.
Virginie et Mélanie choisissent 3 nombres. Virginie décide de les ajouter alors que Mélanie décide de les multiplier. Elles obtiennent toutes les deux le même résultat. **Quels nombres ont-elles choisis ?**

....	....	....

Bravo, tu as terminé !
Entoure ton smiley.

Corrigés page 25 du *Guide parents*

9 La multiplication

Pour commencer
À quoi est égal 37 x 10 ?

J'apprends

▶ Poser une multiplication du type 257 × 6

$$\begin{array}{r} {}^{4} \\ 2\ 5\ 7 \\ \times\quad 6 \\ \hline 2 \end{array} \qquad \begin{array}{r} {}^{3\ 4} \\ 2\ 5\ 7 \\ \times\quad 6 \\ \hline 4\ 2 \end{array} \qquad \begin{array}{r} {}^{3\ 4} \\ 2\ 5\ 7 \\ \times\quad 6 \\ \hline 1\ 5\ 4\ 2 \end{array}$$

1re étape
$6 \times 7 = 42$
J'écris 2,
je retiens 4.

2e étape
$6 \times 5 = 30$
$30 + 4 = 34$
J'écris 4, je retiens 3.

3e étape
$6 \times 2 = 12$
$12 + 3 = 15$
J'écris 15.

▶ Poser une multiplication du type 257 × 60

Multiplier par 60, c'est multiplier par 6 puis ensuite par 10 : on multiplie par 6 et on écrit un zéro à la droite du résultat.

$$\begin{array}{r} {}^{3\ 4} \\ 2\ 5\ 7 \\ \times\quad 6\ 0 \\ \hline 1\ 5\ 4\ 2\ 0 \end{array}$$

Je comprends comment faire

▶ Pour effectuer une multiplication du type 257 × 65

$$\begin{array}{r} {}^{2\ 3} \\ 2\ 5\ 7 \\ \times\quad 6\ 5 \\ \hline 1\ 2\ 8\ 5 \\ \dots\ \dots\ \dots\ \dots\ \dots \\ \hline \dots\ \dots\ \dots\ \dots\ \dots \end{array} \qquad \begin{array}{r} {}^{2\ 3} \\ 2\ 5\ 7 \\ \times\quad 6\ 5 \\ \hline 1\ 2\ 8\ 5 \\ 1\ 5\ 4\ 2\ 0 \\ \hline \dots\ \dots\ \dots\ \dots\ \dots \end{array} \qquad \begin{array}{r} {}^{2\ 3} \\ 2\ 5\ 7 \\ \times\quad 6\ 5 \\ \hline 1\ 2\ 8\ 5 \\ 1\ 5\ 4\ 2\ 0 \\ \hline 1\ 6\ 7\ 0\ 5 \end{array}$$

Je commence par **multiplier 257 par 5.**

J'écris **un zéro** en dessous du chiffre des unités, puis **je multiplie 257 par 6.**

J'ajoute les deux nombres trouvés sans oublier les retenues.

→ **Je n'oublie pas de mettre un zéro sur la 2e ligne** de la multiplication de 257 par 65 car en réalité, sur cette ligne, c'est le produit de 257 par 6 dizaines (60) que j'écris.

INFO PARENTS

Il est important que votre enfant ait mémorisé les tables de multiplication. Pour cela, vous pouvez l'aider en lui montrant la table sur une droite numérique. Par exemple, pour la table de 3 :

$0 \xrightarrow{+3} 3 \xrightarrow{+3} 6 \xrightarrow{+3} 9 \xrightarrow{+3} 12 \xrightarrow{+3} \dots\dots$

Je m'entraine

1 QUIZ **Coche les bonnes réponses.**

a. $36 \times 7 = 252$ ☐

b. $65 \times 8 = 520$ ☐

c. $23 \times 9 = 187$ ☐

d. $42 \times 60 = 402$ ☐

2 Pose et calcule ces multiplications.

a. $84 \times 7 =$ ....

b. $6 \times 59 =$ ....

c. $415 \times 24 =$ ....

d. $105 \times 45 =$ ....

e. $51 \times 26 =$ ....

3 Calcule ces multiplications.

a. $45 \times 20 =$ ....

b. $62 \times 30 =$ ....

c. $17 \times 80 =$ ....

d. $62 \times 300 =$ ....

e. $17 \times 800 =$ ....

4 Complète ces multiplications.

a.

	4	2	3
×			8
	3	.....	 4

b.

		3	6
×		8	0
.....	8	.....	.....

c.

	7	4
×		5
3	.....	.....

d.

	1	1	9
×		7	0
8	.....	3	.....

5 Calcule ces multiplications.

a. $142 \times 6 =$ ....

b. $231 \times 7 =$ ....

c. $168 \times 9 =$ ....

d. $314 \times 8 =$ ....

6 Complète ces multiplications.

a.

			4	7
×			3	6
		.....	.....	.....
	.....	.....	.....	.....
	.....	.....	.....	.....

b.

			3	8
×			6	8
		.....	.....	.....
	.....	.....	.....	.....
	.....	.....	.....	.....

c.

			5	3
×			4	7
		.....	.....	.....
	.....	.....	.....	.....
	.....	.....	.....	.....

d.

		4	6	5
×			1	9
	.....	.....	.....	.....
	.....	.....	.....	.....
	.....	.....	.....	.....

7 Complète.

a.

			5	.....
×			.....	2
		1	0	6
	2	.....	.....	0
	.....	.....	2	6

b.

			3	.....
×			.....	3
		.....	.....	1
	.....	.....	8	0
	.....	.....	.....	1

jeu malin

Trouve les nombres mystères de ces séries en faisant la bonne multiplication.

2	4	8	?	32	?	128

10	50	?	1 250

300	?	2 700	8 100

Bravo, tu as terminé !

Entoure ton smiley.

Corrigés page 25 du *Guide parents*

10 Quand diviser ?

Pour commencer

Anne et ses deux frères se partagent 30 €. Combien d'argent ont-ils chacun ?

J'apprends

- **On fait une division pour résoudre des problèmes de partage, quand les parts sont toutes les mêmes.**

Éric range ses 20 photos de vacances dans un album.

Il peut placer 6 photos sur chaque page. Combien de pages peut-il remplir complètement ? Il peut faire le tableau suivant :

Nombre de pages	Nombre de photos rangées	Nombre de photos restantes
1	$1 \times 6 = 6$	$20 - 6 = 14$
2	$2 \times 6 = 12$	$20 - 12 = 8$
3	$3 \times 6 = 18$	$20 - 18 = 2$

On a divisé 20 par 6, Éric a rempli 3 pages, il lui reste 2 photos.

On a $20 = 18 + 2$

$20 = 6 \times 3 + 2$ avec $2 < 6$

dividende (20), diviseur (6), quotient (3), reste (2)

- **Attention,** dans une division, **le reste est toujours plus petit que le diviseur**.

Je comprends comment faire

▶ Pour trouver la part de chacun

Quatre amis jouent aux dominos, ils en prennent chacun un et recommencent jusqu'à épuisement des 28 dominos du jeu. **Combien chaque joueur aura-t-il pioché de dominos ?**

tours	dominos distribués	dominos restants
1	4	$28 - 4 = 24$
2	8	$24 - 4 = 20$
3	12	$20 - 4 = 16$
4	16	$16 - 4 = 12$
5	20	$12 - 4 = 8$
6	24	$8 - 4 = 4$
7	**28**	**$4 - 4 = 0$**

J'ai : $28 = 7 \times 4$.
J'ai **divisé** 28 par 4.
J'écris $28 : 4 = 7$.
Le **quotient** est 7.
→ Chaque joueur aura 7 dominos.

Quand le reste est égal à 0, on dit que **la division tombe juste**.

INFO PARENTS

Vous pouvez représenter la division de 67 par 6 en prenant du matériel comme des haricots secs. Par exemple vous donnez à votre enfant 67 haricots et il devra faire des tas de 6 pour pouvoir compter le nombre de tas et le reste.

Je m'entraine

1 QUIZ **Coche les problèmes qui utilisent une division.**

a. On distribue 48 bonbons à des enfants. Chaque enfant reçoit 6 bonbons.
Combien y a-t-il d'enfants? ☐

b. Une fermière remplit 17 boites contenant chacune 6 œufs.
Combien d'œufs a-t-elle rangés? ☐

c. Dans un champ, il y a 54 salades plantées par rangées de 9 salades.
Quel est le nombre de rangées? ☐

d. On distribue 32 cartes à 4 joueurs.
Combien de cartes reçoit chaque joueur? ☐

2 Un libraire emballe 128 livres dans des cartons contenant chacun 8 livres.

Combien de cartons doit-il remplir?

....

3 3 pirates se partagent 69 pièces d'or.

Quelle est la part de chacun?

....

4 Pour aller visiter un musée, les 176 enfants d'une école se déplacent en autobus avec leurs 8 institutrices.

Sachant qu'ils utilisent des autobus de 50 places, combien faut-il d'autobus?

....

5 Une boite de sardines contient 8 sardines.

Combien faut-il de boites pour mettre en conserve 440 sardines?

....

6 Un marchand de confiture emballe ses pots dans des cartons contenant 6 pots.

S'il doit expédier 78 pots, combien de cartons va-t-il utiliser?

....

7 Pour aller de Paris à Marseille, un géant fait des pas de 7 km.

Sachant que les villes sont distantes de 798 km, combien de pas va-t-il faire?

....

8 Dans un stade, la piste d'athlétisme mesure 400 m.

a. **Combien de tours de piste doivent effectuer les coureurs du 10 000 m?**

....

b. **Combien de tours doivent effectuer les coureurs du 5 000 m?** ....

jeu malin

Un kangourou part de la case 0, et fait des bonds de 4 cases : il passe donc sur les cases 4, 8...
Passera-t-il sur la case 42?

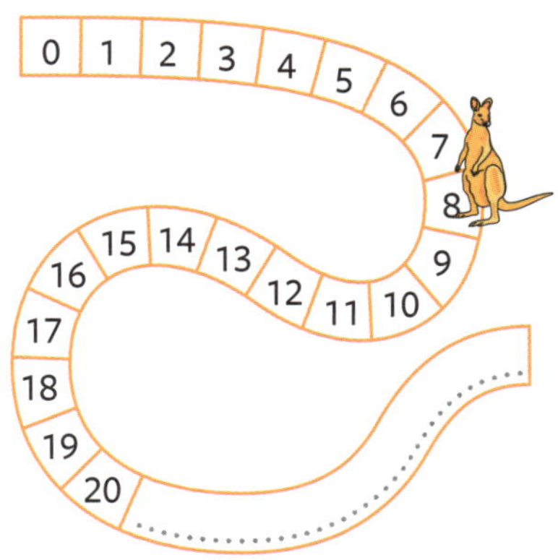

Bravo, tu as terminé !
Entoure ton smiley.

Corrigés page 25 du *Guide parents*

11 La calculatrice

Pour commencer

Calcule
123 456 + 654 321
sur une calculatrice.

J'apprends

▶ Pour ajouter

Pour calculer **45 + 258**

On tape [4] [5] [+] [2] [5] [8] [=]

303 s'affiche à l'écran.

▶ Pour soustraire

Pour calculer **758 − 569**

On tape : [7] [5] [8] [−] [5] [6] [9] [=]

189 s'affiche à l'écran.

▶ Pour multiplier

Pour calculer **795 × 24**

On tape [7] [9] [5] [×] [2] [4] [=]

19080 s'affiche à l'écran.

Je comprends comment faire

▶ Pour trouver le quotient

- Pour calculer **392 ÷ 7**

On tape [3] [9] [2] [÷] [7] [=]

56 s'affiche à l'écran.

56 est le quotient de la division de 392 par 7.

- Pour calculer **1062 ÷ 4**

On tape [1] [0] [6] [2] [÷] [4] [=]

265.5 s'affiche à l'écran.
↖ quotient

C'est un nombre que tu ne connais pas encore mais le nombre 265 qui est avant le . est le quotient.

INFO PARENTS

En cas de doute sur un résultat obtenu avec la calculatrice, demandez à votre enfant de refaire le calcul en étant très vigilant lors de la saisie. La plupart des erreurs de calcul avec une calculatrice proviennent d'une mauvaise saisie des nombres.

Je m'entraine

1 QUIZ Utilise la calculatrice et coche les bonnes réponses.

a. 902 – 487 = 415 ☐

b. 205 × 58 = 1 189 ☐

c. 1452 : 12 = 121 ☐

d. 265 + 478 = 753 ☐

2 Tape sur ta calculatrice.

a. 4 7 8 + 5 9 7 + 3 2 8 =

Complète.

b. 1257 + 569 + 746 = ...

c. 25783 + 42963 = ...

d. 125471 + 289367 = ...

3 Tape sur ta calculatrice.

a. 7 8 5 – 2 9 8 =

Complète.

b. 652 – 257 = ...

c. 2845 – 1975 = ...

d. 45236 – 29471 = ...

e. 809514 – 759642 = ...

4 Tape sur ta calculatrice.

a. 6 5 9 × 3 2 =

Complète.

b. 405 × 89 = ...

c. 854 × 320 = ...

d. 7 589 × 39 = ...

e. 6 275 × 209 = ...

5 Tape sur ta calculatrice.

a. 2 9 0 4 ÷ 3 =

Complète.

b. 1 804 ÷ 4 = ...

c. 174 ÷ 6 = ...

d. 3 206 ÷ 7 = ...

6 Complète grâce à ta calculatrice.

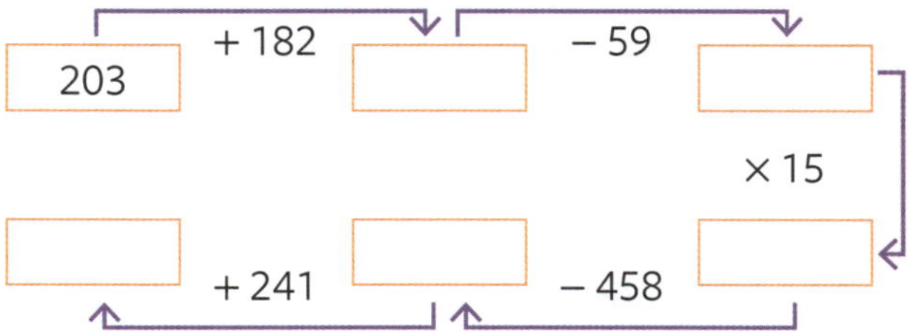

7 Complète grâce à ta calculatrice.

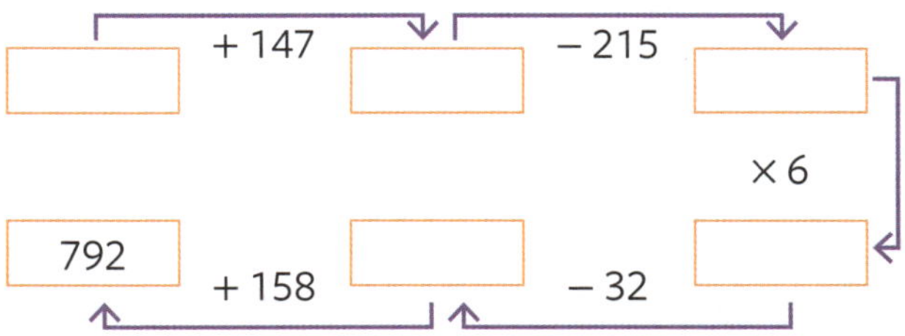

jeu malin

Utilise une seule fois tous les chiffres 2 3 4 5 et tous les signes + – × sur ta calculatrice.

Quel est le plus grand nombre qui apparait sur l'écran quand on appuie sur la touche = ?

....

Bravo, tu as terminé !

Entoure ton smiley.

Corrigés page 25 du *Guide parents*

12 Calcul mental

Pour commencer

À quoi est égal 98 – 89 ?

J'apprends

• Ajouter 9, c'est ajouter 10 puis retrancher 1.

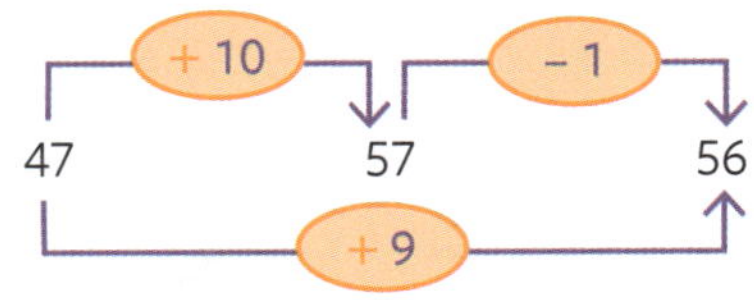

Pour ajouter 19, on ajoute 20, puis on retranche 1. Et on peut faire la même chose avec 29, 39, etc.

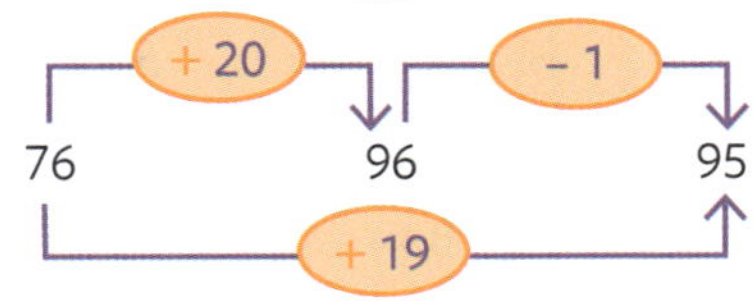

• Retrancher 9, c'est retrancher 10, puis ajouter 1.

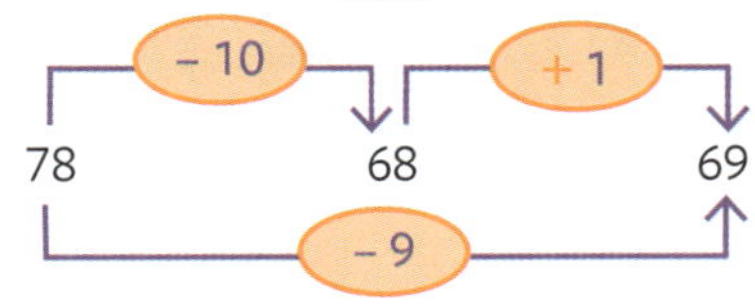

Pour retrancher 19, on retranche 20, puis on ajoute 1. Et on peut faire la même chose avec 29, 39, etc.

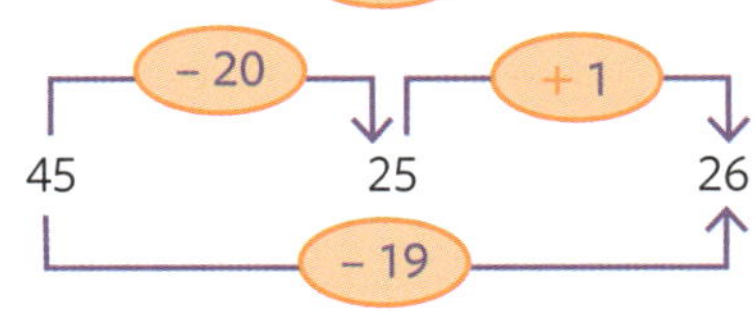

Je comprends comment faire

▶ Pour ajouter 11

J'ajoute 10, puis encore 1.

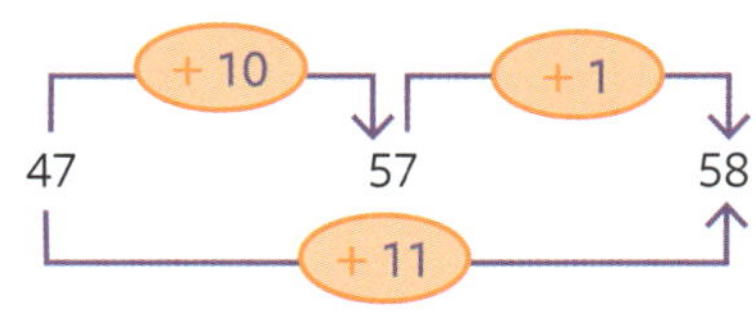

→ Pour ajouter 21, j'ajoute 20, puis encore 1.
Et je peux faire la même chose avec 31, 41, etc.

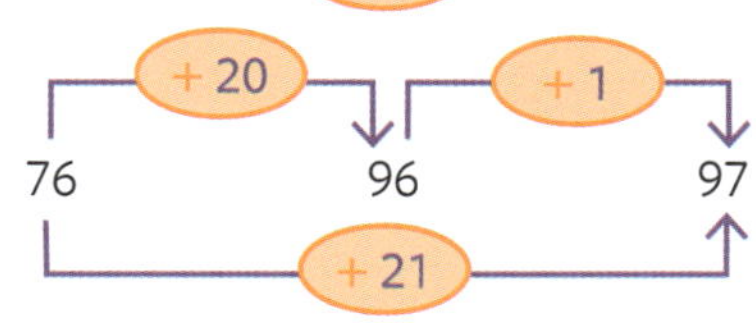

▶ Pour retrancher 11

Je retranche 10, puis encore 1.

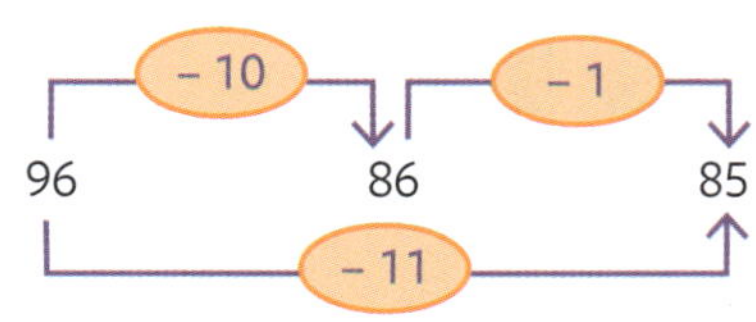

→ Pour retrancher 21, je retranche 20, puis encore 1.
Et je peux faire la même chose avec 31, 41, etc.

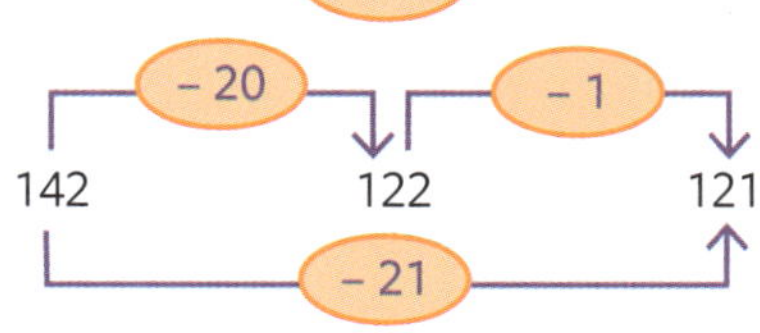

INFO PARENTS

Lorsque vous faites des courses ou le marché avec votre enfant, faites-lui calculer le montant des quelques articles achetés avant de passer à la caisse ou demandez-lui si l'argent qu'il vous reste dans votre porte-monnaie sera suffisant pour tout acheter.

Je m'entraine

1 QUIZ Calcule mentalement et coche les bonnes réponses.

a. 73 + 11 = 83 ☐

b. 57 – 19 = 38 ☐

c. 49 + 29 = 88 ☐

d. 84 – 21 = 63 ☐

2 Calcule mentalement.

a. 45 – 29 = ...

b. 58 + 39 = ...

c. 45 – 21 = ...

d. 78 + 11 = ...

e. 124 – 11 = ...

3 Calcule mentalement.

a. 74 + 69 = ...

b. 85 – 39 = ...

c. 68 + 11 = ...

d. 45 × 100 = ...

e. 56 × 10 = ...

4 Résous ces problèmes sans poser d'opération.

a. Combien coutent 20 casques de moto si 1 casque coute 127 euros?

....

b. Quand Jules est né son père avait 29 ans. Jules a maintenant 13 ans.
Quel est actuellement l'âge de son père?

....

c. Pierre a eu 19 ans en 1997. **En quelle année est-il né?**

....

d. Marion est née en 1982. Elle a 11 ans de plus que son frère Martin.
En quelle année Martin est-il né?

....

e. Léa a 125 euros dans sa tirelire.
Elle s'achète un jeu qui coute 49 euros.
Combien lui reste-t-il?

....

5 Complète les cases.

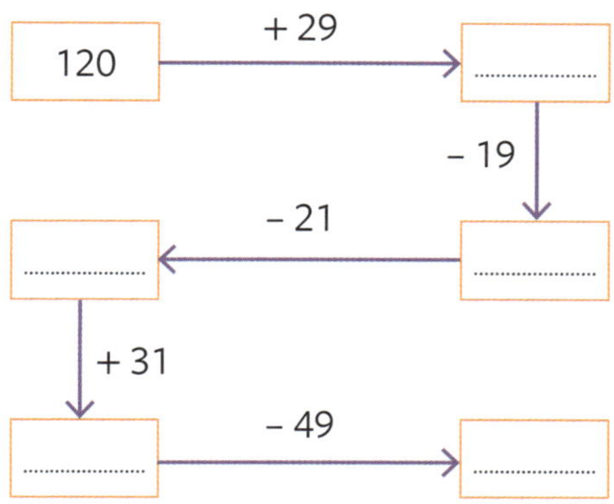

jeu malin

Devinette.
Un magicien demande à Julien de mettre un nombre dans sa tête, puis d'ajouter 21, ensuite d'enlever 19 puis d'ajouter 9 pour encore enlever 11.
Le magicien demande à Julien son résultat, il découvre alors le nombre pensé par Julien au départ.
Si Julien a répondu 52 au magicien, quel est le nombre de départ que le magicien a découvert?

....

Bravo, tu as terminé !
Entoure ton smiley.

Corrigés page 26 du *Guide parents*

13 Les droites perpendiculaires

Pour commencer
Comment s'appelle l'angle particulier d'une équerre ?

J'apprends

• d1 est **une droite**, elle est illimitée.
[AB] est **un segment de la droite** d1.
Il est limité par ses deux extrémités A et B.

Les longueurs AM et MB sont égales, M est le milieu du segment [AB].

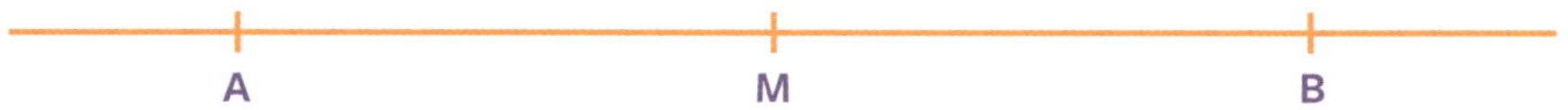

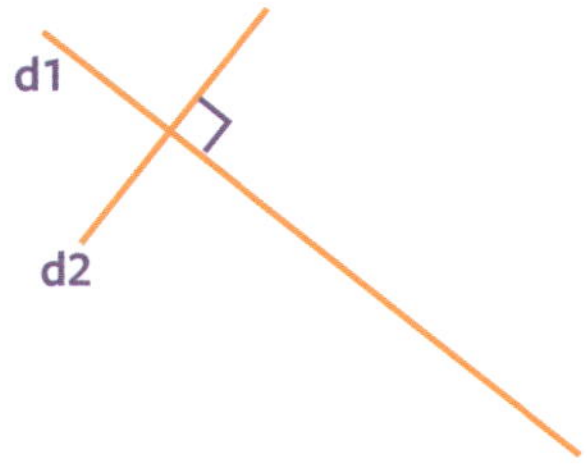

• Les droites d1 et d2 se coupent en formant un **angle droit**.
On dit qu'elles sont **perpendiculaires**.

Je comprends comment faire

▶ Pour vérifier que deux droites forment un angle droit

J'utilise une équerre.

→ d1 et d2 sont perpendiculaires.

→ d3 et d4 ne sont pas perpendiculaires.

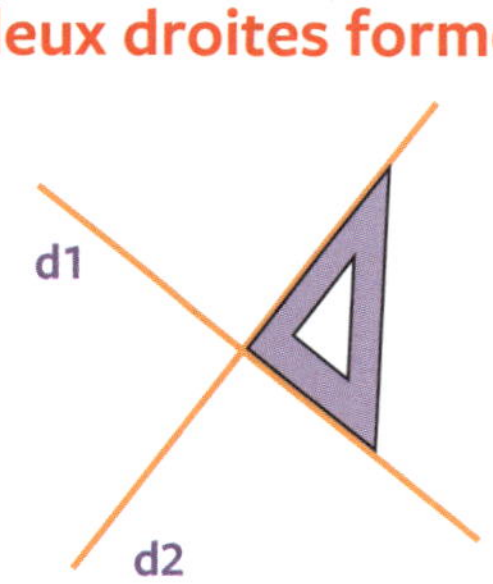

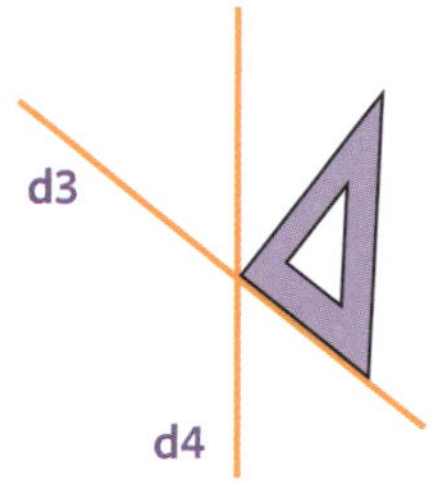

▶ Pour tracer une droite perpendiculaire

• **Je place l'équerre** le long de la droite d1.

• **J'amène le sommet de l'équerre** au point A.

• **Je trace la droite** d2 avec l'équerre, **je prolonge** d2 à la règle.

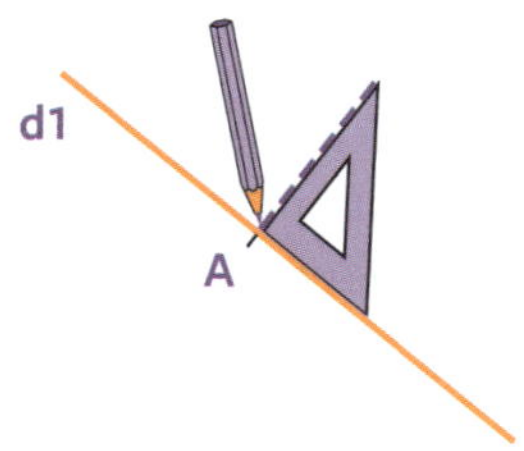

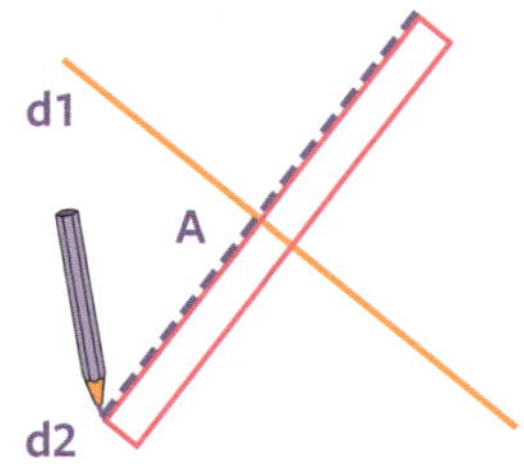

INFO PARENTS

Demandez à votre enfant de fermer les yeux et de retrouver au toucher l'angle droit de l'équerre. Proposez aussi à votre enfant de faire des tracés sur du papier non quadrillé avec des droites obliques.

Je m'entraine

1 QUIZ Coche Vrai ou Faux.

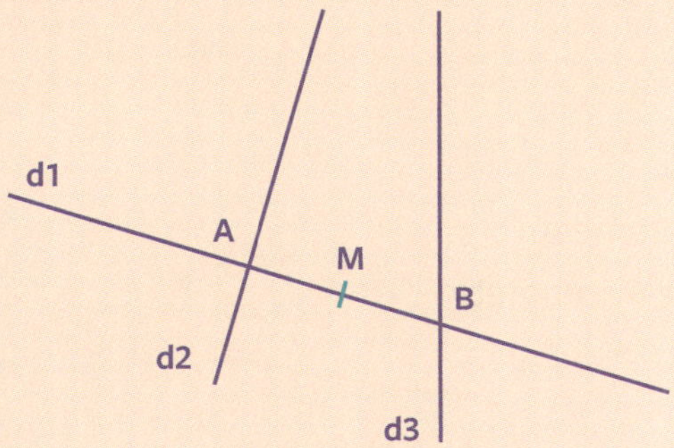

a. Les droites d1 et d2 forment un angle droit.
☐ Vrai ☐ Faux

b. Les droites d1 et d3 forment un angle droit.
☐ Vrai ☐ Faux

c. Le point M est le milieu du segment [AB].
☐ Vrai ☐ Faux

d. Le point M est sur la droite d2.
☐ Vrai ☐ Faux

2 Place le milieu M du segment [AB].

3 Avec ton équerre, cherche en quel sommet des quadrilatères se trouve un angle droit.

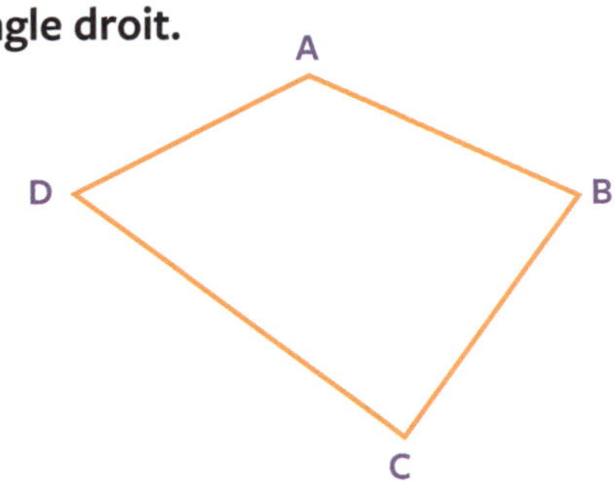

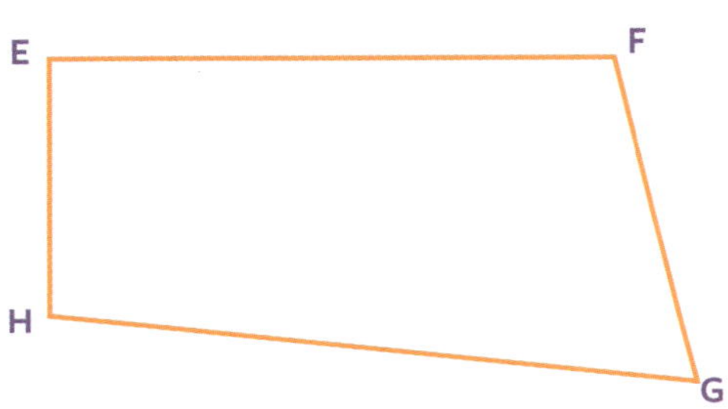

4 a. Trace la droite AB.

b. Trace la droite CD.

c. Sachant que les 2 droites précédentes se coupent en F, place le point F sur le dessin.

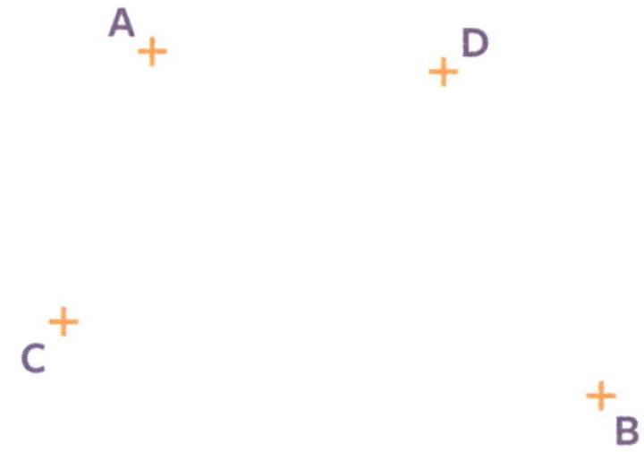

5 Trace la droite perpendiculaire à d1 passant par A et celle passant par B.

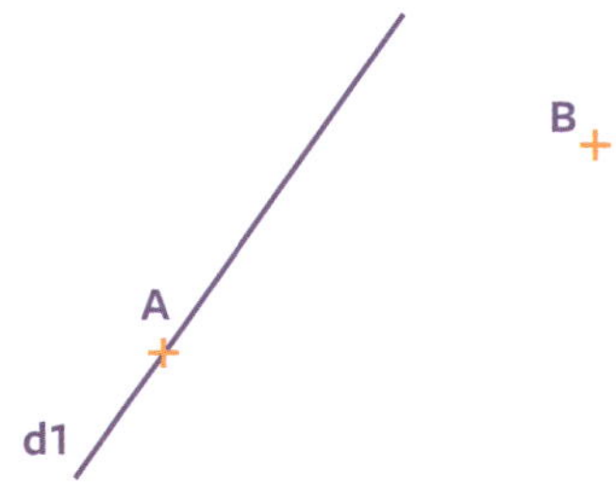

jeu malin

Comment se fabriquer une équerre en papier?

- Prends une feuille blanche sans quadrillage, plie-la en deux, appuie bien sur la pliure.
- Replie une deuxième fois la feuille en faisant coïncider la pliure avec elle-même.
- Colorie en rouge le coin déterminé par les pliures, il forme un angle droit.
- Pour t'en assurer, déplie complètement la feuille et repasse au crayon les droites des pliures.
- Les droites sont perpendiculaires.

Bravo, tu as terminé !

Entoure ton smiley.

Corrigés page 26 du *Guide parents*

14 Les polygones

Pour commencer
À quoi sert une équerre ?

J'apprends

Un **polygone** est une figure qui a plusieurs côtés.

Un **triangle** est un polygone qui a 3 côtés et 3 sommets.

Un **quadrilatère** est un polygone qui a 4 côtés et 4 sommets.

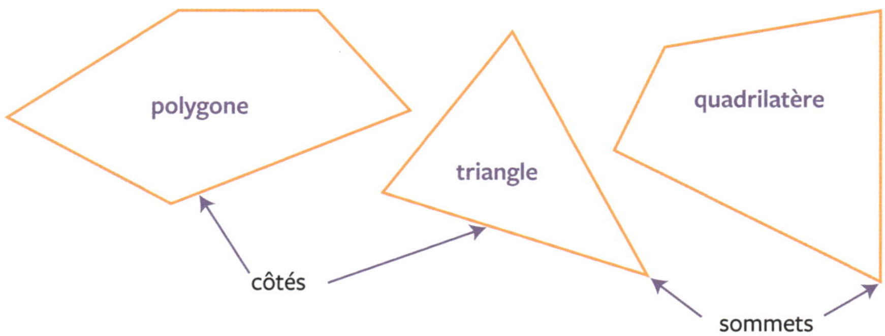

Je comprends comment faire

▶ Pour reconnaitre un triangle rectangle

Je vérifie à l'équerre qu'il y a **un angle droit.**

Les côtés qui forment l'angle droit sont **perpendiculaires.**

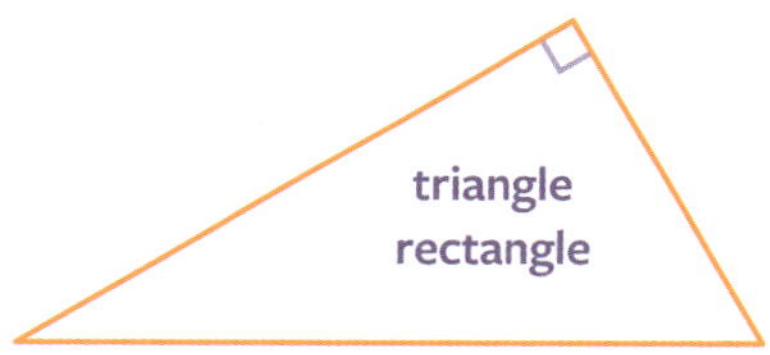

▶ Pour reconnaitre un quadrilatère particulier

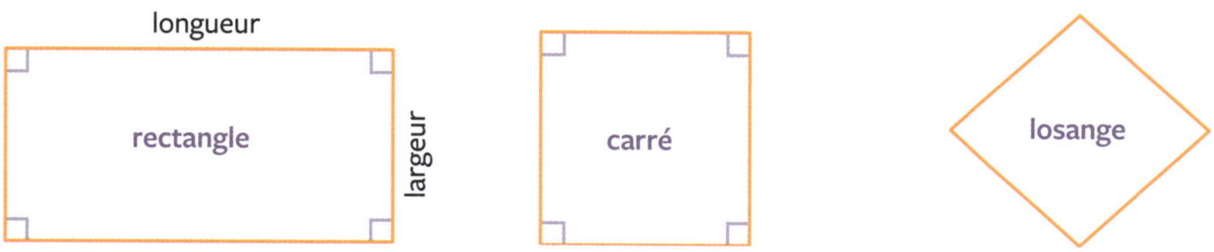

Je vérifie à l'équerre qu'il y a **4 angles droits** et à la règle que les **côtés opposés sont de même longueur**.

Je vérifie à l'équerre qu'il y a **4 angles droits** et à la règle que **tous les côtés ont la même longueur**.

Je vérifie à la règle que **tous les côtés ont la même longueur**.

INFO PARENTS

Proposez à votre enfant de nommer la forme de certains objets : livre, fenêtre, plateau de la table, miroir... qui sont des quadrilatères. Demandez-lui de les mesurer et de vérifier s'ils ont un angle droit.

Je m'entraine

1 QUIZ Coche les bonnes réponses.

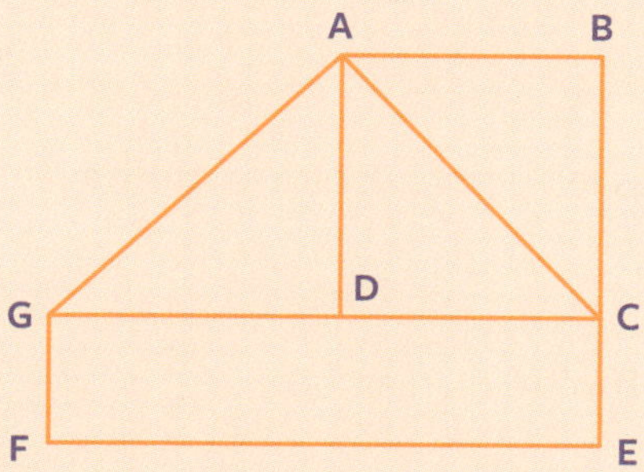

a. Il y a 4 triangles rectangles. ☐

b. ABCD est un carré. ☐

c. EFGC est un losange. ☐

d. ACEFG est un quadrilatère. ☐

2 Dessine un carré de 4 cm de côté.

3 Dessine un rectangle de longueur 7 cm et de largeur 5 cm.

4 a. Dessine un triangle rectangle dont les côtés perpendiculaires mesurent 6 cm et 8 cm.

b. Combien mesure le troisième côté de ce triangle?

....

5 a. Dessine un rectangle de longueur 8 cm et de largeur 6 cm.

b. Place le milieu de chacun des côtés du rectangle.

c. Trace le quadrilatère obtenu en joignant les milieux des côtés.

d. Complète la phrase :

Le quadrilatère obtenu est un ....

6 Complète cette grille de mots croisés.

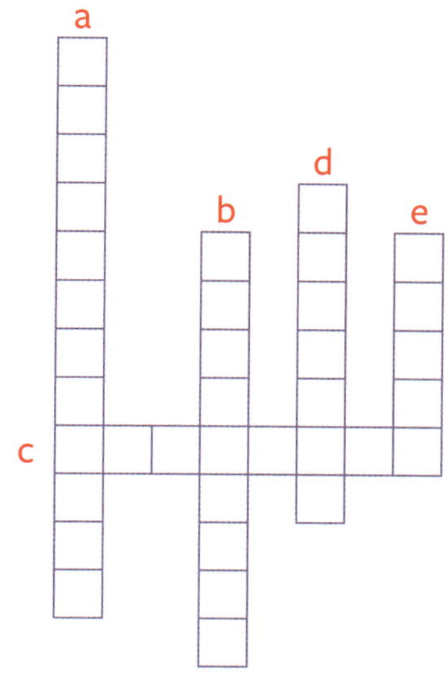

a. J'ai 4 côtés.

b. J'ai des côtés opposés de même longueur.

c. J'ai 3 côtés.

d. J'ai 4 côtés de même longueur.

e. J'ai 4 angles droits.

jeu malin

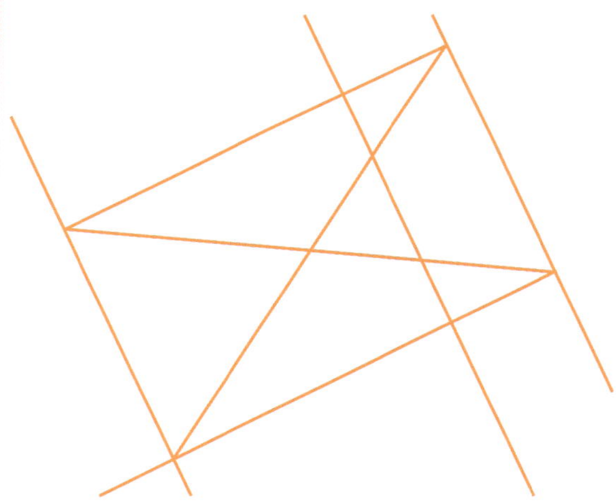

Combien vois-tu de triangles?

....

Bravo, tu as terminé !

Entoure ton smiley.

Corrigés page 26 du *Guide parents*

15 Le cercle

Pour commencer

Comment s'appellent les tiges métalliques d'une roue de vélo ?

J'apprends

• **Un cercle est une ligne courbe fermée** dont tous les points sont à la **même distance** du centre.

Cette distance s'appelle le **rayon**.

Le diamètre est le double du rayon. Le rayon est la **moitié** du diamètre.

• **Un disque est la surface délimitée par le cercle.**

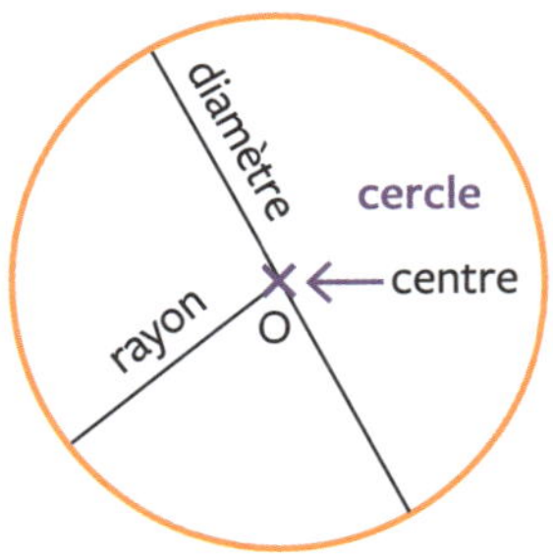

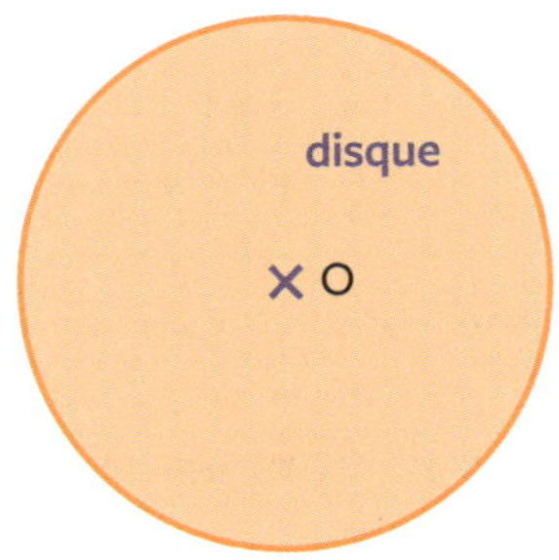

Je comprends comment faire

▶ Pour tracer un cercle

• **J'utilise un compas.**

• **Je place la pointe** du compas sur le **centre** du cercle.

→ L'écartement entre la pointe du compas et le crayon est égal au rayon du cercle.

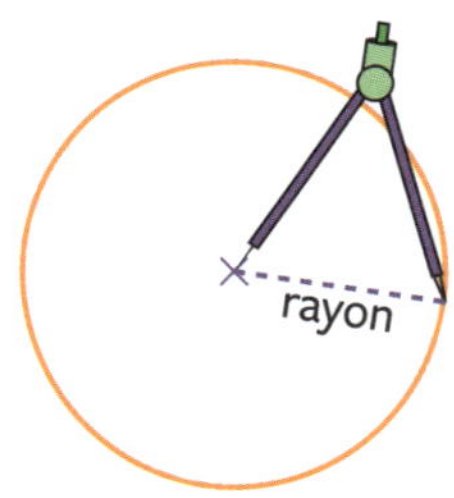

▶ Pour reporter une longueur

Pour tracer sur la droite *d* un segment [EF] de même longueur que [AB] :

• **je prends comme écartement** du compas la distance entre A et B;

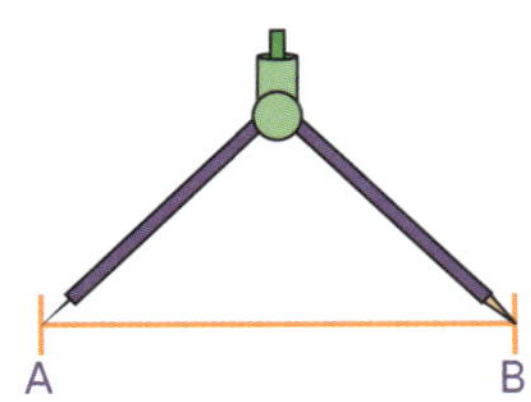

• **je place la pointe du compas** au point E;

• **je trace un arc de cercle** qui coupe la droite *d*.

→ J'obtiens ainsi le point F recherché.

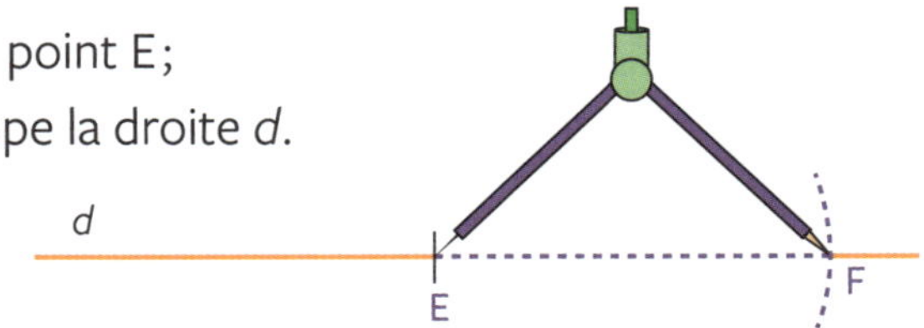

INFO PARENTS

Faites dessiner à votre enfant des cercles de tailles et couleurs différentes à l'aide d'un compas. Vérifiez qu'il le tient correctement et qu'il le fait pivoter sans en modifier l'écartement. Conseillez-lui de l'incliner afin qu'il pivote plus facilement sur la feuille.

Je m'entraine

1 QUIZ **Coche les bonnes réponses.**

a. Le diamètre est la moitié du rayon. ☐

b. L'écartement du compas correspond au rayon. ☐

c. Un disque est délimité par un cercle. ☐

d. Tous les points d'un cercle sont à la même distance du centre. ☐

2 **Quel est le rayon d'un cercle dont le diamètre est de 18 cm?**

....

3 **Dessine un triangle dont les trois côtés mesurent 5 cm.**

4 **Réalise la figure à partir des indications suivantes :**

- Place un point O.
- Trace le cercle de centre O et de rayon 6 cm.
- Place un point A sur le cercle.
- Trace le cercle de centre A qui passe par O.

5 **Réalise la figure à partir des indications suivantes :**

- Trace un cercle de centre O.
- Place un point A sur le cercle.
- Place un point C sur le cercle pour que AC soit un diamètre.
- Place un point B sur le cercle.
- Place un point D sur le cercle pour que BD soit un diamètre.
- Trace le quadrilatère ABCD.

6 **Réalise la figure à partir des indications suivantes :**

- Place un point A.
- Trace 3 cercles de rayon 2 cm, 3 cm et 4 cm ayant pour centre le point A.

jeu malin

Reproduis la figure ci-dessous en partant d'un cercle orange de 5 cm de rayon et en traçant les autres cercles avec un rayon de 5 cm. Colorie la rosace obtenue.

Bravo, tu as terminé !

Entoure ton smiley.

Corrigés page 26 du *Guide parents*

16 Les solides

Pour commencer

Quelle est la forme des bâtiments construits par les pharaons en Égypte ?

J'apprends

• Certains solides ont **toutes leurs faces planes**.

Dans **un cube** ou un pavé, il y a **6 faces** qui sont des carrés ou des rectangles, **8 sommets** et **12 arêtes**.

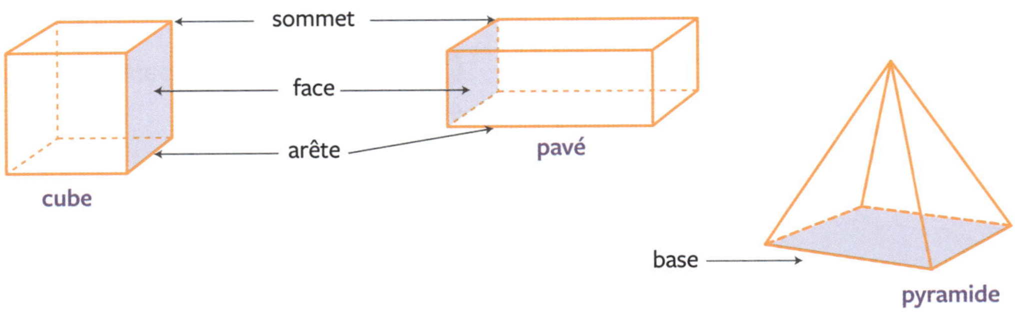

• D'autres n'ont que **certaines** de leurs **faces planes**.

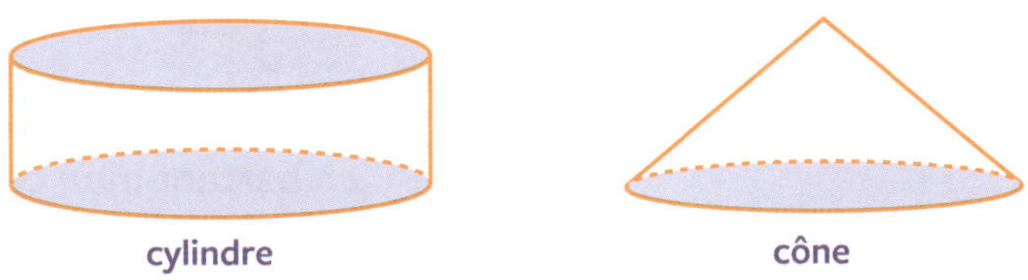

• Enfin, certains solides n'ont **aucune face plane**.

Je comprends comment faire

▶ Pour dessiner un patron de cube

Je dessine 6 carrés car le cube a 6 faces.

→ Quand je plie suivant les segments de même couleur, ils coïncident pour constituer les arêtes du cube.

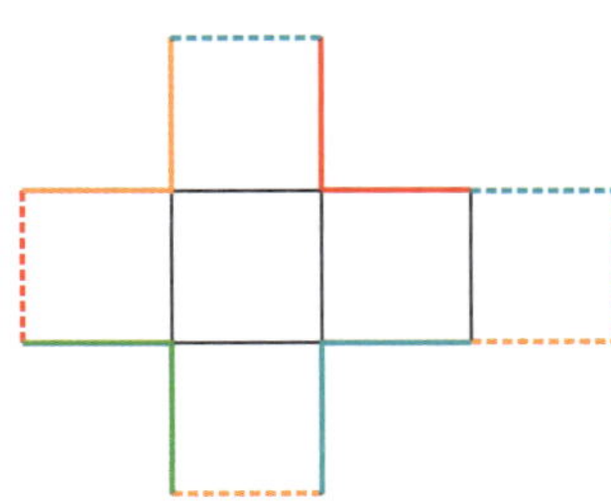

INFO PARENTS

Proposez à votre enfant des emballages pour qu'il puisse les manipuler et dénombrer facilement les faces, les sommets et les arêtes. Proposez-lui aussi de « casser » l'emballage pour faire apparaitre un patron du solide.

Je m'entraine

1 QUIZ Coche les bonnes réponses.

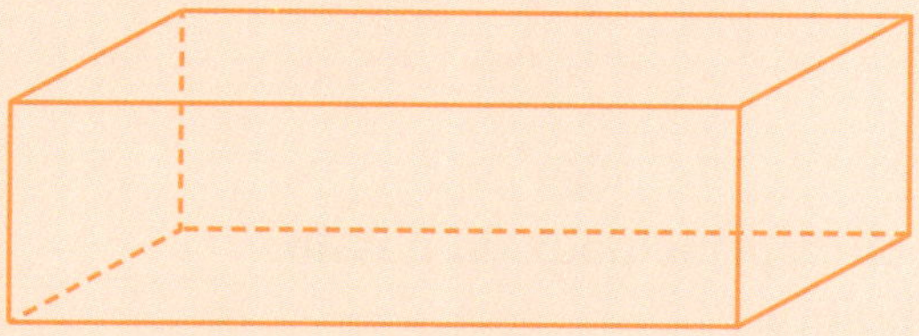

a. Ce solide a 12 arêtes. ☐

b. Ce solide est un cube. ☐

c. Ce solide a 8 sommets. ☐

d. Ce solide a 10 faces. ☐

2 Observe et réponds.

a. Combien ce solide a-t-il d'arêtes?

....

b. Combien a-t-il de sommets?

....

c. Combien a-t-il de faces?

....

d. Comment s'appelle-t-il?

....

e. Quelle est la nature des faces qui ne sont pas des rectangles?

....

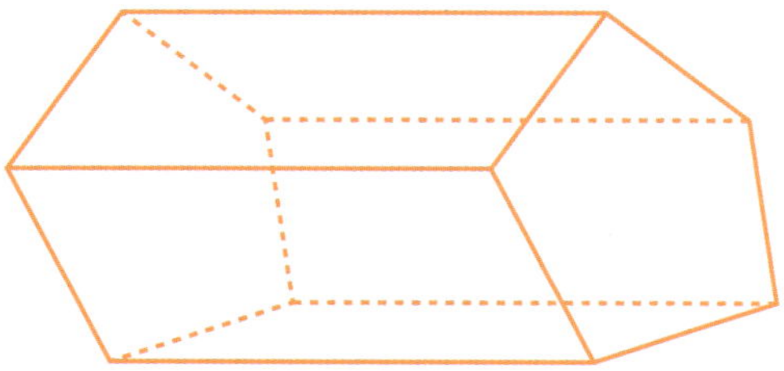

3 Observe et réponds.

a. Combien ce solide a-t-il d'arêtes?

....

b. Combien a-t-il de sommets?

....

c. Combien a-t-il de faces?

....

d. Quelle est la nature des faces?

....

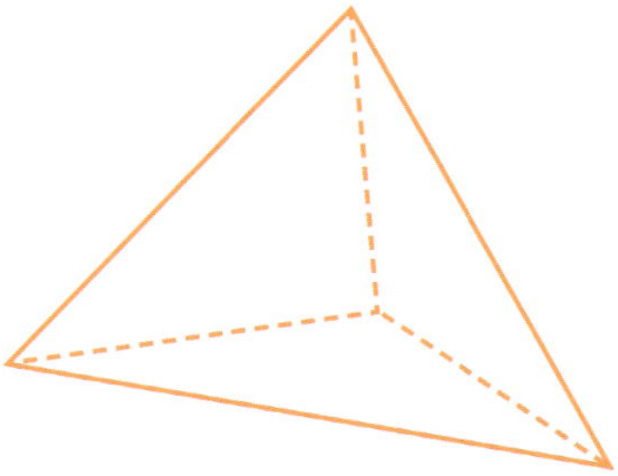

jeu malin

Voici un solide constitué de petits cubes.

Quel est le plus petit nombre de cubes qu'il faut ajouter pour obtenir un gros cube contenant ce solide?

....

Bravo, tu as terminé !

Entoure ton smiley.

Corrigés page 26 du *Guide parents*

17 Les quadrillages

Pour commencer
Dans un quadrillage, quelle est la forme d'un carreau ?

J'apprends

▶ Pour reproduire un dessin

• Je repère sur le quadrillage **la position des points principaux du dessin. Je répète cette disposition, puis je joins les points.**

• Pour reproduire le polygone ABCDEF en partant de M, je vois que B est à 3 carreaux horizontalement de A, donc N est à 3 carreaux horizontalement de M, etc.

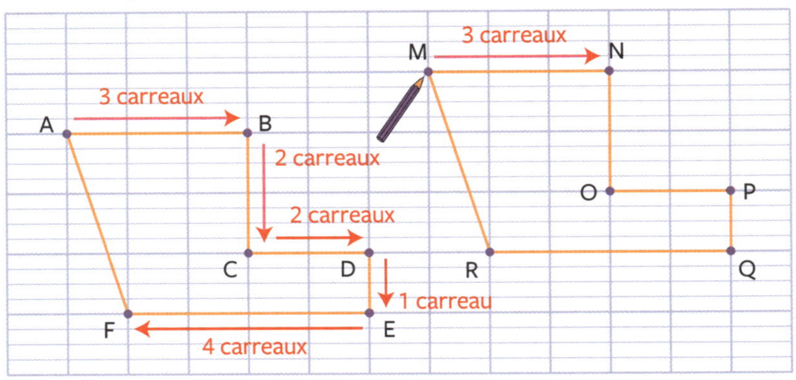

Je comprends comment faire

▶ Pour agrandir un dessin

J'augmente le nombre de carreaux ou la taille des carreaux du quadrillage.

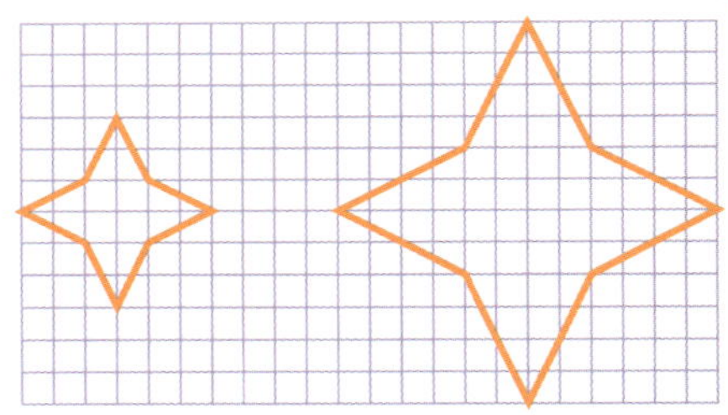

▶ Pour réduire un dessin

Je diminue le nombre de carreaux ou la taille des carreaux.

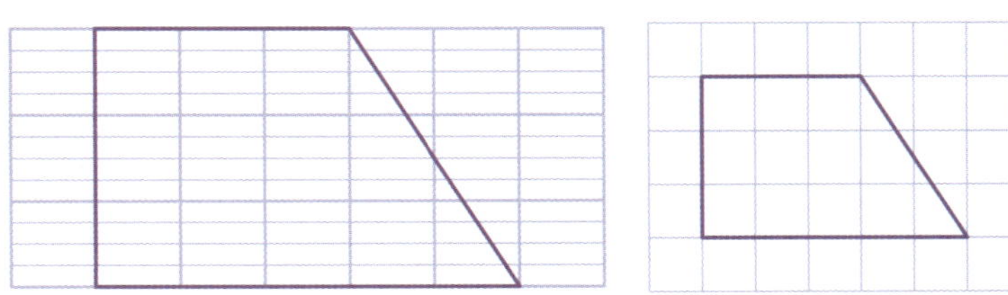

▶ Pour repérer un point sur un quadrillage

Je repère les coordonnées de l'axe horizontal puis celle de l'axe vertical.

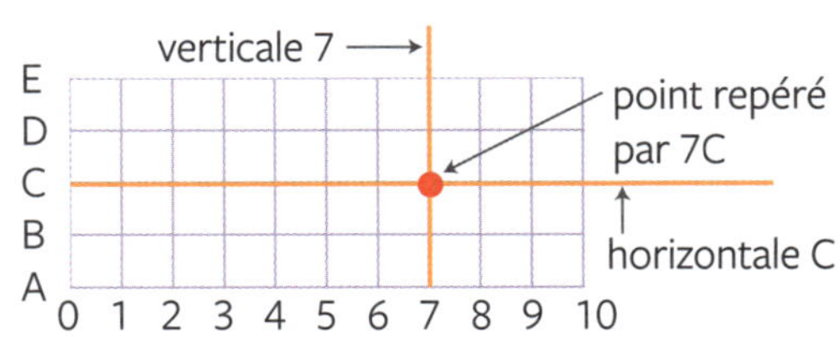

INFO PARENTS

Pour bien placer un point sur un support quadrillé, votre enfant peut s'aider de la règle afin de bien suivre les verticales et les horizontales.

Je m'entraine

1 ***QUIZ*** **Compare les deux figures puis coche les bonnes réponses.**

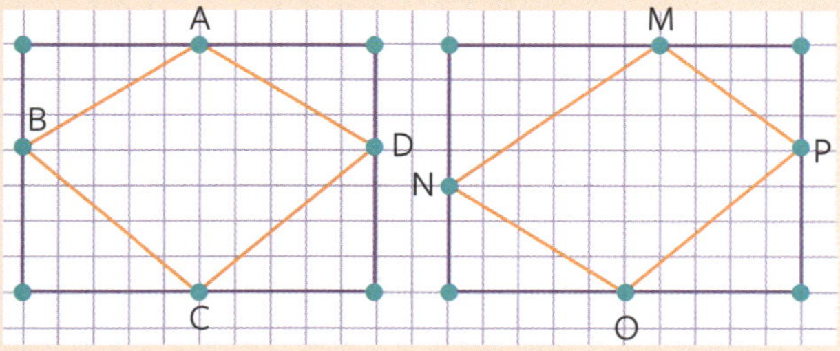

a. Le point M est bien placé. ☐ Vrai ☐ Faux

b. Le point N est bien placé. ☐ Vrai ☐ Faux

c. Le point P est bien placé. ☐ Vrai ☐ Faux

d. Le point O est bien placé. ☐ Vrai ☐ Faux

2 **a. Place les points selon les repérages.**

A : e1 ; B : f3 ; C : h4 ; D : f5 ; E : e7 ; F : d5 ; G : b4 ; H : d3.

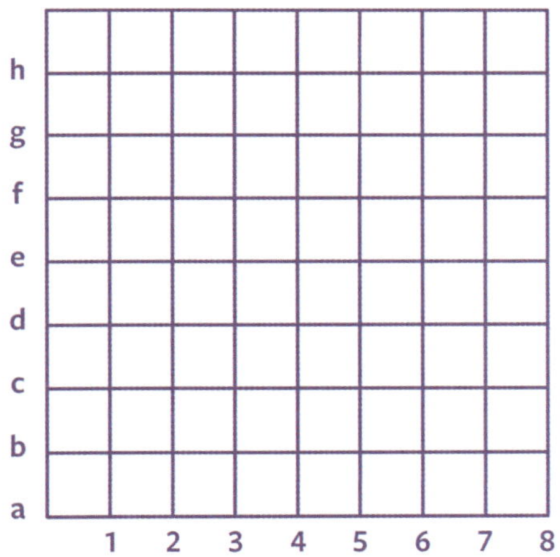

b. Relie les points en suivant l'ordre alphabétique, puis relie H à A.

3 **On a commencé à dessiner la maison agrandie. Termine le dessin.**

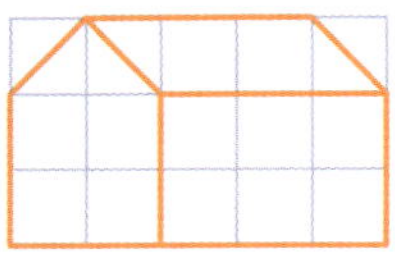

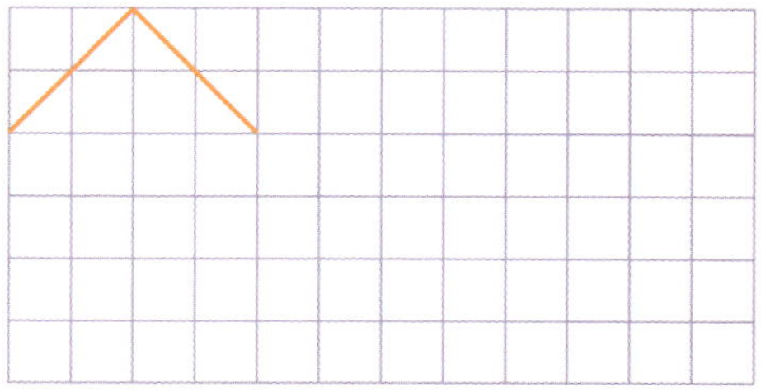

4 **Reproduis cet octogone en partant du point A1 qui est déjà placé.**

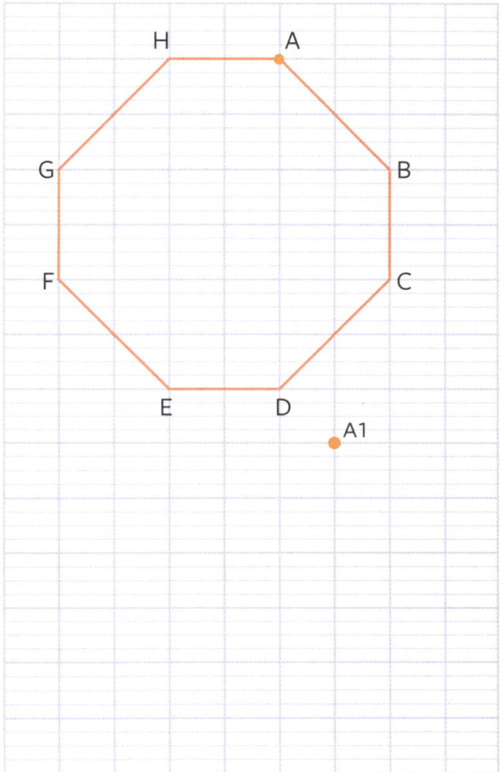

jeu malin

En partant de A, trace le chemin indiqué par les flèches.

→ ↓ → → ↓ ← ← ← ↑ ← ↑ →

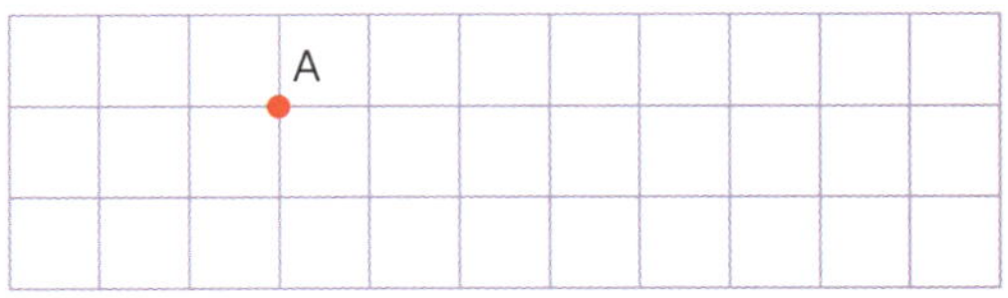

Bravo, tu as terminé !

Entoure ton smiley.

Mathématiques

18 Les symétries

Pour commencer

Dans une paire de chaussures, les deux chaussures sont-elles identiques ?

J'apprends

▶ Je peux trouver un axe de symétrie par pliage

• Le cerf-volant a **un axe de symétrie** (appelé D). Quand je plie le dessin par rapport à la droite D, les deux parties se superposent parfaitement.

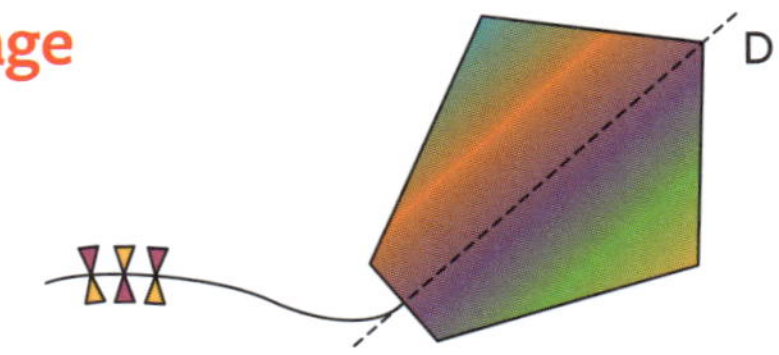

• **Attention !** Une figure peut avoir plusieurs axes de symétrie. L'axe de symétrie n'est pas toujours vertical ou horizontal.

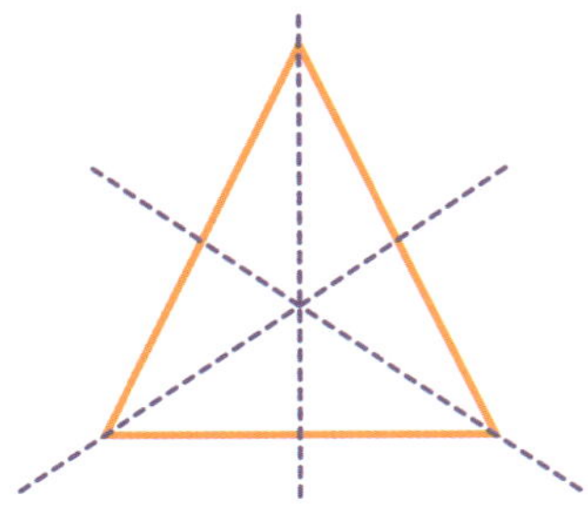

Je comprends comment faire

▶ Pour tracer le symétrique d'un point avec un quadrillage

• **Je place A1** sur la ligne de quadrillage perpendiculaire à *d* passant par A.

• **Je compte** le nombre de carreaux entre A et *d*.

• **Je reporte** ce nombre de carreaux entre A1 et *d*.

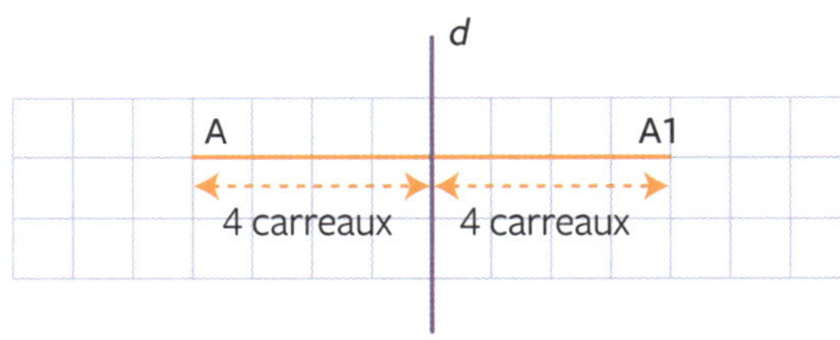

▶ Pour compléter une figure par symétrie

Pour chaque point à gauche de l'axe, je place son symétrique de l'autre côté de l'axe. Je joins ensuite l'ensemble des points obtenus pour reconstituer le contour de la figure.

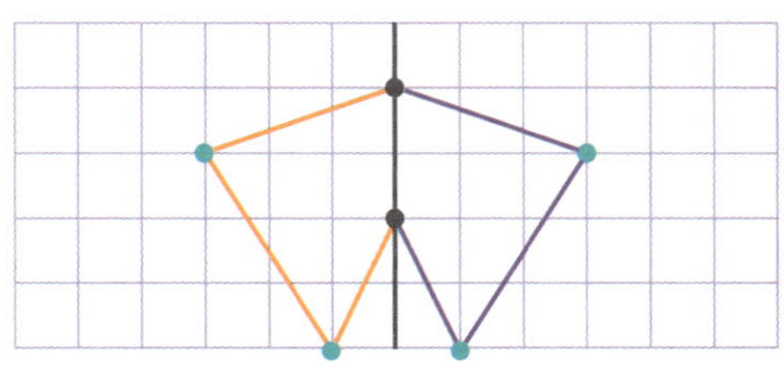

INFO PARENTS

Demandez à votre enfant de faire une figure ou de la décalquer. Ensuite, il peut vérifier par pliage la présence d'un axe de symétrie. Les deux parties de la figure se superposent alors exactement.

Je m'entraine

1 QUIZ **Coche les lettres qui ont un axe de symétrie.**

T ☐ H ☐

D ☐ G ☐

2 **Trace tous les axes de symétrie du losange.**

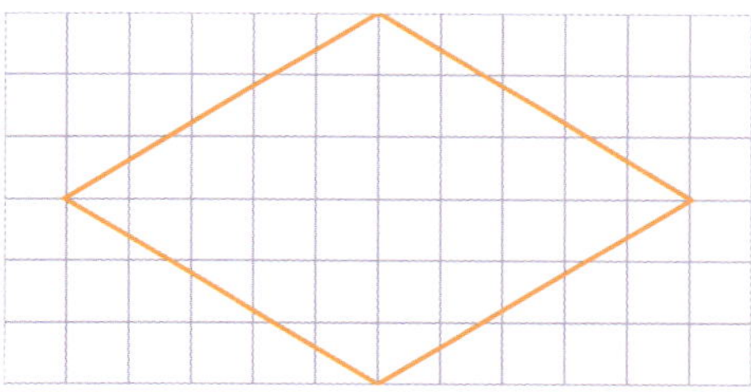

3 **Trace tous les axes de symétrie du rectangle.**

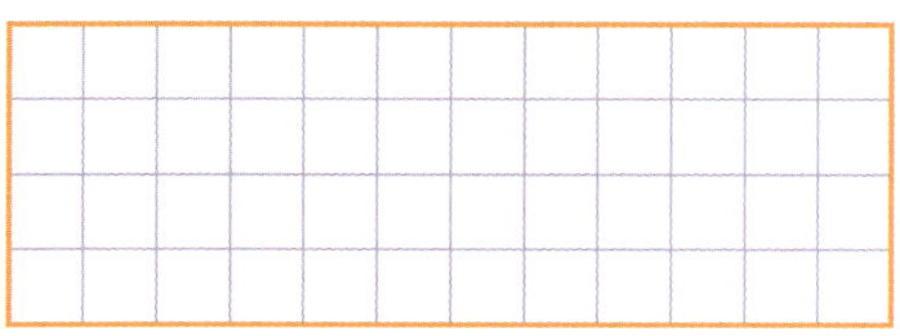

4 **Trace tous les axes de symétrie du carré.**

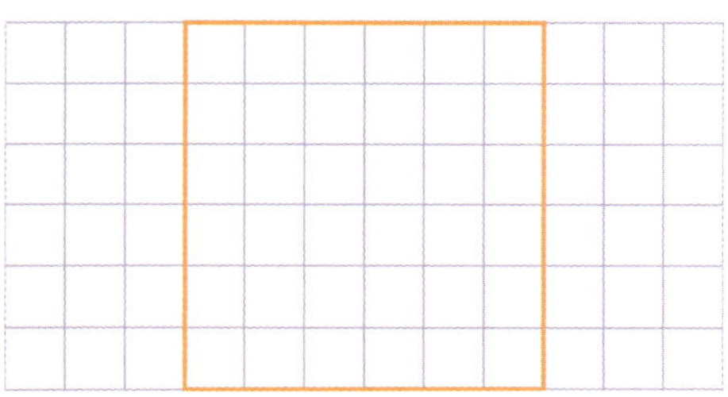

5 **Complète la figure par symétrie.**

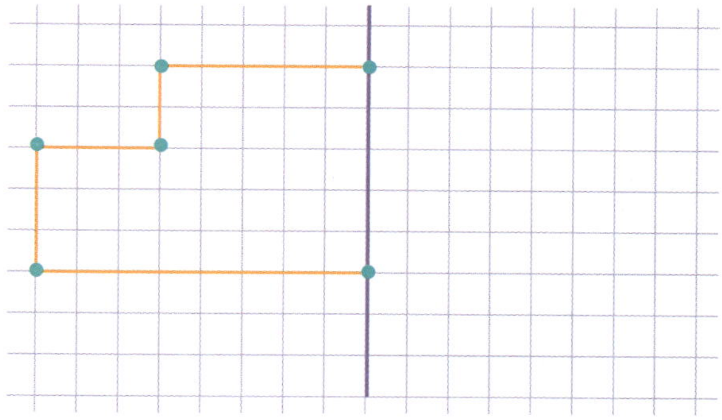

6 **Complète la figure par symétrie.**

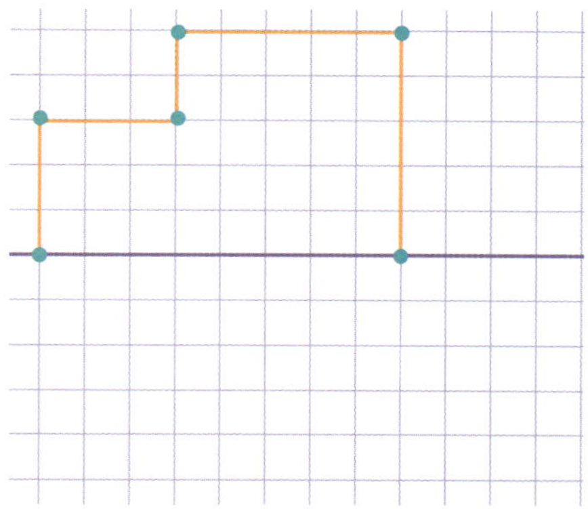

jeu malin

En déplaçant seulement 2 allumettes essaie d'obtenir 2 carrés.

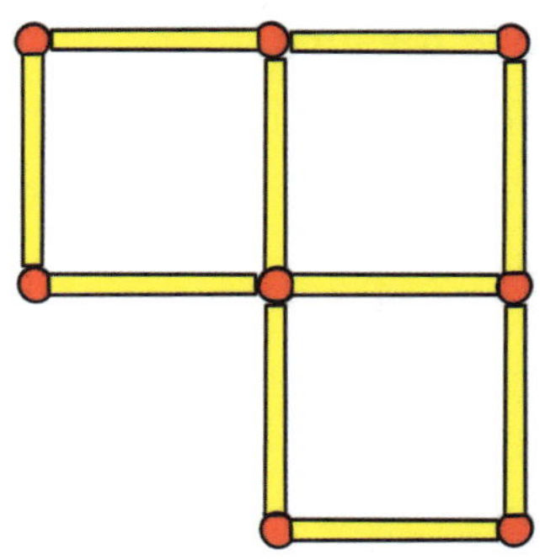

Bravo, tu as terminé !

Entoure ton smiley.

Corrigés page 26 du *Guide parents*

19 Les mesures de longueurs

Pour commencer

Une table a une largeur de 90 cm, combien mesure sa longueur si elle est le double de la largeur ?

J'apprends

• **Deux segments ont la même longueur quand ils se superposent parfaitement.**

• **On peut comparer ou ajouter des longueurs.**

• **L'unité de longueur** est **le mètre.** On écrit : **m**.

Il y a d'autres unités :

le kilomètre (km)	1 km = 1 000 m	
le décimètre (dm)	1 m = 10 dm	et 1 dm = 10 cm
le centimètre (cm)	1 m = 100 cm	et 1 cm = 10 mm
le millimètre (mm)	1 m = 1 000 mm	

Je comprends comment faire

▶ Pour choisir l'unité qui convient

Pour mesurer la longueur d'un objet, **je choisis l'unité en fonction de l'objet que je mesure.**

→ J'exprime la largeur d'un cahier en cm.

→ J'exprime la distance entre Paris et Versailles en km.

▶ Pour placer le milieu d'un segment

• Je mesure la longueur du segment en centimètre ou en millimètre avec la règle graduée.

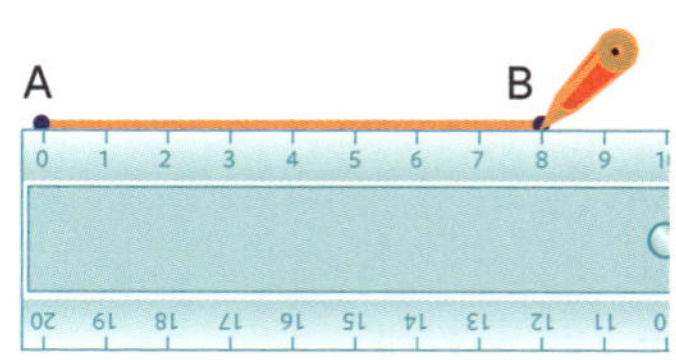

• Je prends la moitié de la longueur, ici la moitié de 8 cm c'est 4 cm, et je place le milieu M en mesurant avec la règle graduée.

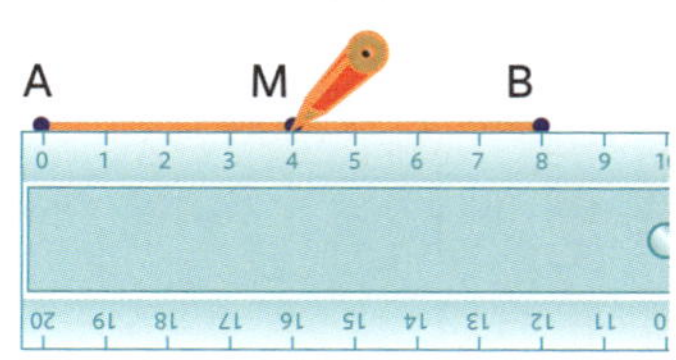

INFO PARENTS

Pour aider votre enfant à bien mesurer un segment, dites-lui de bien placer le 0 de la graduation de sa règle à une extrémité du segment. Rappelez-lui que pour convertir des m en dm on effectue une multiplication par 10, et pour convertir des m en cm on effectue une multiplication par 100.

Je m'entraine

1 QUIZ Coche les bonnes réponses.

a. 1 km = 100 m ☐

b. 100 cm = 1 m ☐

c. 1 m = 10 dm ☐

d. 1 dm = 10 mm ☐

2 Dans quelle unité peux-tu exprimer :

a. l'épaisseur d'une pièce de monnaie?

....

b. les dimensions d'une feuille de papier?

....

c. la largeur d'une rue?

....

d. la distance entre Nantes et Bordeaux?

....

e. la longueur d'une règle d'écolier?

....

3 Combien mesurent ces segments?

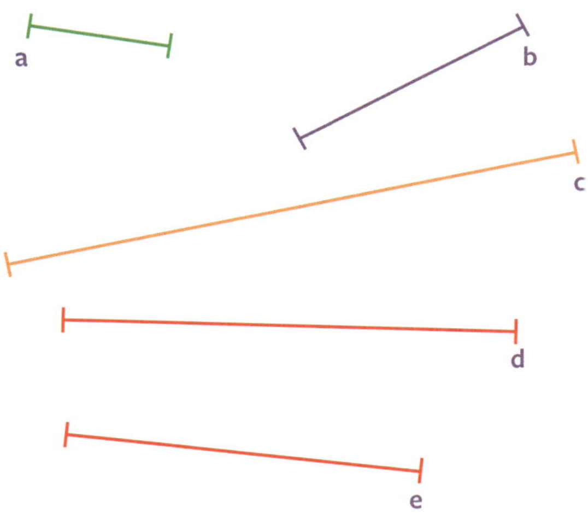

a. .... mm

b. .... cm

c. .... mm

d. .... mm

e. .... mm

4 a. Place le point B sur la droite *d* sachant que le segment AB mesure 4 cm.

b. Place ensuite le milieu du segment AB.

5 Convertis.

a. 130 000 m = ... km

b. 29 m = ... cm

c. 15 dm = ... cm

d. 4 km = ... m

6 Reproduis cette figure avec les mêmes dimension.

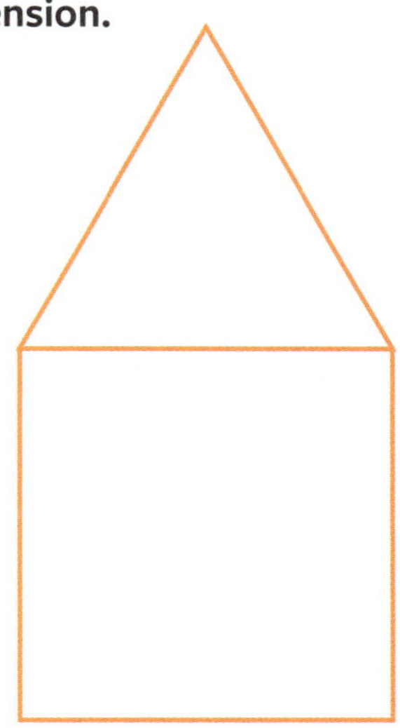

jeu malin

Avant la Révolution française, on utilisait d'autres mesures de longueur :
– la toise valait 6 pieds;
– le pied valait 12 pouces;

Mais alors une toise vaut combien de pouces? ....

Bravo, tu as terminé !

Entoure ton smiley.

Corrigés page 27 du *Guide parents*

20 Les masses et les contenances

Pour commencer

Un yaourt a une masse de 125 g. Combien pèse un pack de 4 yaourts ?

J'apprends

• **On mesure la masse d'un objet avec une balance.**

Dans la vie courante, on utilise le mot **poids** au lieu du mot **masse**.

• **L'unité de masse est le kilogramme.** On écrit **kg**.

Pour mesurer les masses, on utilise aussi le **gramme (g)**.

1 kilogramme = 1 000 grammes

Il existe aussi une autre unité de masse : la **tonne (t).**

1 tonne = 1 000 kilogrammes

• **Une unité de contenance est le litre**. On écrit **L**. on utilise aussi le **centilitre** (**cL**) et le **décilitre** (**dL**).

1 L = 100 cL et 1 L = 10 dL

Je comprends comment faire

▶ Pour choisir l'unité qui convient

Pour mesurer la masse ou le volume d'un objet, **je choisis l'unité selon l'objet** dont je cherche la masse ou le volume.

→ J'exprime la masse d'un sac de ciment en kg.

→ J'exprime la masse d'une portion de viande en g.

→ J'exprime le volume ou la contenance d'une bouteille en L.

▶ Pour utiliser une balance

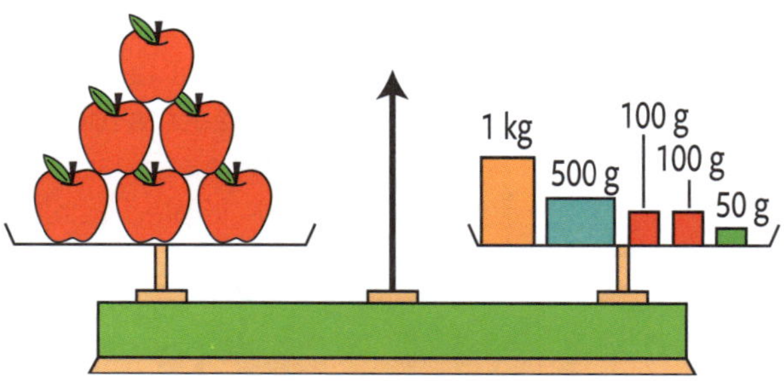

Quand la balance est à l'équilibre, la somme des masses indique le poids.

→ Ici il y a 1 kg 750 g de pommes.

INFO PARENTS

Demandez à votre enfant de lire les étiquettes des produits achetés lorsque vous faites les courses avec lui pour qu'il identifie la masse et la contenance, et ainsi se familiarise avec les unités usuelles.

Je m'entraine

✱ 1 QUIZ Coche les bonnes réponses.

a. 1 kg 50 g = 1 500 g ☐

b. 5 t = 5 000 kg ☐

c. La masse d'un camion s'exprime en kg. ☐

d. La contenance d'une bouteille s'exprime en cL. ☐

✱ 2 Convertis.

a. 4 kg = ... g

b. 7 t = ... kg

c. 3 000 g = ... kg

d. 35 kg = ... g

e. 50 000 g = ... kg

✱ 3 Convertis.

a. 8 L = ... cL

b. 400 cL = ... L

c. 20 L = ... cL

d. 6 000 cL = ... L

✱ 4 Dans quelle unité peux-tu exprimer :

a. la masse d'un avion?

....

b. la masse d'un sac de farine?

....

c. la masse d'une baguette de pain?

....

d. la contenance d'un flacon de médicament?

....

e. la contenance d'une bassine?

....

✱✱ 5 Quelle est la masse de A?

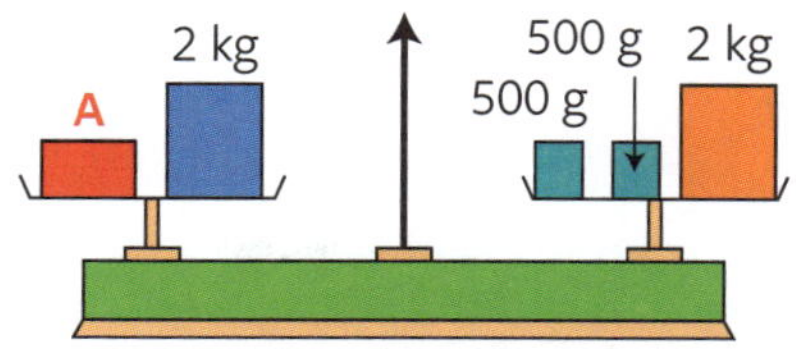

....

✱✱ 6 Un litre d'eau a une masse d'un kilogramme.

a. Quelle est la masse en grammes d'un centilitre d'eau? ....

b. Quel est le volume en centilitres de 100 grammes d'eau? ....

✱✱✱ 7 Résous ce problème.

Quel était le volume d'eau contenu dans la bouteille? ....

Avant, on avait :

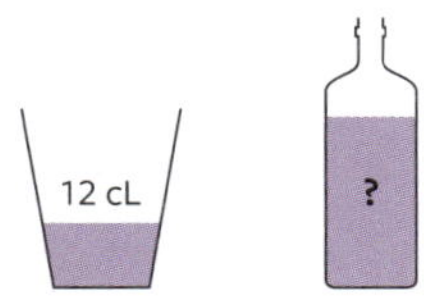

Après avoir vidé la bouteille dans le récipient, on a :

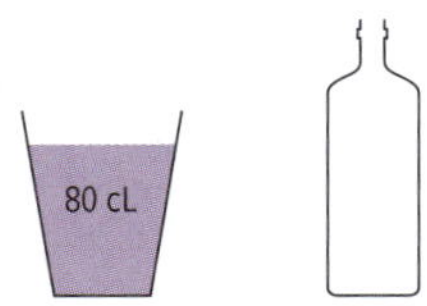

jeu malin

Avec 2 seaux, l'un de 5 L et l'autre de 3 L et un robinet d'eau, comment obtenir 1 L?

....

....

Bravo, tu as terminé !

Entoure ton smiley.

Corrigés page 27 du *Guide parents*

21 L'heure, les durées

Pour commencer

Sais-tu à quoi sert un chronomètre ?

J'apprends

• **Une durée s'exprime en jours, heures, minutes, secondes.**

1 année = 365 jours	1 heure (h) = 60 minutes
1 jour (j) = 24 heures	1 minute (min) = 60 secondes

Tous les 4 ans, l'année a 366 jours. C'est une année **bissextile**, le mois de février comprend alors 29 jours.

• Le film débute à 20 h 45 (c'est un **instant**) et dure 2 heures (c'est une **durée**).

Je comprends comment faire

▶ Pour lire l'heure

• L'heure est donnée par les horloges ou les montres au moyen d'aiguilles ou par affichage digital.

• La **petite** aiguille indique les **heures**, la **grande** aiguille indique les **minutes**.

6 h 20 du matin

6 h moins 20 du soir ou 17 h 40

12 h ou midi

3 h de l'après-midi ou 15 h

→ J'utilise les mots **et quart, et demie, moins le quart** dans les cas suivants :

une heure **et quart**

cinq heures **et demie**

sept heures **moins le quart**

À partir de cette horloge, je peux lire :
6 h 55, si c'est le matin, 18 h 55, si c'est l'après-midi.
Je dis aussi 7 heures moins 5 du soir ou du matin.

INFO PARENTS

Donnez un réveil ou une montre à aiguille à votre enfant : en faisant tourner les aiguilles, il comprendra mieux les règles d'énonciation de l'heure.

Je m'entraine

1 QUIZ **Coche les bonnes réponses.**

a. 1 h = 120 s ☐

b. Une année bissextile a 365 jours. ☐

c. 1 jour dure 24 heures. ☐

d. 10 min = 600 s ☐

2 Quelle heure de l'après-midi est-il ?

....

3 Nous sommes le soir. Quelle heure est-il ?

....

4 Donne l'heure en utilisant le mot *quart*.

....

5 Nous sommes l'après-midi. **Écris l'heure selon l'affichage digital.**

....

6 Trace sur ces horloges les aiguilles indiquant :

a. 7 h 15

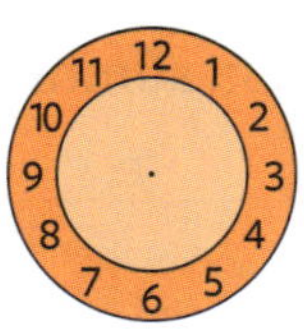

b. 9 h 45

c. 18 h 40

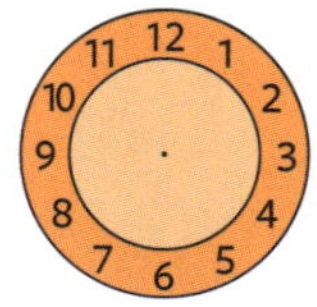

d. midi moins dix

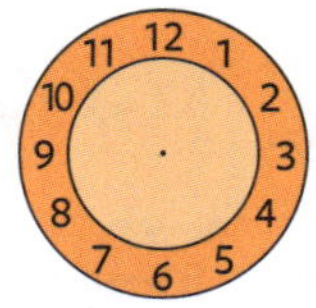

e. deux heures et quart

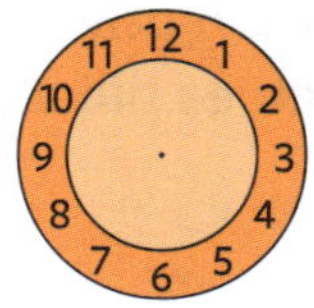

f. six heures moins dix

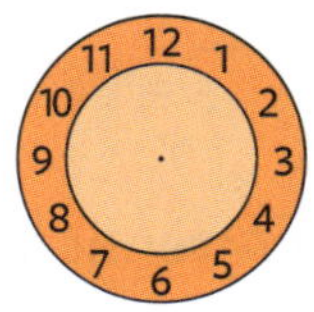

jeu malin

En partant de chez elle, Élodie regarde l'horloge :

Lors de son retour, l'horloge indique :

« Comme c'est drôle, les nombres sont inversés », dit Élodie.
Mais alors, pendant combien de temps s'est-elle promenée ?

....

Bravo, tu as terminé !

Entoure ton smiley.

Corrigés page 27 du *Guide parents*

22 La monnaie

Pour commencer

Si tu échanges un billet de 50 € contre des pièces de 2 €, combien de pièces de 2 € vas-tu recevoir ?

J'apprends

- **1 euro = 100 cents ou centimes   1 € = 100 c**
- **On utilise les pièces et les billets suivants :**

- **Attention**, 2 euros et 70 centimes s'écrivent 2 € 70 c, et l'on dit souvent «deux euros soixante-dix».

Je comprends comment faire

▶ Pour ajouter des sommes exprimées en euros et en centimes

- **Je fais le total des centimes.** S'il y a plus de 100 centimes, je transforme le nombre de centimes en euros.
- **Je fais ensuite le total des euros.**

→ Pour calculer 42 € 55 c + 93 € 70 c, je pose l'opération en colonne :

		1	€			
	4	2	€	5	5	c
+	9	3	€	7	0	c
1	3	6	€	2	5	c

1re étape : 55 c + 70 c = 125 c

125 c = **1 € 25 c**

→ J'écris 25 c et je rajoute 1 €.

2e étape : 1 € + 42 € + 93 € = 136 €.

→ J'écris 136 €.

▶ Pour rendre la monnaie

Je ne fais pas une soustraction. **Je complète pour arriver à la somme donnée :**

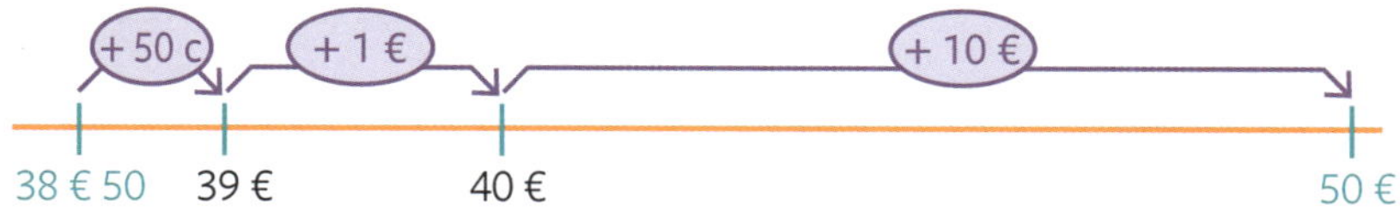

→ Pour rendre la monnaie de 38 € 50 c sur 50 €, je dois donner 50 c + 1 € + 10 € = **11 € 50 c**.

INFO PARENTS

Prêtez à votre enfant des pièces et des billets pour qu'il puisse mieux se représenter les situations proposées. La manipulation va l'aider à résoudre les problèmes.

Je m'entraine

1 QUIZ Coche les bonnes réponses.

a. Avec un billet de 100 € pour un achat de 78 €, on me rend 32 €. ☐

b. Avec un billet de 50 € pour un achat de 38 € 50 c, on me rend 12 € 50. ☐

c. Avec un billet de 10 € pour un achat de 2 € 65 c, on me rend 7 € 35. ☐

d. Avec un billet de 200 € pour un achat de 174 €, on me rend 26 €. ☐

2 Comment obtenir 84 € 45 c avec le plus petit nombre de billets et de pièces?

3 Calcule ces sommes.

a. 45 € 20 c + 23 € 60 c = ...

b. 12 € 75 c + 6 € 25 c = ...

c. 5 € 80 c + 8 € 40 c = ...

d. 425 € 15 c + 123 € 55 c = ...

e. 103 € 45 c + 218 € 60 c = ...

4 Voici tout l'argent que Ludovic a dans sa tirelire.

Quelle somme possède-t-il?

....

5 Qui a le plus d'argent?

....

Pierre

Juliette

Simon

6 Calcule ces différences.

a. 45 € 85 c – 15 € 20 c = ...

b. 125 € 50 c – 80 € 15 c = ...

c. 35 € – 5 € 50 c = ...

jeu malin

Jules dit : «Dans ma poche, j'ai une pièce de chaque sorte. Combien j'ai?»
Peux-tu répondre à Jules?

....

....

Bravo, tu as terminé !
Entoure ton smiley.

Corrigés page 27 du *Guide parents*

23 La résolution de problèmes

Pour commencer

Emma et ses deux camarades ont chacune un billet de 10 €. Combien ont-elles au total ?

J'apprends

- Dans un problème, **les informations pour le résoudre sont dans l'énoncé.**
- L'énoncé peut être **un texte, un tableau de nombres, un graphique, un schéma** ou **un dessin.**
- Les informations peuvent être **des nombres.**
  *Paul achète **5** cahiers à **2** euros l'un...*
- Les informations peuvent être **des mots.**
  *En **un an** Pierre **triple** sa collection de timbres.*
- Les informations peuvent être **des points** ou **des courbes** sur un graphique.

Je comprends comment faire

▶ Pour reconnaitre les données utiles d'un problème

Éric a acheté 5 croissants à 1 € et **12** roses à **2** € l'une.
Combien a-t-il dépensé chez le fleuriste?
→ Il a dépensé 24 €, car 12 × 2 = 24.
Toutes les autres données (5 et 1) me sont inutiles.

▶ Pour utiliser un tableau à double entrée

Tarif d'une compagnie de navigation maritime			
	avril à juin	**juillet-aout**	**septembre à novembre**
fauteuil	33 €	38 €	16 €
cabine 2 lits	97 €	105 €	74 €
cabine 4 lits	139 €	**165 €**	113 €

Combien vont payer 4 personnes en cabine le 14 juillet?

Pour répondre à la question, je croise la ligne «cabine 4 lits» avec la colonne juillet-aout.

La réponse se trouve à l'intersection de la ligne et de la colonne.

Ils vont payer 165 €.

INFO PARENTS

Pour aider votre enfant lors de la résolution d'un problème, vous pouvez :
- lui proposer de faire un schéma pour représenter le problème;
- vous assurer qu'il a bien compris tous les mots de l'énoncé et repéré la question posée;
- lui demander quelle opération il doit faire.

Je m'entraine

1 QUIZ Voici un problème et sa question. Coche les bonnes réponses.

Dans un cirque, un acrobate dispose en équilibre, sur une table de 75 cm de hauteur, 3 tabourets de 45 cm de hauteur les uns sur les autres, puis il monte sur le dernier tabouret.

À quelle hauteur se trouve alors l'acrobate?

a. Les tabourets ont une hauteur de 75 cm.
☐ Vrai ☐ Faux

b. L'acrobate se trouve à 2 m 10 de hauteur.
☐ Vrai ☐ Faux

c. Les tabourets sont sous la table.
☐ Vrai ☐ Faux

d. Il y a 3 tabourets.
☐ Vrai ☐ Faux

2 Voici le texte d'un problème avec ses questions dans le désordre.

Numérote-les dans le bon ordre.

.... a. Quel est le nombre de cerisiers?

.... b. On récolte en moyenne 25 kg de cerises par arbre.

.... c. Chaque rangée comprend 12 arbres.

.... d. Quelle masse de cerises a-t-on récoltée?

.... e. Dans un verger, il y a 15 rangées de cerisiers.

3 Voici un problème dont la question est absente.

Monsieur et Madame Durand et leurs deux enfants ont déjeuné au restaurant. Ils ont tous choisi le menu à 16 €.

a. Trouve la question possible.

....

b. Réponds-y.

....

4 Observe le tableau et réponds aux questions.

a. Quelle est la distance entre Gap et Metz?

....

b. Quelle est la distance entre Nancy et Lille?

....

distances en km	Caen	Gap	Lille	Metz	Nancy	Pau
Caen	0	907	353	569	559	782
Gap		0	893	672	620	680
Lille			0	368	422	1 001
Metz				0	58	1 102
Nancy					0	1 133
Pau						0

5 a. Complète la question de cet énoncé de problème.

Un maçon construit un escalier de 15 marches d'une hauteur de 17 cm chacune.

Quelle est ....

....?

b. Réponds à la question.

....

jeu malin

Un archer s'exerce à tirer à l'arc.
Il a soixante flèches dans son carquois.
Il commence à midi précise et décoche une flèche toutes les minutes.
À quelle heure aura-t-il fini son exercice?

....

Bravo, tu as terminé !

Entoure ton smiley.

😐 🙂 😀

Corrigés page 27 du *Guide parents*

24 La résolution de problèmes avec étapes

Pour commencer

Combien y a-t-il de secondes dans un jour ?

J'apprends

▶ Pour résoudre un problème à étapes

Dans un problème avec étapes, pour trouver la réponse à la question posée, il faut calculer un **résultat intermédiaire**. Avant de commencer à calculer, je dois savoir quels sont les nombres nécessaires à la résolution. S'il y en a un qui n'est pas fourni par l'énoncé, je dois commencer par le calculer.

Un tableau rectangulaire mesure 90 cm de longueur et sa largeur est la moitié de sa longueur. Quelle est la longueur de baguette nécessaire pour l'encadrer?

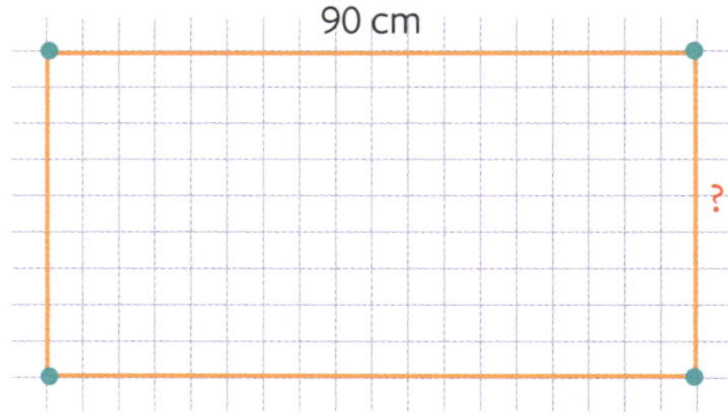

La longueur de baguette nécessaire est égale au périmètre du rectangle.
Pour calculer le périmètre d'un rectangle, je dois connaitre sa longueur et sa largeur.

Ici, la longueur est 90 cm mais je ne connais pas la largeur, je sais seulement que c'est la moitié de la longueur.

Je calcule d'abord la largeur, la moitié de 90 c'est 45.

Le périmètre est donc : $(90 + 45) \times 2 = 135 \times 2 = 270$

Il faut 270 cm de baguette pour encadrer le tableau.

Je comprends comment faire

▶ Pour traiter les problèmes d'intervalles

Kevin a pris des leçons de natation tous les jours du 8 aout au 12 aout.

Combien de leçons a-t-il prises?

→ Il a pris 5 leçons car je remarque que du 8 aout au 12 aout il y a **5 jours** car $12 - 8 + \mathbf{1} = 5$

INFO PARENTS

Vous pouvez montrer à votre enfant que dans la vie courante on rencontre de nombreux problèmes à résoudre, par exemple des calculs de quantités pour une recette de cuisine, des distances à parcourir ou des durées à étudier pour des déplacements.

Je m'entraine

1 QUIZ Coche les bonnes réponses.

Dans un verger, il y a 20 rangées de pommiers. Chaque rangée comprend 10 arbres. On récolte en moyenne 45 kg de pommes par arbre. **Quelle masse de pommes a-t-on récoltée?**

a. On récolte $20 \times 45 = 900$ kg de pommes. ☐

b. Je dois calculer le nombre d'arbres du verger. ☐

c. On récolte $10 \times 45 = 450$ kg de pommes. ☐

d. Il y a $20 \times 10 = 200$ arbres dans le verger. ☐

2 Vincent vient de recevoir le n° 43 de la revue *Ciné*. Il possède tous les numéros depuis le n° 17.

Combien de numéros de cette revue possède-t-il?

....

3 Au début de la semaine, Alexandra a 425 billes. Durant la semaine elle en gagne 125 et en donne 180 à son petit frère.

Combien a-t-elle de billes en fin de semaine?

....

4 Léo part en colonie de vacances du 19 juillet au 5 aout.

Quelle est la durée de son séjour en colonie?

....

5 Une fermière doit mettre en boite 2 520 œufs dans des boites contenant 12 œufs. À midi, elle a déjà rempli 125 boites.

Combien de boites lui reste-t-il à remplir?

....

6 Dans une salle de cinéma, il y a au centre 28 rangées de 22 sièges et sur chaque côté 28 rangées de 4 sièges.

a. Quel est le nombre de sièges dans cette salle de cinéma?

....

b. Quel nombre fallait-il calculer pour trouver le résultat demandé?

....

jeu malin

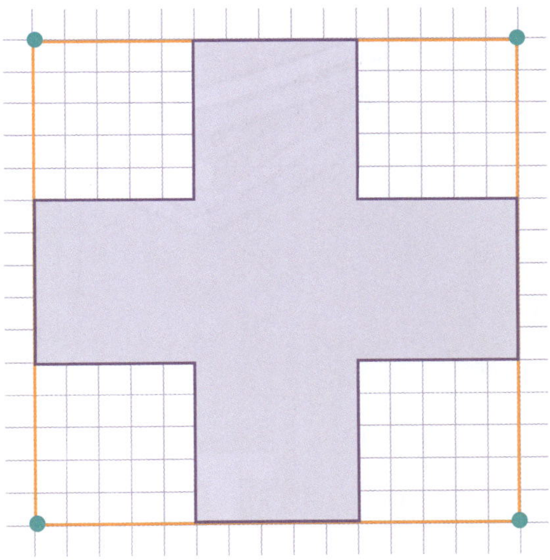

Qui a le plus grand périmètre : la croix ou le carré qui la contient?

....

Bravo, tu as terminé !

Entoure ton smiley.

🙁 🙂 😀

Corrigés page 27 du *Guide parents*

TEMPS
EMC
ESPACE

Temps

Enseignement moral et civique

Espace

1 Les instruments pour mesurer le temps

Pour commencer

Combien y a-t-il de jours dans une semaine et de mois dans une année ?

J'apprends

Pour organiser leur vie, les hommes mesurent le temps.
Dès l'Antiquité, ils observent les phénomènes naturels comme la journée, la nuit et les saisons. Puis ils inventent **des objets qui leur permettent de mesurer plus ou moins précisément le temps**.

- Les premiers instruments utilisent le soleil. Comme **le gnomon** et **le cadran solaire** [→ Jeu malin], ils permettent de repérer les heures en fonction de **l'ombre** d'un bâton.
- D'autres objets, comme **la clepsydre** [→ Je comprends comment faire] et **le sablier** [→ Jeu malin] mesurent des durées qui correspondent au **temps mis par de l'eau** ou **du sable pour s'écouler**.
- Certains appareils utilisent un **système mécanique**. À l'aide de poids, des rouages font tourner les aiguilles, comme dans **les horloges**.
- Aujourd'hui, la plupart des instruments utilisés pour lire l'heure et mesurer des durées (**horloge, réveil, montre, chronomètre...**) ont un **système électrique**.

Je comprends comment faire

▶ Pour lire et comprendre un schéma

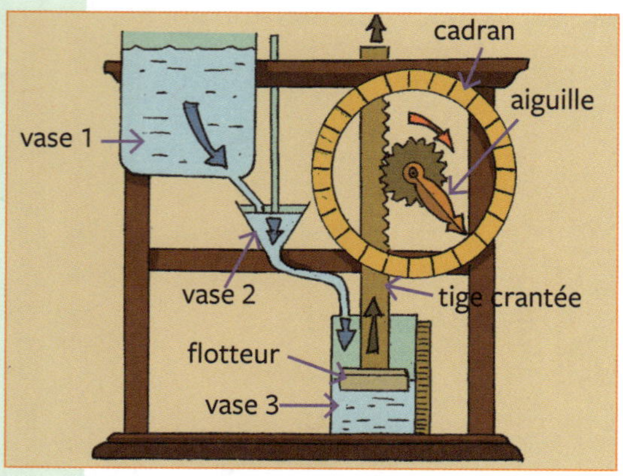

Une clepsydre grecque (reconstitution)

1. J'observe le schéma.

J'observe **les différentes parties** : les trois vases, le flotteur, la tige crantée, le cadran et l'aiguille.

- Je repère **le trajet de l'eau** (flèches bleues).
- Je remarque **la flèche brune** qui indique le mouvement de l'aiguille.

2. Je comprends le fonctionnement.

Quand le niveau monte dans le vase 3, le flotteur pousse la tige crantée qui fait tourner l'aiguille. Cette clepsydre grecque est **une véritable horloge à eau**.

INFO PARENTS

Demandez à votre enfant de repérer dans votre logement tous les instruments pour mesurer le temps.

Je m'entraine

1 QUIZ Coche Vrai ou Faux.

a. Les hommes mesurent le temps pour savoir comment ils doivent s'habiller.
☐ Vrai ☒ Faux

b. La clepsydre est un instrument qui fonctionne grâce à l'électricité.
☐ Vrai ☒ Faux

c. Le gnomon permet de repérer les heures en fonction de l'ombre.
☒ Vrai ☐ Faux

d. Les instruments utilisés de nos jours sont plus pratiques et précis.
☒ Vrai ☐ Faux

e. Les horloges peuvent être mécaniques ou électriques.
☒ Vrai ☐ Faux

f. Aujourd'hui, on utilise encore des sabliers.
☒ Vrai ☐ Faux

2 Lis le texte et réponds aux questions.

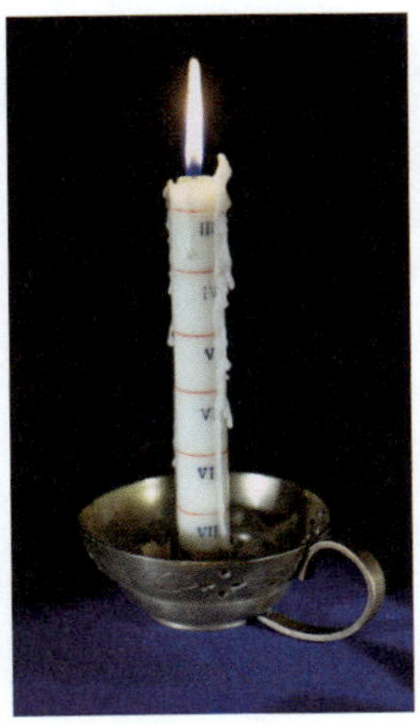
Bougie horaire

Alfred le Grand invente la bougie horaire pour connaitre les heures de ses prières la nuit.
La bougie est graduée sur le côté. Lorsqu'elle brule, on lit le temps passé grâce aux graduations.
Cet instrument très répandu au Moyen Âge est assez imprécis.

a. À quoi sert aussi une bougie?
Elle sert à allumer la lumière dans le noir.

b. Pour quelle raison Alfred le Grand a-t-il inventé la bougie horaire?
Il voulait connaitre les heures de ses prières la nuit.

c. À quelle période cet instrument a-t-il surtout été utilisé?
Cet instrument a été utilisé au M âge.

d. Qu'est-ce qui permet de lire l'heure?
On lit le temps passé grâce aux graduations.

e. Quel est l'inconvénient de cet instrument?
La bougie est imprécis.

f. À ton avis quels sont les risques quand on utilise une bougie horaire?

....

jeu malin

Retrouve le nom des instruments en utilisant le code suivant.

1	2	3	4	5	6	7	8
A	B	C	D	E	G	H	I
9	**10**	**11**	**12**	**13**	**14**	**15**	
L	M	N	O	R	S	T	

a. 3-7-13-12-11-12-10-5-15-13-5

b. 3-1-4-13-1-11 14-12-9-1-8-13-5

c. 6-11-12-10-12-11

d. 14-1-2-9-8-5-13

a. CHRONOMETRE b. CADRAN SOLAIRE

c. GNOMOR d. SABLIER

Bravo, tu as terminé !
Entoure ton smiley.

Corrigés page 28 du *Guide parents*

2 Se repérer dans le temps

Pour commencer

Comment s'appelle l'instrument qui mesure le temps avec du sable ?

J'apprends

• **Pour se repérer dans le déroulement du temps**, on utilise **des calendriers** qui indiquent les jours, les mois et les années. Dans notre système, l'année débute le 1er janvier et se termine le 31 décembre. Il y a 12 mois de 28, 30 ou 31 jours. Pour compter les années, notre calendrier débute à la naissance de Jésus-Christ en l'an 1 (pas d'année 0).

• En Histoire, **des frises chronologiques** [→ Je comprends comment faire] sont utilisées pour représenter des évènements dans l'ordre où ils se sont déroulés. La distance entre deux évènements est en rapport avec la durée réelle, ce qui permet de mieux se rendre compte du temps écoulé.

• Pour les longues durées, les historiens utilisent **les siècles** (100 ans) et **les millénaires** (1000 ans). Ils **découpent le passé en périodes** : la Préhistoire, l'Antiquité, le Moyen Âge, les temps modernes et l'époque contemporaine. Chaque période débute par **un évènement qui entraine des changements importants dans la vie des hommes**.

Je comprends comment faire

▶ Pour utiliser une frise chronologique

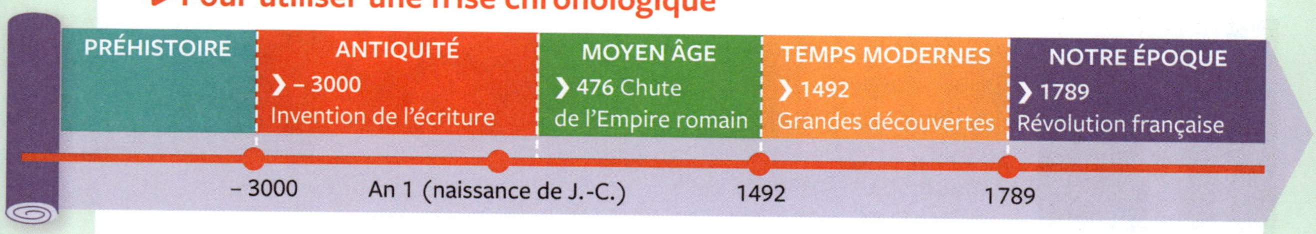

1. J'observe la frise.

Je repère **l'an 1** ainsi que les évènements et les années qui marquent le début de chaque période de l'Histoire.

2. J'interprète la frise.

La Préhistoire est un temps très long qu'on ne peut pas représenter sur une feuille en respectant les durées. **Le début de la frise est donc roulé.**

Pour les évènements qui ont eu lieu avant la naissance de Jésus-Christ, il faut ajouter le signe «–» ou préciser «avant Jésus-Christ».

INFO PARENTS

Incitez votre enfant à utiliser un calendrier au quotidien : les jours passés sont barrés, les dates importantes sont repérées ainsi que les saisons.

Je m'entraine

1 QUIZ Coche les bonnes réponses.

a. Dans une année, il y a :
☐ 12 mois ☐ 28 mois

b. Un mois peut contenir :
☐ 28 jours ☐ 7 jours ☐ 31 jours

c. Un siècle dure :
☐ 1 000 ans ☐ 100 ans

d. Un millénaire dure :
☐ 1 000 jours ☐ 1 000 ans

e. Dans une semaine, il y a :
☐ 7 jours ☐ 8 jours

2 Remets ces durées dans l'ordre, de la plus courte à la plus longue.

a. une seconde.
b. un siècle.
c. une heure.
d. un mois.
e. un millénaire.
f. une année.
g. une minute.
h. une semaine.
i. un jour

Le bon ordre est : ....

3 En t'aidant de la frise chronologique de la page précédente, réponds aux questions.

a. De quel côté trouve-t-on les évènements les plus anciens?

....

b. Cite toutes les périodes de la frise chronologique.

....

....

....

....

....

c. Après la Préhistoire, quelle est la période la plus longue?

....

d. Quand débute le Moyen Âge?

....

e. À quel évènement correspond le début des temps modernes?

....

f. À quelle période est associée la naissance de Jésus-Christ?

....

g. Quelle période débute avec l'invention de l'écriture?

....

h. Dans quelle période vivons-nous?

....

i. Pourquoi le début de la frise est-il roulé?

....

....

jeu malin

Retrouve dans la grille 4 mots en rapport avec le repérage du temps.

D	O	T	A	Y	M	O	N	T	R	O
D	U	R	S	U	H	K	C	F	S	E
G	Y	R	O	U	G	R	A	R	I	M
N	C	A	L	E	N	D	R	I	E	R
O	B	I	E	V	E	F	Y	S	C	P
M	S	W	I	N	K	O	P	E	L	A
M	I	L	L	E	N	A	I	R	E	R
U	Y	U	I	O	A	C	B	N	N	T

Bravo, tu as terminé !

Entoure ton smiley.

Corrigés page 28 du *Guide parents*

3 L'alimentation à travers le temps

Pour commencer

Quelles sont les cinq grandes périodes de l'Histoire ?

J'apprends

Une batteuse de 1881

Au fil du temps, l'homme **découvre des produits et invente des techniques qui changent sa manière de manger**.

• **L'homme préhistorique cueille, chasse et pêche. Il se nourrit de ce qu'il trouve** : du gibier, des baies et des racines. Lorsqu'il maitrise le feu, il cuit ses aliments.

• **En inventant l'agriculture, l'homme produit sa nourriture**. Il découvre le lait, les céréales et les légumes. Pendant l'Antiquité, il apprend à fabriquer du beurre, du vin (inventé par les Grecs), du pain et de l'huile (inventés par les Romains). À partir du XVIe siècle, avec la conquête de l'Amérique, l'Europe découvre de nouveaux produits (pomme de terre, chocolat ou tomate...).

• Au XIXe siècle, **les machines se mécanisent. On cultive de grandes parcelles de terre et on produit davantage de nourriture**.

• Aujourd'hui, grâce aux transports, **on peut manger des produits venus du monde entier**.

Je comprends comment faire

▶ Pour trouver le siècle auquel appartient une date

À quel siècle appartiennent ces dates?
- **1492** appartient au XVe siècle.
- **–125** appartient au IIe siècle avant Jésus-Christ.
- **476** appartient au Ve siècle.
- **2001** appartient au XXIe siècle.

1. J'observe le document.

• Je remarque **des chiffres écrits en rouge**. Il s'agit du nombre de centaines (je laisse les unités et les dizaines).

• Je repère que **les siècles** sont écrits **en chiffres romains**.

2. Je comprends.

Pour trouver le siècle auquel appartient une date, **il faut chercher le nombre de centaines et ajouter 1**.

→ Pour **14**92 : 14 + 1 = 15, donc 1492 fait partie du XVe siècle.

INFO PARENTS

Incitez votre enfant à interroger ses grands-parents sur ce qu'ils mangeaient enfants et s'ils consommaient des produits exotiques comme le kiwi, l'avocat, l'ananas...

Je m'entraine

1 QUIZ Coche les bonnes réponses.

a. L'homme préhistorique :

☐ allait au marché. ☐ chassait. ☐ cueillait.

b. Pendant l'Antiquité, l'homme apprend à fabriquer :

☐ du beurre. ☐ des voitures. ☐ du pain.

c. Le chocolat a été rapporté :

☐ d'Asie. ☐ d'Afrique. ☐ d'Amérique.

d. La mécanisation des machines permet de produire :

☐ davantage de nourriture.

☐ moins de nourriture.

2 Écris les noms sous leur définition.

les baies – les racines – le gibier

a. Ce sont des animaux sauvages qu'on chasse pour les manger.

....

b. Ce sont des petits fruits qui peuvent être sauvages.

....

c. Ce sont les parties souterraines des plantes.

....

3 Indique le siècle auquel appartiennent ces dates.

a. 1789 appartient au .... siècle.

b. 732 appartient au .... siècle.

c. 1515 appartient au .... siècle.

d. L'an 1 appartient au .... siècle.

e. – 52 appartient au .... siècle ....

jeu malin

Suis les chemins pour retrouver les périodes durant lesquelles ces produits ont été consommés en Europe.

a. Les baies
b. La tomate
c. Le chocolat
d. Les racines
e. Le vin
f. L'huile
g. Le beurre
h. La pomme de terre
i. Le sucre de betterave

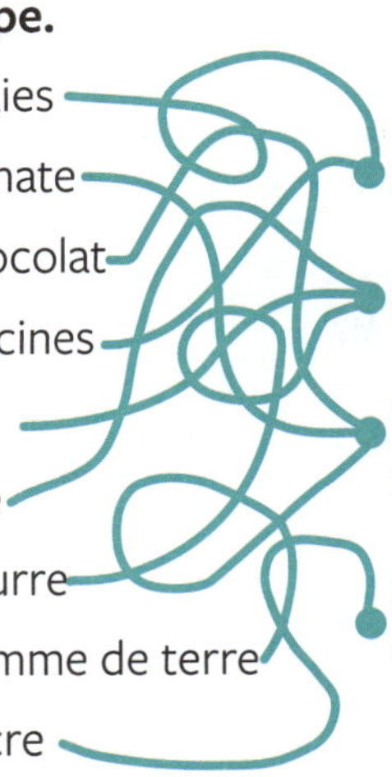

Préhistoire
Antiquité
Temps modernes
Époque contemporaine

Bravo, tu as terminé !

Entoure ton smiley.

Corrigés page 28 du *Guide parents*

4 L'évolution des outils et des machines

Pour commencer

Qu'est-ce qu'un outil ?

J'apprends

Galets aménagés

L'homme **invente des outils et des machines pour se nourrir, se vêtir, se déplacer** mais aussi **pour le remplacer**.

- Il y a plus de 2 millions d'années**, l'homme invente un premier outil** pour couper et découper : **le galet aménagé**. Ensuite, grâce **au feu** ou **au polissage**, et surtout **à la métallurgie**, les outils deviennent **de plus en plus résistants et performants.**
- **Avec l'agriculture, à la fin de la Préhistoire**, l'homme invente **l'araire**, tiré par un animal. Pour fabriquer le tissu de ses vêtements, il crée le **métier à tisser**.
- **Au XIXe siècle, apparaissent les moteurs à vapeur**. De nouveaux transports sont élaborés. Puis **l'électricité est utilisée comme énergie**. La radio et le téléphone sont inventés.
- **Au XXe siècle**, de nombreux transports et machines fonctionnent grâce à l'énergie issue du **pétrole**. Ce siècle est aussi celui **des robots et des ordinateurs**.
- Au **XXIe siècle**, l'Homme invente des transports capables de fonctionner sans sa présence. Il est aussi soucieux de respecter davantage l'**environnement** en utilisant des **énergies propres** (issues du soleil, de l'air, de l'eau, de la biomasse).

Je comprends comment faire

L'araire égyptien (vers – 1200)

Une charrue au XVIe siècle

▶ Pour comparer des documents

Je décris et j'interprète les documents.

- **Sur cet araire,** le soc, attaché directement à l'animal, s'enfonce dans le sol.
- **Sur cette charrue,** le coutre, sorte de couteau, permet de creuser plus profondément. Les deux roues facilitent les mouvements. L'animal a un collier plus confortable.

Ces deux machines creusent le sol mais **la technique évolue entre l'Antiquité et le Moyen Âge** : la charrue facilite le travail de l'homme et de l'animal.

INFO PARENTS

Faites part à votre enfant de ce que vous avez connu comme téléphone et ordinateur lorsque vous étiez enfant et comparez-les à ceux d'aujourd'hui.

Je m'entraine

1 QUIZ Coche Vrai ou Faux.

a. Le premier outil est apparu il y a plus de 2 millions d'années. ☐ Vrai ☐ Faux

b. La première machine était une machine pour laver le linge. ☐ Vrai ☐ Faux

c. Au XXIe siècle, les machines fonctionnent grâce à des moteurs à vapeur. ☐ Vrai ☐ Faux

d. De nos jours, l'électricité et le pétrole permettent à beaucoup de machines de fonctionner. ☐ Vrai ☐ Faux

e. L'Homme a arrêté de fabriquer des outils. ☐ Vrai ☐ Faux

f. Les robots et les ordinateurs apparaissent au XXe siècle. ☐ Vrai ☐ Faux

2 Remets dans l'ordre chronologique ces outils ou machines.

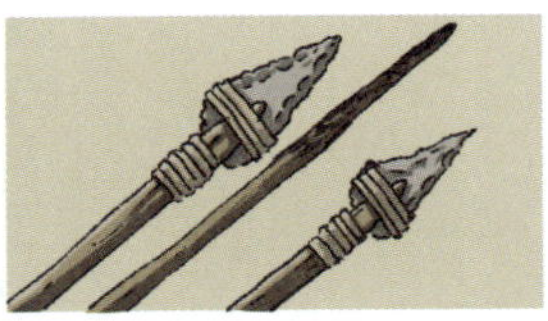

a. les lances en pierre et en bois

b. l'ordinateur

c. le métier à tisser

d. le téléphone

e. le train à vapeur

L'ordre chronologique est : ....

3 Complète chaque phrase en indiquant l'utilité des outils et machines.

se nourrir – se vêtir – se déplacer – remplacer le travail de l'homme

a. La fourchette est un ustensile pour

....

b. L'avion est un appareil qui permet de

....

c. Le robot est une machine destinée à

....

d. L'aiguille est un outil pour fabriquer de quoi

....

e. La moissonneuse-batteuse est une machine qui permet de ....

pour produire de quoi ....

jeu malin

Retrouve le nom des trois techniques en utilisant le code suivant.

A → Z	E → D	I → H	M → L	Q → P	U → T	Y → X
B → A	F → E	J → I	N → M	R → Q	V → U	Z → Y
C → B	G → F	K → J	O → N	S → R	W → V	
D → C	H → G	L → K	P → O	T → S	X → W	

a. On tape une pierre avec une autre pour enlever un morceau et rendre l'outil tranchant grâce à la UBJMMF.

....

b. On fabrique l'outil en métal pour le rendre plus résistant grâce à la NFUBMMVSHJF.

....

c. On rend l'outil lisse pour plus de précision grâce au QPMJTTBHF.

....

Bravo, tu as terminé !

Entoure ton smiley.

Corrigés page 28 du *Guide parents*

5 L'homme de Tautavel

Pour commencer

À quelle période sont apparus les premiers hommes ?

J'apprends

En 1971, des archéologues découvrent à Tautavel, ville du Sud-Ouest de la France, des ossements vieux de **près de 450 000 ans**. Il s'agit de ceux de **l'homme de Tautavel**.

- Après reconstitution du squelette, on sait qu'il s'agit d'**un homme d'une vingtaine d'années** mesurant environ 1,65 m et pesant 50 kg. Il fait partie de l'espèce des ***homo erectus***. Ces «hommes debout» ont vécu de – 1,6 million à – 100 000 ans.
- Il vit au **Paléolithique**. C'est une période de la Préhistoire lors de laquelle **les outils sont fabriqués en pierre taillée**. Il utilise des bifaces, des pointes mais aussi des harpons.
- Pour se nourrir, **l'homme de Tautavel chasse** des chamois, des mouflons, des bisons, des cerfs. **Il pêche** également et complète sa nourriture **en cueillant** des baies et des graines.
- **Il s'abrite à l'entrée des grottes**. Il suit les troupeaux d'animaux et change souvent de lieu de vie. **Il est nomade**.
- **Il ne maitrise pas encore le feu** et, pour se vêtir, il utilise la peau des animaux qu'il tue.

Je comprends comment faire

▶ Pour comprendre une reconstitution

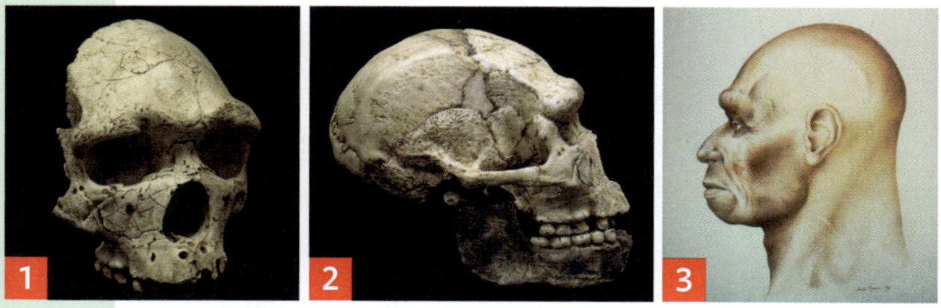

Crâne et moulage du crâne de l'homme de Tautavel (reconstitution)

Je décris les étapes et j'interprète la reconstitution.

1. Les archéologues partent des **morceaux** qu'ils ont **trouvés**.
2. **Ils reconstituent** les parties manquantes par moulage.
3. **Ils comparent** le dessin avec l'homme d'aujourd'hui.

→ Grâce au moulage, la reconstitution du crâne de l'homme de Tautavel permet d'imaginer son apparence. Il nous ressemblait mais **il avait un bourrelet au-dessus des yeux et un menton qui partait en avant**.

INFO PARENTS

Vous pouvez demander à votre enfant de dessiner les différents moments de la journée de l'homme de Tautavel.

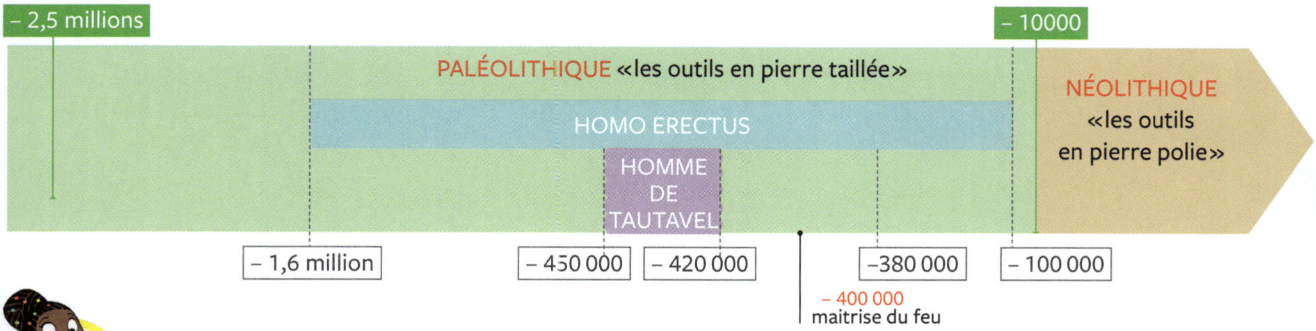

Je m'entraine

1 QUIZ Coche les bonnes réponses.

a. Des restes d'ossements ont été retrouvés à :

- ☐ Tautavel.
- ☐ Erectus.

b. Pour se nourrir, l'homme de Tautavel :

- ☐ chasse.
- ☐ va au marché.
- ☐ pêche.

c. Pour se vêtir, il porte :

- ☐ des costumes.
- ☐ des braies.
- ☐ des peaux de bêtes.

d. Il suit les troupeaux et ne vit pas toujours dans le même lieu, il est :

- ☐ sédentaire.
- ☐ nomade.

2 Écris les mots sous leur définition.

le *Paléolithique* – *le Néolithique* – *un nomade* – *un biface* – *un harpon*

a. Qui n'habite pas toujours le même endroit.

....

b. Période de la Préhistoire pendant laquelle les outils sont lissés pour être plus précis.

....

c. Outil en pierre taillée sur les deux faces.

....

d. Période de la Préhistoire pendant laquelle les outils sont fabriqués en pierre taillée.

....

e. Arme dont la pointe est munie de crochets pour attraper les poissons.

....

3 Réponds oralement aux questions.

a. Pourquoi l'homme de Tautavel porte-t-il ce nom?

b. Pourquoi n'utilise-t-il pas le fond des grottes?

c. À partir de quand le feu est-il maitrisé?

d. Comment est habillé l'homme de Tautavel?

jeu malin

Retrouve le mot mystère grâce à la charade suivante.

Mon premier se trouve au milieu de la figure et sert à respirer.

Mon second est la 15e lettre de l'alphabet.

Je dors sur mon troisième.

Mon quatrième est le début du bruit de l'horloge.

Mon tout est une période de la Préhistoire pendant laquelle les outils sont en pierre polie.

....

Bravo, tu as terminé !

Entoure ton smiley.

Corrigés page 28 du *Guide parents*

6 Vercingétorix et César

Pour commencer
À quelle période sont associés les Romains et les Gaulois ?

J'apprends

Au début de l'Antiquité, **plusieurs peuples composent la Gaule**. Il y a les Arvernes, les Parisii, les Aquitains, les Vénètes, les Ligures… **Ce sont des guerriers** qui se font souvent la guerre.

• Au IIe siècle avant Jésus-Christ, **les Romains** partent à la conquête des territoires autour de la Méditerranée. En – 125, **attirés par les richesses de la Gaule**, ils l'envahissent par le sud.

• **En – 52, le général romain Jules César** profite des multiples guerres entre les Gaulois pour envahir le reste de la Gaule.
Plusieurs peuples décident alors d'unir leurs forces et se regroupent derrière **le chef gaulois Vercingétorix**. Ils remportent des batailles dont celle de Gergovie.

• Mais César et son armée très organisée les repoussent **dans l'oppidum d'Alésia**. Suite à un siège de deux mois, **le chef gaulois est obligé de déposer les armes**. La Gaule devient romaine et les habitants prennent le nom de Gallo-Romains.

Je comprends comment faire

▶ Pour lire et interpréter un tableau

Vercingétorix jette ses armes aux pieds de Jules César, peinture de Lionel-Noël Royer, 1899

1. Je décris les personnages.

• Sur une estrade, **Jules César** porte une toge rouge et une couronne de lauriers. À ses pieds, des armes sont posées.

• **Vercingétorix** est représenté sur son cheval et domine César. Derrière lui, l'oppidum (village fortifié) d'Alésia brule.

2. J'interprète ce tableau.

→ Ce tableau montre **Vercingétorix** qui **jette ses armes aux pieds de César** à Alésia en – 52. Le peintre, du XIXe siècle, a voulu donner au Gaulois **une image de héros** en le représentant sous des airs de vainqueur.

INFO PARENTS

Proposez à votre enfant de lire les aventures d'Astérix et Obélix en l'aidant à repérer les éléments réels (par exemple le nom des dieux) et ceux inventés (la potion magique).

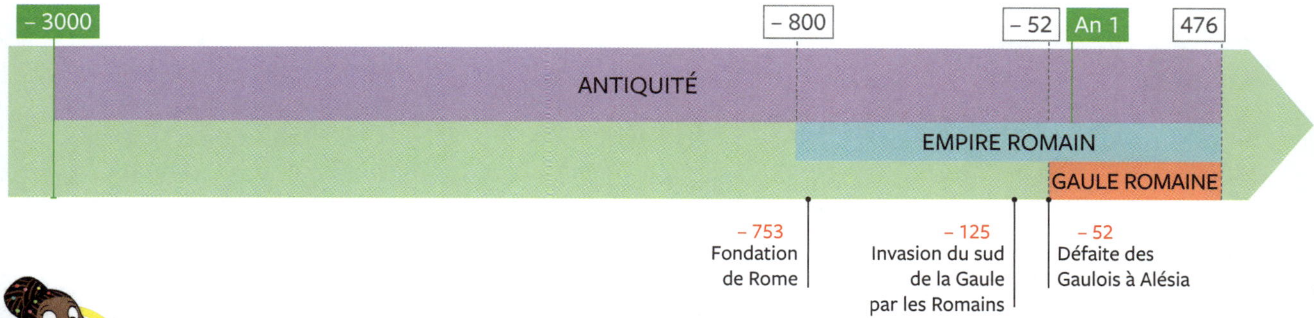

Je m'entraine

1 QUIZ **Coche les bonnes réponses.**

a. Les Gaulois ne sont pas guerriers. ☐

b. Les Romains envahissent la Gaule. ☐

c. En 152, Jules César bat Vercingétorix. ☐

d. Les Gaulois remportent la bataille d'Alésia. ☐

2 Écris le groupe de mots qui convient pour chaque définition.

un oppidum – déposer les armes – faire le siège

a. Encercler un lieu pour obliger les habitants à se rendre. ....

b. Village fortifié, entouré de murs de pierres et d'une palissade de bois. ....

c. Se rendre, arrêter le combat.

....

3 Observe cette technique de l'armée romaine. Coche les bonnes réponses.

Formation en tortue

a. Cette technique permet :

☐ de se protéger des tirs de flèches et de lances.

☐ de tirer sur les adversaires.

b. Cette technique porte le nom de tortue car :

☐ les boucliers forment comme une carapace.

☐ les boucliers sont en écailles de tortue.

jeu malin

Retrouve le nom des vêtements et accessoires du guerrier gaulois grâce au code suivant.

A→1	B→2	C→3	D→4	E→5	F→6	G→7
H→8	I→9	J→10	K→11	L→12	M→13	N→14
O→15	P→16	Q→17	R→18	S→19	T→20	U→21
V→22	W→23	X→24	Y→25	Z→26		

a. 12-1-14-3-5

b. 3-1-19-17-21-5

c. 3-1-16-5

d. 2-15-21-3-17-9-5-18

e. 20-21-19-9-17-21-5

f. 2-18-1-9-5-19

g. 5-16-5-5

a. ....

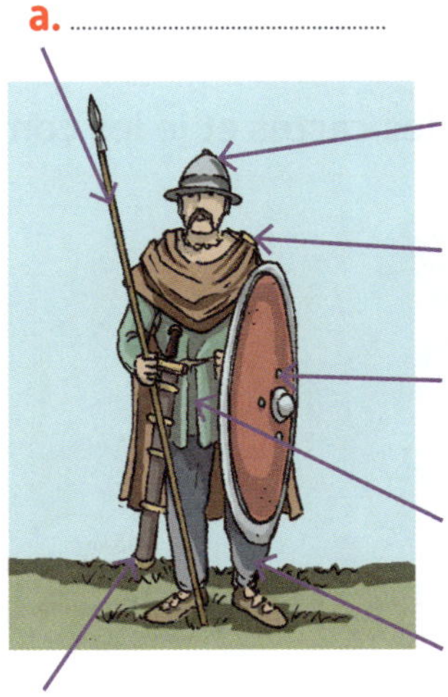

b. ....

c. ....

d. ....

e. ....

f. ....

g. ....

Bravo, tu as terminé !

Entoure ton smiley.

Corrigés page 28 du *Guide parents*

7 Le système féodal et le château fort

Pour commencer

De quelle période la chute de l'empire romain marque-t-elle le début ?

J'apprends

Après la chute de l'Empire romain, **le royaume des Francs se forme.**
Au VIIIe siècle, **Charlemagne fonde un empire vaste et puissant**. Il fait régner la paix en confiant certaines régions à ses plus fidèles soldats, les comtes.
Mais **ses successeurs sont incapables de défendre les populations** des bandits et des envahisseurs.

- **Les comtes** décident de gérer seuls leur territoire. Ils **instaurent la féodalité**, système de droits et de devoirs réciproques.
- Le comte confie la défense d'une parcelle de son territoire à **un baron** à qui il fait jurer fidélité. **Ce vassal doit payer des impôts et combattre en temps de guerre aux côtés de son suzerain, en échange de sa protection** [→ exercice 3]. Devenu **seigneur d'un fief**, le baron confie une terre à cultiver aux paysans, qui doivent payer des impôts en échange de sa protection.
- La vie du seigneur, des paysans, des soldats et des artisans s'organise dans **un château fort**. Dans cette forteresse de pierre, **tout est prévu pour faire face à un siège** : des entrepôts avec des provisions, des écuries, des magasin et des fours.

Je comprends comment faire

▶ Pour comparer deux cartes historiques

J'observe les cartes et je les compare.

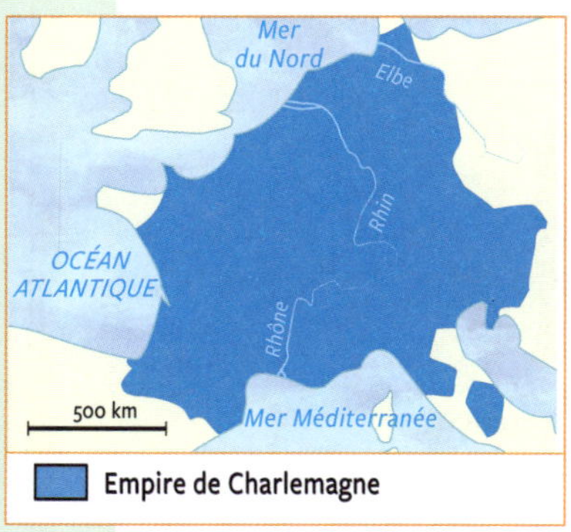

Empire de Charlemagne en 814

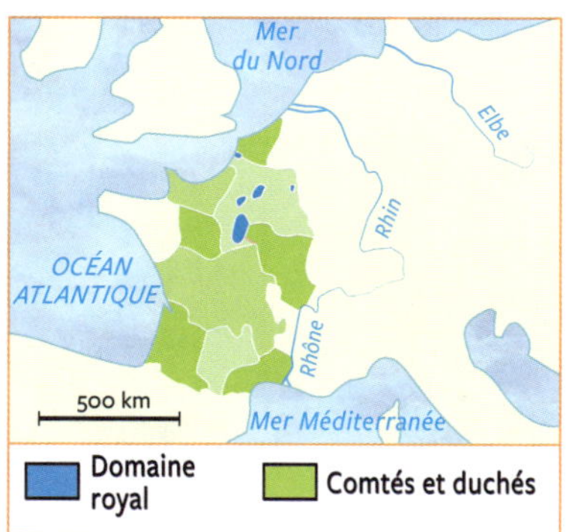

Le royaume en 987

- **L'empire de Charlemagne** s'étend sur une grande partie de l'Europe.
- Sur la deuxième carte, **j'associe le vert aux comtés et duchés** et je constate qu'ils sont plus vastes que le domaine royal, réduit à cinq parcelles.

→ **Entre 814 et 987, le domaine du roi a diminué.**

Les successeurs de Charlemagne ont perdu des terres au profit des comtes et des ducs. **Le pouvoir royal s'est affaibli.**

INFO PARENTS

Vous pouvez visiter des châteaux forts et demander à votre enfant d'en dessiner un.

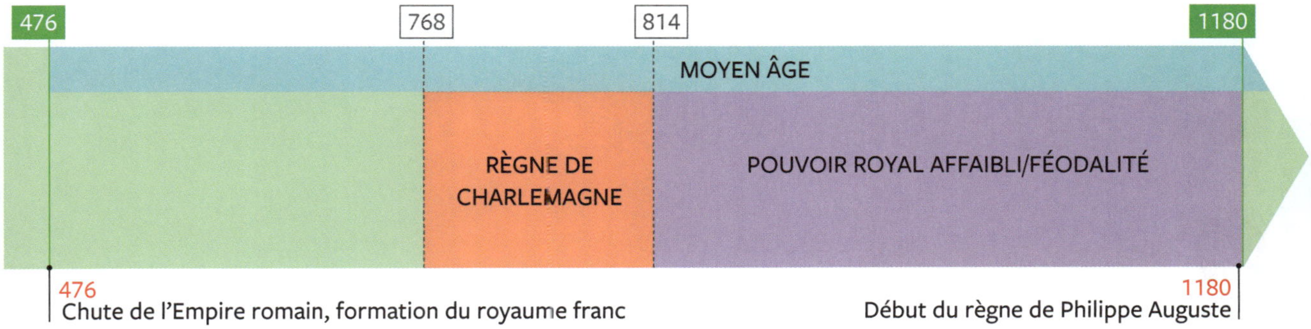

Je m'entraine

1 QUIZ Coche Vrai ou Faux.

a. Les successeurs de Charlemagne ont agrandi le royaume.

☐ Vrai ☐ Faux

b. Les rois de France inventent le système féodal pour gérer le royaume.

☐ Vrai ☐ Faux

c. Le baron est à la fois vassal et seigneur.

☐ Vrai ☐ Faux

d. Le seigneur est le seul à habiter le château.

☐ Vrai ☐ Faux

2 Numérote les parties du château fort.

1. les douves – **2.** le donjon – **3.** le pont-levis et la herse **4.** les meurtrières

3 Observe l'illustration et complète les phrases avec les mots suivants.

vassal – fidélité – suzerain – fief – terre – paysans – impôts – seigneur

a. Le comte est le .... Il donne un .... à chaque baron qui devient son .... et qui lui jure ....

b. Le baron est le .... Il confie une .... à cultiver aux .... qui en échange lui payent des ....

jeu malin

Réponds à cette devinette. Tu peux t'aider de l'exercice 2.

En cas de danger, on me relève pour empêcher les attaquants de pénétrer dans le château. Je suis ....

Bravo, tu as terminé !

Entoure ton smiley.

🙁 🙂 😀

Corrigés page 28 du *Guide parents*

8 Droits et devoirs de l'enfant et de l'élève

Pour commencer

Les lois sont-elles différentes ou les mêmes dans tous les pays ?

J'apprends

Pour que chacun puisse vivre en sécurité et profiter de sa liberté, des règles sont indispensables.

• **En classe**, **des règles de civilité** définissent les façons de se comporter et de vivre ensemble. Ces règles **de politesse, de courtoisie et de respect des autres** organisent le fonctionnement du groupe. Elles peuvent être écrites dans **un règlement**. Ce document peut être signé afin de marquer l'engagement à le respecter.

• **Les lois** sont rédigées **pour l'ensemble des Français**. Elles **fixent les droits et les devoirs et prévoient des sanctions** si elles ne sont pas respectées. Des aménagements sont prévus pour les enfants.
Il existe aussi **une Convention internationale des droits de l'enfant** qui date de 1989. Ce texte, signé par 197 pays, reconnait l'enfant comme un être vulnérable et le protège en lui accordant des droits particuliers.

Je comprends comment faire

▶ Pour lire et comprendre un article

Article 2

1. Les États [...] s'engagent à respecter les droits [...] et à les garantir à tout enfant [...] indépendamment de toute considération de race, de couleur, de sexe, de langue, de religion, d'opinion politique ou autre de l'enfant ou de ses parents [...], de leur origine nationale, ethnique ou sociale, de leur situation de fortune, de leur incapacité, de leur naissance ou de toute autre situation.
2. Les États [...] prennent toutes les mesures [...] pour que l'enfant soit [...] protégé contre toutes formes de discrimination ou de sanction motivées par la situation juridique, les activités, les opinions déclarées ou les convictions de ses parents [...].

Extrait de la Convention des droits de l'enfant (1989)

1. Je lis l'article.

• La première partie présente **les différences entre les enfants**.

• La deuxième affirme **qu'ils ne sont pas responsables** de ce que font ou pensent leurs parents.

2. Je comprends l'article.

Par l'article 2, **les pays s'engagent à respecter les droits et à protéger tous les enfants des injustices** dont ils peuvent être victimes à cause de leurs différences ou des actes et opinions de leurs parents.

INFO PARENTS

Prenez appui par exemple sur le code de la route pour que votre enfant comprenne l'importance de règles communes.

Je m'entraine

1 QUIZ Coche Vrai ou Faux.

a. Chacun est libre et fait ce qu'il veut. ☐ Vrai ☐ Faux

b. Pour vivre ensemble, chacun doit avoir un comportement adapté. ☐ Vrai ☐ Faux

c. En France, les lois sont adaptées aux enfants. ☐ Vrai ☐ Faux

d. Signer un document ou une lettre ne sert à rien. ☐ Vrai ☐ Faux

e. Les enfants ont des droits mais aucun devoir. ☐ Vrai ☐ Faux

f. Il peut y avoir des règlements différents d'une école à une autre mais les lois concernent tout le monde. ☐ Vrai ☐ Faux

2 Associe les dessins aux articles de la Convention des droits de l'enfant.

a. 

b. 

c. 

d. 

e. 

f. 

- Art. 9 : interdiction d'être maltraité
- Art. 28 : droit d'aller à l'école
- Art. 27 : droit à une alimentation suffisante et saine
- Art. 31 : droit aux loisirs
- Art. 32 : interdiction d'être exploité par le travail
- Art. 38 : interdiction d'être victime de la guerre

3 Lis le texte et réponds à l'oral aux questions.

CHARTE DU BON USAGE DES ORDINATEURS ET D'INTERNET À L'ÉCOLE

- Je prends soin du matériel informatique.
- J'utilise le matériel pour apprendre et progresser.
- Je respecte les documents des autres utilisateurs.
- **Sur Internet :**
  - je ne donne aucune information personnelle,
  - je m'exprime avec courtoisie et politesse,
  - j'alerte un adulte si je découvre un courriel inhabituel.

Signature de l'élève :

a. Recherche dans ton dictionnaire la définition du mot charte.

b. Qu'est-ce qui est réglementé par cette charte ?

c. À qui s'adresse-t-elle ?

d. À ton avis, pourquoi est-ce important de prendre soin du matériel informatique ?

e. À quoi s'engage l'élève en signant la charte ?

jeu malin

Suis les fils pour retrouver ce que représente chaque illustration.

Bravo, tu as terminé !

Entoure ton smiley.

Corrigés page 28 du *Guide parents*

9 Le handicap

Pour commencer

Cite au moins un type de handicap.

J'apprends

Une personne en situation de handicap est une personne qui est **diminuée mentalement ou physiquement,** et **ne peut** donc **pas faire certaines choses**.

- **Les causes des handicaps sont variées**. Certains handicaps existent depuis la naissance et d'autres surviennent après un accident ou une maladie.
- Malgré leur invalidité, **les personnes en situation de handicap ont beaucoup d'autres capacités.** Comme tout le monde, elles ont **le droit au respect et aux mêmes chances de réussite**. Aujourd'hui, si quelqu'un ne respecte pas ces droits, cela s'appelle **de la discrimination**. Il peut être condamné.
- **Pour compenser le handicap, des aménagements sont prévus**. Ils facilitent l'accès aux bâtiments, aux transports, au travail...
- Dans les écoles, des **accompagnants des élèves en situation de handicap (AESH)** peuvent aider les élèves en situation de handicap. Ils leur permettent de se déplacer, de prendre des notes, de retenir des leçons.

Je comprends comment faire

▶ Pour décrire et interpréter des pictogrammes

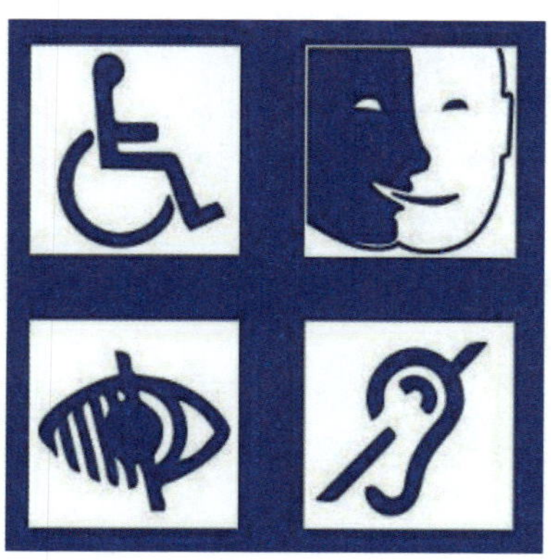

Les pictogrammes des différents handicaps

1. Je décris les pictogrammes.

- Sur le premier est dessinée une personne en **fauteuil roulant**.
- Sur le deuxième, **un visage de profil et un autre de face** se mêlent.
- Le troisième et le quatrième représentent **un œil** et **une oreille barrés**.

2. J'interprète les pictogrammes.

Ces dessins évoquent **les handicaps moteur, intellectuel ou mental, visuel et auditif.**

INFO PARENTS

N'hésitez pas à faire découvrir à votre enfant les talents de personnes célèbres porteuses d'un handicap, comme Grand Corps Malade, Beethoven, Michel Petrucciani, Jamel Debbouze, Mimi Mathy, Christopher Reeve...

Je m'entraine

1 QUIZ Coche Vrai ou Faux.

a. Une personne en situation de handicap ne peut pas faire certaines choses.

☐ Vrai ☐ Faux

b. Il n'y a pas besoin d'aménagements particuliers.

☐ Vrai ☐ Faux

c. La discrimination est autorisée.

☐ Vrai ☐ Faux

d. Les élèves en situation de handicap sont aidés par des AESH.

☐ Vrai ☐ Faux

e. Il existe plusieurs causes de handicap.

☐ Vrai ☐ Faux

2 Lis et réponds aux questions à l'oral.

Les jeux paralympiques

- Ils ont lieu tous les 4 ans à la suite des jeux olympiques.
- Ils réunissent des athlètes handicapés de tous les pays qui pratiquent un handisport.
- Un handisport est un sport dont les règles ont été aménagées pour être pratiqué par des personnes handicapées.

a. Qui participe aux jeux paralympiques?

b. Qu'est-ce qu'un handisport?

c. Quels sont les sports représentés par les illustrations?

d. À quel autre grand évènement les jeux paralympiques sont-ils associés?

3 1. Observe la photo et lis le texte.

Il est interdit de se garer sur une place de parking réservée aux handicapés si on ne dispose pas d'une carte spécifique. Celui qui ne respecte pas cette règle s'expose à une amende de 135 euros.

2. Coche les bonnes réponses.

a. Les places pour personnes handicapées sont signalées par :

☐ des panneaux. ☐ un emplacement bleu.

b. Par rapport aux entrées des bâtiments, ces places réservées sont :

☐ éloignées. ☐ proches.

c. Pour utiliser ces places de parking, il faut avoir une carte :

☐ d'identité. ☐ spécifique.

d. Si on ne respecte pas la loi, on risque une contravention de :

☐ 25 €. ☐ 135 €.

jeu malin

Écris le type de handicap selon sa définition.

a. Difficultés à réfléchir, communiquer...

C'est un handicap ....

b. Difficultés à se déplacer ou à bouger certaines parties du corps.

C'est un handicap ....

c. Forte diminution ou absence de l'ouïe.

C'est un handicap ....

d. Forte diminution ou absence de la vue.

C'est un handicap ....

Bravo, tu as terminé !

Entoure ton smiley.

Corrigés page 29 du *Guide parents*

10 Repères, continents et océans

Pour commencer
Quelle est la forme de la Terre ?

J'apprends

Vue de l'espace, **la Terre ressemble à une boule bleue.**

La Terre vue de l'espace

- C'est parce qu'elle est recouverte par **cinq gigantesques étendues d'eau appelées des océans.** Le plus grand est **l'océan Pacifique**. Les mers, qui sont des zones moins grandes, couvrent aussi une partie de la planète.
- La Terre compte également **six continents**. Ce sont de **vastes étendues de terre**, ou bien un **ensemble d'iles comme l'Océanie** qui est le plus petit continent. À cause du climat, l'Antarctique, **situé au pôle Sud**, est recouvert de neige et de glace toute l'année. C'est le seul continent non habité.
- **Pour se repérer**, les géographes ont découpé la Terre en deux hémisphères le long d'une ligne imaginaire : **l'équateur**. Ils ont nommé le point le plus au nord **le pôle Nord**, et à l'opposé se trouve **le pôle Sud**.

Je comprends comment faire

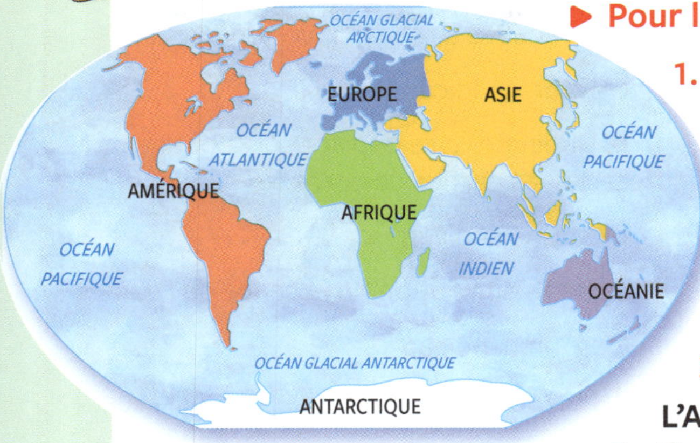

Planisphère des océans et continents

▶ **Pour lire et interpréter une carte**

1. Je décris la carte.

- **Les océans et les mers** recouvrent **la plus grande partie** de la Terre.
- L'Europe et l'Asie se partagent la même étendue de terre. On la nomme parfois **l'Eurasie**.

2. J'interprète la carte.

L'Asie est le **plus vaste continent** mais l'océan Pacifique est quatre fois plus grand que lui.

Au pôle Nord, il n'y **a pas de terre**, la surface qui s'y trouve est en fait **un océan gelé**.

INFO PARENTS

Invitez votre enfant à manipuler un globe terrestre ou à utiliser un planisphère, à y repérer les continents, les océans, certains pays…

Je m'entraine

1 QUIZ Coche les bonnes réponses.

a. Vue de l'espace, la Terre ressemble à une boule jaune. ☐

b. Il y a sept océans. ☐

c. Le Pacifique est le plus vaste océan. ☐

d. L'Océanie est le plus grand continent. ☐

e. La Terre est séparée en deux hémisphères. ☐

2 Entoure en vert les noms des continents et en bleu ceux des océans.

a. Asie
b. Arctique
c. Amérique
d. Afrique
e. Atlantique
f. Antarctique
g. Océanie
h. Europe
i. Indien
j. Pacifique

3 Écris les noms au bon endroit.

hémisphère sud – équateur – pôle Nord – pôle Sud – hémisphère nord

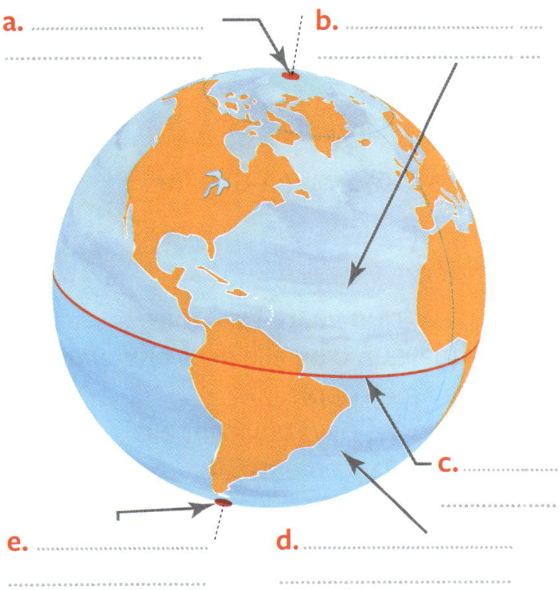

4 Réponds aux questions.

a. Quel continent porte le même nom qu'un océan?

b. À quoi servent l'équateur et les pôles?

c. Quels sont les trois continents présents dans les deux hémisphères?

d. Sur quel continent se situe la France?

e. Quel océan borde la France?

f. Quel continent entoure le pôle Sud?

g. Quel océan se solidifie pour former une immense surface?

jeu malin

Grâce au code, écris les mots à côté de leur définition.

A→B	B→C	C→D	D→E	E→F	F→G	G→H
H→I	I→J	J→K	K→L	L→M	M→N	N→O
O→P	P→Q	Q→R	R→S	S→T	T→U	U→V
V→W	W→X	X→Y	Y→Z	Z→A		

a. C'est une ligne imaginaire qui sépare le globe en deux :

DPTZSDTQ ....

b. C'est une vaste étendue de terre ou un ensemble d'iles :

BNMSHMDMS ....

c. Ce sont les points situés aux extrémités de la planète :

ONKDR ....

d. C'est une gigantesque étendue d'eau :

NBDZM ....

Bravo, tu as terminé !

Entoure ton smiley.

Corrigés page 29 du *Guide parents*

11 La France dans le monde

Pour commencer

Quel océan borde la France métropolitaine ?

J'apprends

Au cours de son histoire, la France a étendu son pouvoir au-delà de la **France métropolitaine** (le territoire français situé en Europe). Elle a envahi **des territoires outre-mer,** c'est-à-dire de l'autre côté des mers.

• Elle en possède encore certains. **Ce sont majoritairement des iles**. La France est ainsi présente **dans tous les océans, sauf en Arctique**.
Les cinq départements et régions d'outre-mer (DROM) fonctionnent comme la France métropolitaine : ce sont les mêmes lois et la même organisation. Il s'agit de **la Guyane** et des iles de **la Réunion**, de **la Martinique**, de **la Guadeloupe** et de **Mayotte**.
Les autres territoires d'outre-mer (Nouvelle-Calédonie, Polynésie française...) ont une plus grande autonomie.

• **Certains pays** se sont détachés de la France et ont regagné leur indépendance mais **la langue française est devenue leur langue officielle** ou bien **la langue la plus parlée par les habitants.**
Les zones **francophones** (où on parle le français) se situent essentiellement dans les pays voisins, la Suisse, la Belgique et le Luxembourg, mais aussi en Afrique, en Asie du Sud-Est ou au Canada.

Je comprends comment faire

Pour lancer une fusée dans l'espace, il faut moins de carburant si on est situé près de l'équateur.

▶ Pour lire et interpréter une photo légendée

1. Je décris la photo et lis le texte.

• J'observe **la fusée** sur sa rampe de lancement.

• Je comprends que cela se passe **à Kourou en Guyane**, près de l'équateur.

2. J'interprète la photo légendée.

La Guyane permet à la France d'avoir **un vaste territoire peu peuplé à proximité de l'équateur,** d'où elle peut **envoyer des fusées à moindre cout** qu'en métropole.
Cette **situation** est **enviée** par d'autres pays qui n'ont pas de lieux pour construire une base de lancement.

Rampe de lancement de la fusée Ariane depuis la base de Kourou en Guyane

INFO PARENTS

Aidez votre enfant à repérer les cinq DROM sur une carte du monde.

Je m'entraine

1 QUIZ Coche les bonnes réponses.

a. Les territoires français sont situés dans :
☐ quatre océans. ☐ cinq océans.

b. Parmi les DROM, il y a :
☐ la Nouvelle-Calédonie. ☐ la Réunion.
☐ la Guadeloupe. ☐ la Polynésie française.

c. La base de lancement française se situe :
☐ en Guyane. ☐ en France métropolitaine.

d. Il y a beaucoup de francophones :
☐ en Europe. ☐ en Afrique. ☐ en Océanie.

2 Observe la carte et réponds aux questions.

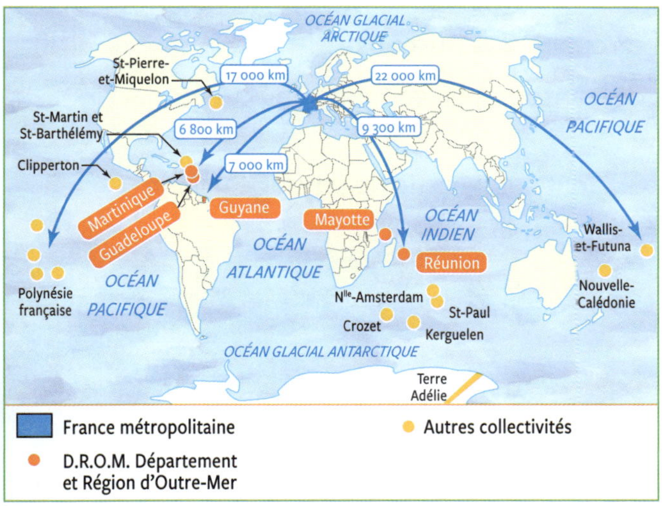

a. Sur quel continent la France n'a-t-elle pas de territoire? ....

b. Quels sont les deux territoires qui ne sont pas des iles? ....

c. Quelle est la collectivité la plus éloignée de la France métropolitaine?

....

d. Dans quel hémisphère se situe la France métropolitaine?

....

e. Dans quel hémisphère se situent la plupart des autres territoires?

....

3 Observe le graphique et écris Vrai (V) ou Faux (F).

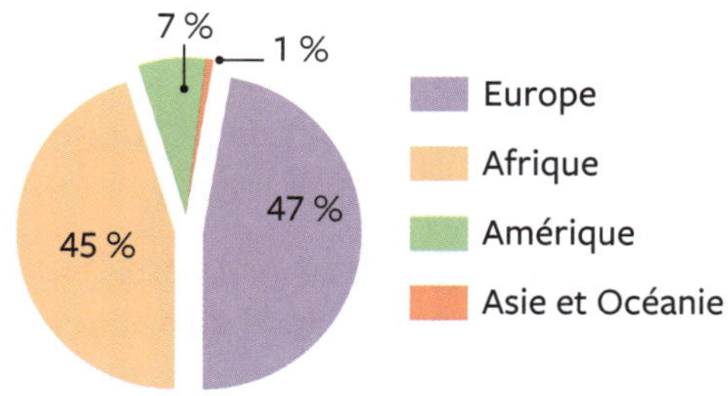

Les francophones dans le monde

a. Les francophones habitent en France. ....

b. L'Europe est le continent le plus francophone. ....

c. L'Antarctique n'est pas représenté parce que ce continent n'est pas habité. ....

d. En Afrique, on parle très peu le français. ....

e. Il y a peu de francophones en Asie et en Océanie. ....

jeu malin

Entoure le nom des cinq DROM.

M	A	R	T	I	N	I	Q	U	E	K
G	U	A	F	E	S	J	U	R	O	G
Q	I	G	T	U	N	O	C	E	M	I
W	G	U	A	D	E	L	O	U	P	E
L	O	Y	I	F	U	I	X	N	O	B
M	A	A	R	R	T	I	N	I	O	F
R	E	N	U	E	U	X	J	O	I	T
G	L	E	M	U	E	T	O	N	V	I
Z	E	R	M	A	Y	O	T	T	E	P

Bravo, tu as terminé !

Entoure ton smiley.

Corrigés page 29 du *Guide parents*

12 Les paysages urbains et la vie en ville

Pour commencer
À quoi ressemblent la plupart des logements en ville ?

J'apprends

Station de métro parisienne

Les traces de l'homme sont présentes partout dans le paysage urbain. C'est lui qui a construit les villes (plus de 2000 habitants).

- **Pour loger** les nombreux habitants, **les immeubles** sont souvent **collectifs** et **rapprochés**. De **grands ensembles** de tours ou de barres, ou bien **des lotissements** de pavillons, sont construits **dans les villes de banlieue.**
- **Pour les achats**, **les commerces** jalonnent la ville. **Les centres commerciaux** sont situés en **périphérie**.
- **Pour les loisirs**, les citadins ont accès aux **cinémas**, **théâtres**, **équipements sportifs**, mais aussi à des **parcs** et des **jardins**.
- **Pour travailler**, des quartiers d'affaires regroupent **les bureaux**.
- **Pour se déplacer**, les citadins disposent de transports en commun (bus, métro, tramway). La circulation est importante.
- Des **bâtiments publics** (écoles, hôpitaux...) font aussi partie du **paysage urbain**.

Je comprends comment faire

▶ Pour lire et interpréter un diagramme

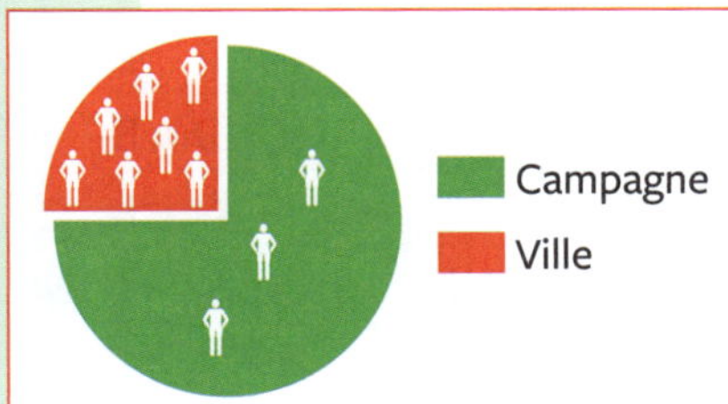

Répartition de la population en France

1. Je lis le diagramme.

- Les deux couleurs représentent les lieux d'habitation.
- **Les villes** représentent **un quart du territoire français**.
- Je compte les personnes. Je comprends que **sur 10 personnes, 7 vivent en ville et 3 à la campagne**.

2. J'interprète le diagramme.

Les villes occupent une petite partie du territoire alors que la majorité des Français y habite. Les espaces de vie sont donc plus réduits.

INFO PARENTS
Vous pouvez demander à votre enfant de dessiner le plan de la ville de ses rêves.

Je m'entraine

1 QUIZ Coche Vrai ou Faux.

a. En ville, peu de personnes habitent sur un grand espace. ☐ Vrai ☐ Faux

b. Les constructions et aménagements de l'homme sont partout dans un paysage urbain. ☐ Vrai ☐ Faux

c. Dans une ville, il y a des commerces et des lieux de loisirs. ☐ Vrai ☐ Faux

d. Dans une ville, il y a au moins une école. ☐ Vrai ☐ Faux

e. Les citadins habitent souvent dans des immeubles collectifs. ☐ Vrai ☐ Faux

f. Les jardins et les parcs ne sont pas des espaces aménagés par l'homme. ☐ Vrai ☐ Faux

2 Coche ce qui caractérise le paysage urbain.

a. des tours ☐

b. un champ ☐

c. des immeubles ☐

d. une montagne ☐

e. une route ☐

f. un lotissement ☐

g. un cinéma ☐

h. un centre commercial ☐

3 Réponds aux questions.

a. Comment sont la plupart des habitations en ville?

....

b. Comment s'appellent les quartiers qui regroupent les bureaux?

....

c. Pourquoi n'y a-t-il pas une majorité de maisons individuelles?

....

d. Pourquoi l'homme a-t-il créé des banlieues?

....

e. Quel est le transport représenté sur la photo de la page 142?

....

jeu malin

Retrouve les mots qui correspondent aux définitions grâce au code suivant.

A	B	C	D	E	G	I	L
▶	❄	♈	♐	☼	♒	♌	★
N	**P**	**R**	**S**	**T**	**U**	**Y**	
💧	⌖	✪	■	♊	♓	⌑	

a. Ensemble des territoires qui entourent une ville. ❄▶💧★♌☼♓☼

....

b. Ensemble des choses que l'on voit autour de soi. ⌖▶⌑■▶♒☼

....

c. Paysage de ville. ⌖▶⌑■▶♒☼ ♓✪❄▶♌💧

....

d. Habitant de la vile. ♈♌♊▶♐♌💧

....

Bravo, tu as terminé !

Entoure ton smiley.

Corrigés page 29 du *Guide parents*

13 Les paysages ruraux et la vie à la campagne

Pour commencer

À quoi ressemblent la plupart des logements à la campagne ?

J'apprends

Un **paysage rural** est un paysage de campagne. La **nature** y est **présente** mais souvent **aménagée**. Rares sont les paysages ruraux entièrement naturels.

• Les habitants vivent pour la plupart dans des **maisons individuelles**. Elles sont rattachées à **des villages** qui comptent moins de 2000 habitants.

• **Les services disponibles** (médecin, commerces, école...) **dépendent de la taille du village**. Certains n'ont qu'**une mairie** mais pas d'école. Pour la santé, les achats et les loisirs, il faut se rendre **dans la ville voisine.**

• À la campagne, **les emplois** sont liés à **l'agriculture** et **au tourisme**. Mais de nombreux habitants se rendent en ville pour y travailler.

• Pour **leurs déplacements**, ils utilisent **la voiture**. Il existe parfois **des bus scolaires** qui conduisent les enfants à l'école dans un village voisin.

Je comprends comment faire

▶ Pour lire un paysage

Paysage de campagne

1. J'observe la photo.

- Les lignes permettent de **repérer 3 plans**.
- Je regroupe **les éléments semblables**.

→ Les maisons font partie du même plan.

2. Je décris.

- **Au premier plan**, le plus proche de nous, je vois des arbres.
- **Au deuxième**, les maisons individuelles sont regroupées. C'est un village.
- **À l'arrière-plan**, je repère une route, des prés et des champs.

3. J'interprète.

C'est **un paysage rural** dans lequel **les traces de l'homme sont visibles**.

INFO PARENTS

Si vous y habitez ou lors de vos déplacements, aidez votre enfant à repérer tous les éléments présents uniquement à la campagne.

Je m'entraine

1 QUIZ Coche Vrai ou Faux.

a. À la campagne, il y a beaucoup de logements collectifs. ☐ Vrai ☐ Faux

b. Pour trouver un hôpital, il faut se rendre en ville. ☐ Vrai ☐ Faux

c. Tous les villages ont une mairie. ☐ Vrai ☐ Faux

d. Tous les habitants de la campagne y travaillent. ☐ Vrai ☐ Faux

e. Pour lire un paysage, il faut regrouper les éléments semblables. ☐ Vrai ☐ Faux

f. Tous les villages ont une école et un médecin. ☐ Vrai ☐ Faux

2 Coche les paysages ruraux.

a. ☐

b. ☐

c. ☐

d. ☐

e. ☐

f. ☐

3 Lis le tableau puis réponds oralement aux questions.

Les obligations du maire

Ordre, propreté et sécurité
• organise l'entretien de la ville • décide des règles de circulation, et de baignade
État civil
• enregistre les naissances et les décès • célèbre des mariages
Éducation
• fournit les locaux et le matériel pour accueillir les écoles • ou envoie les enfants dans l'école d'un autre village s'ils ne sont pas assez nombreux.

a. Quelles informations fournit ce tableau?

b. À ton avis, pourquoi est-ce important de connaitre le nombre de naissances et de décès?

c. Dans un village où il n'y aurait que trois enfants, où iraient-ils à l'école?

d. Quelles sont les règles décidées par le maire?

e. Pourquoi la présence d'une mairie est-elle nécessaire pour les habitants?

jeu malin

Charade.

Mon premier est la première lettre de l'alphabet.

Mon second est la couleur de l'éléphant.

Mon troisième est l'action pour produire des végétaux.

Mon tout est l'un des principaux secteurs d'activités à la campagne.

....

Bravo, tu as terminé !

Entoure ton smiley.

Corrigés page 29 du *Guide parents*

14 Les autres paysages français

Pour commencer

Comment s'appellent les paysages de la ville et de la campagne ?

J'apprends

Les paysages français peuvent être définis **en fonction du relief et des éléments naturels qui les composent**.

- Dans les **paysages littoraux, la terre et la mer se rencontrent**. Ils se situent sur les 3000 km de **côtes françaises** qui peuvent être **sableuses**, **marécageuses** ou **rocheuses**. On y trouve aussi **des ports de pêche ou de commerce**.
- Dans les **paysages montagnards**, le **relief** est **important**.
Les terres aux pentes prononcées se situent au-dessus de 500 m. Plus on s'élève et plus le climat est rude. **La végétation** (prés, forêts) et la population **d'abord denses se raréfient dans les sommets**.
- Les **paysages de plaine** sont essentiellement **agricoles.**
Ils sont composés de grands champs aux formes géométriques (appelés **openfields)**, de petits champs fermés (**le bocage**), mais aussi d'espaces réservés aux **cultures délicates** comme la vigne, les fleurs, les fruits et légumes.

Je comprends comment faire

▶ Pour lire et interpréter un tableau

Les Falaises d'Étretat de Claude Monet, 1885

1. Je décris le tableau.

- Avec la présence de la mer et de la terre, je comprends qu'il s'agit d'un paysage littoral.
- Les côtes sont abruptes et blanches.
- Je remarque une arche et une aiguille rocheuses dans l'eau.

2. J'interprète le tableau.

Comme d'autres peintres, Claude Monet a été inspiré par les côtes rocheuses d'Étretat en Normandie. Il a peint les falaises calcaires ainsi que l'aiguille et l'arche façonnées par l'eau au fil du temps.

INFO PARENTS

Lors de vos vacances, demandez à votre enfant de dessiner le lieu où il se trouve et de le comparer avec son lieu d'habitation habituel.

Je m'entraine

1 QUIZ Coche Vrai ou Faux.

a. Les paysages français sont tous naturels. ☐ Vrai ☐ Faux

b. Il y a plus de 6000 km de côtes en France. ☐ Vrai ☐ Faux

c. Les falaises sont des côtes rocheuses. ☐ Vrai ☐ Faux

d. Il existe trois types de paysages agricoles. ☐ Vrai ☐ Faux

2 Associe chaque paysage à son nom.

a. les openfields

....

b. les littoraux

....

c. les montagnes

....

d. les bocages

....

e. les cultures délicates

....

1.

2.

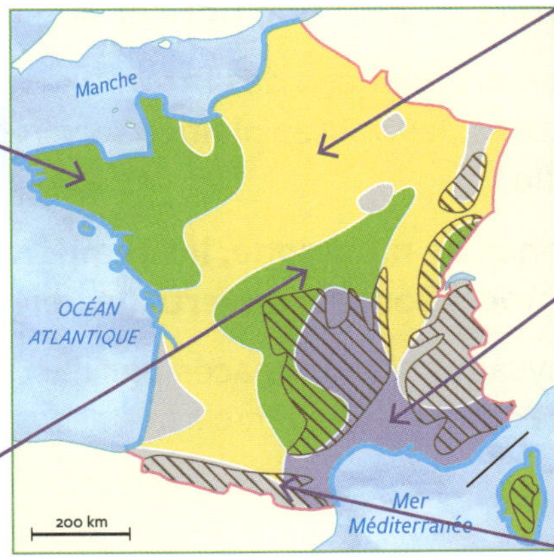

3.

4.

5.

jeu malin

Écris le nom du type de côte en t'aidant du code suivant.

A→1	B→2	C→3	D→4	E→5	F→6	G→7	H→8	I→9	J→10	K→11	L→12	M→13
N→14	O→15	P→16	Q→17	R→18	S→19	T→20	U→21	V→22	W→23	X→24	Y→25	Z→26

a. 13-1-18-5-3-1-7-5-21-19-5

....

b. 19-1-2-12-5-21-19-5

....

Bravo, tu as terminé !

Entoure ton smiley.

😐 🙂 😀

Corrigés page 29 du *Guide parents*

15 Quelques paysages naturels de la planète

Pour commencer
Qui façonne la plupart des paysages ?

J'apprends

Les **paysages naturels** se trouvent dans les **lieux pas ou peu peuplés**. Ils sont variés et **dépendent du climat et du relief**.

- **Dans les zones de températures extrêmes**, se situent **les déserts chauds** ou **froids**. La **végétation** y est **rare voire inexistante** et la **vie difficile**.
- **Dans les zones équatoriales**, à cause des **températures élevées** et des **fortes pluies**, **les forêts** abritent **une flore et une faune abondantes.**
- **Dans les zones éloignées des littoraux,** qui connaissent de **grandes différences de températures, les vastes plaines** sont recouvertes d'**herbes** et d'**arbustes de petite taille.**
- **Dans les zones de montagne, les températures sont basses, même en été. Certains sommets sont recouverts de neige toute l'année.**
- Mais ces **paysages** sont **menacés par l'activité de l'homme et les changements climatiques**. Pour les protéger, certains sites interdisent toute intervention de l'homme.

Je comprends comment faire

▶ Pour lire et interpréter une carte

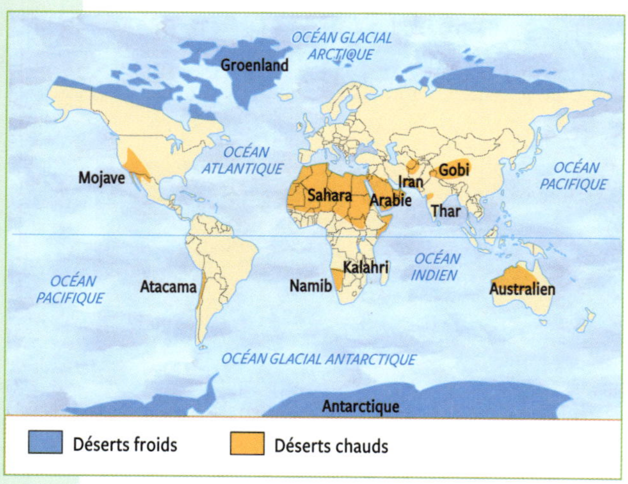

1. Je lis la carte.

J'associe les couleurs aux **différents déserts**. J'observe leur situation sur le planisphère.

2. J'interprète la carte.

Les **déserts froids** se situent **près des pôles** où les températures sont glaciales et empêchent l'installation des hommes. Les **déserts chauds** sont nombreux **en Afrique**. Ils sont aussi présents sur **les continents américain et asiatique ainsi qu'en Australie.**

INFO PARENTS

Évoquez avec votre enfant les gestes écocitoyens qui préservent la nature : trier ses déchets, éteindre les lumières et appareils, économiser l'eau...

Je m'entraine

1 QUIZ Coche les bonnes réponses.

a. Les paysages naturels peuvent être menacés par la présence :

☐ de l'homme. ☐ des animaux.

b. Les paysages avec pas ou peu de végétation sont :

☐ des forêts. ☐ des déserts.

c. Les paysages avec des végétaux de petite taille sont :

☐ des forêts. ☐ des plaines.

d. Les paysages avec une végétation abondante sont :

☐ des forêts. ☐ des sommets.

2 Coche le paysage naturel et explique pour quelle raison il est naturel.

a. ☐

b. ☐

c. ☐

3 Observe cette carte et réponds à l'oral.

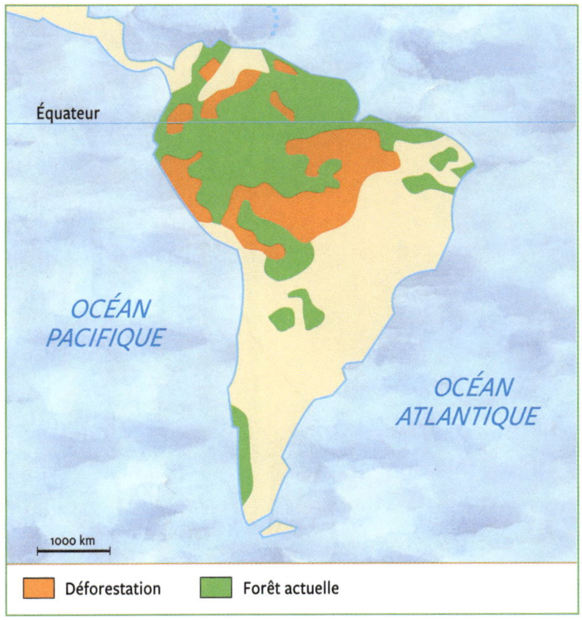

La forêt amazonienne

a. Sur quel continent se trouve la forêt amazonienne (aide-toi de la leçon 10 p. 138) ?

b. Qu'est-ce que la déforestation (tu peux t'aider d'un dictionnaire) ?

c. Que peut-on dire de l'étendue de la déforestation ?

d. À ton avis, que se passe-t-il pour les êtres vivants de la forêt ?

jeu malin

Recopie le nom de chaque paysage naturel qui est écrit en miroir.

a. TÊROF ....

b. ENIALP ....

c. DUAHC TRESÉD ....

d. DIORF TRESÉD ....

Bravo, tu as terminé !

Entoure ton smiley.

Corrigés page 29 du *Guide parents*

SCIENCES

Le monde du vivant, de la matière et des objets

Date Évaluation

La matière

Le vivant

Les objets techniques

1 Les changements d'état

Pour commencer

Quand du linge mouillé est en train de sécher, que devient l'eau qui était dans le linge ?

J'apprends

▶ Les trois états de la matière

Un corps peut être à l'état **solide**, à l'état **liquide**, ou à l'état de **gaz** (comme par exemple l'air). Lorsqu'un corps passe d'un état à un autre état, sa masse ne change pas et sa température reste la même pendant le changement d'état.

▶ Les changements d'état de l'eau

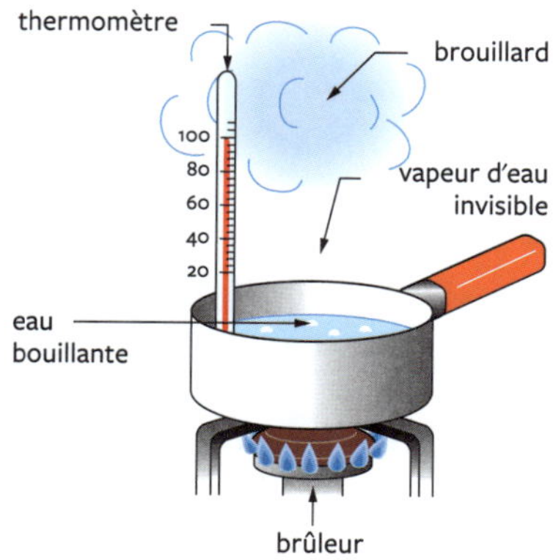

Ébullition de l'eau

• Quand l'eau liquide se refroidit, elle gèle et se transforme en eau solide (**glace**) à zéro degré. C'est aussi à zéro degré que la glace fond (**fusion**) quand elle se réchauffe.

• La **vapeur d'eau** est de l'eau à l'état **gazeux** : elle est invisible. Elle se forme lorsque de l'eau liquide chauffée jusqu'à 100 degrés bout : c'est **l'ébullition**. La vapeur d'eau se forme aussi, mais beaucoup plus lentement, à température ambiante par **évaporation**, quand un objet mouillé sèche petit à petit.

Lorsque la vapeur d'eau qui est dans l'air se refroidit, elle se transforme en gouttelettes d'eau liquide : c'est la **condensation**. C'est ce qui se passe par exemple quand de la **buée** apparait sur des vitres froides.

Buée sur une fenêtre

Je comprends comment ça fonctionne

▶ Les changements d'état de la matière

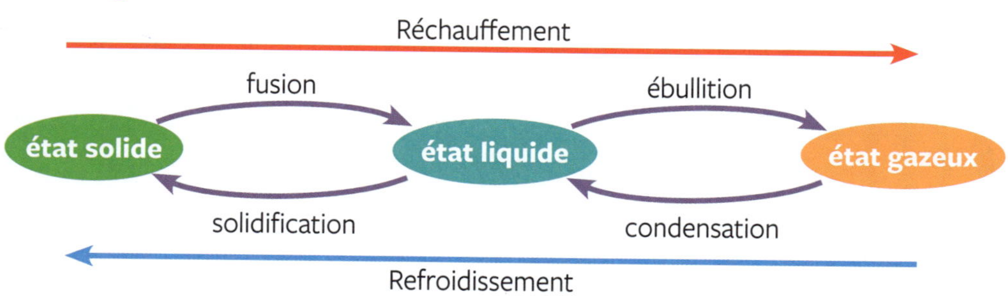

INFO PARENTS

Réalisez l'expérience suivante avec votre enfant : versez un peu d'eau bien répartie sur une assiette chaude et observez la «disparition» (en fait l'évaporation) rapide de l'eau.

Je m'entraine

1 QUIZ Coche la bonne réponse.

a. Qu'est-ce qui s'échappe d'une casserole d'eau bouillante ?

☐ de l'oxygène ☒ de la vapeur d'eau

b. La température de la glace est toujours zéro degré. ☐ Vrai ☒ Faux

c. La vapeur d'eau se condense en eau liquide lorsqu'elle est chauffée. ☐ Vrai ☒ Faux

d. L'eau est la seule substance pouvant être dans plusieurs états. ☐ Vrai ☒ Faux

2 Observe ce dessin et réponds aux questions.

On vient de poser sur un plateau d'une balance un verre rempli de glace. La balance est en équilibre.

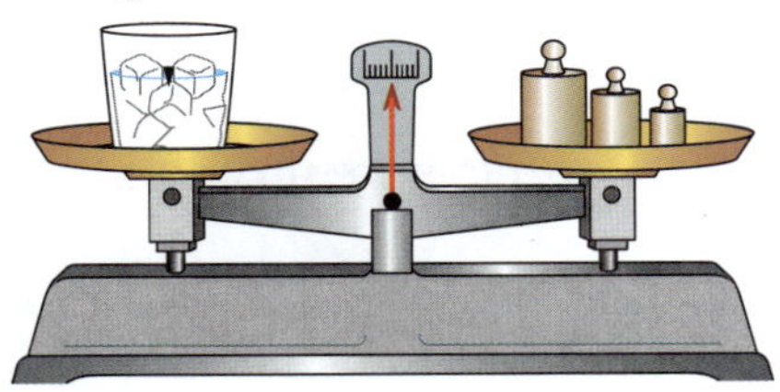

a. Quelle est la température de la glace pendant tout le temps où elle est en train de fondre ? zéro degré

b. Quand toute la glace aura fini de fondre, comment sera le plateau portant le verre ?

☐ plus bas qu'au début

☒ plus haut qu'au début

☐ comme au début

3 Observe ces dessins et réponds oralement aux questions.

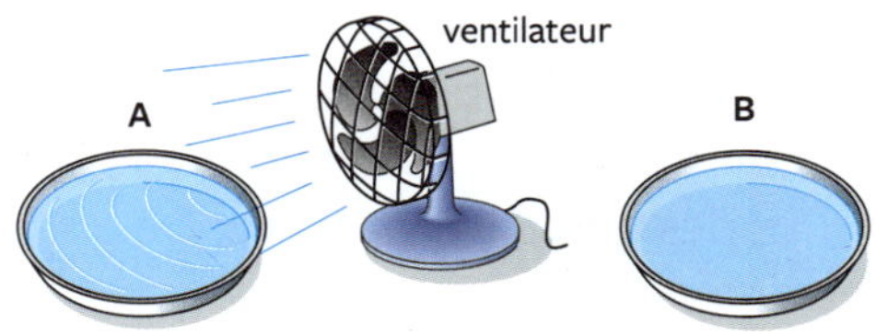

Expérience 1

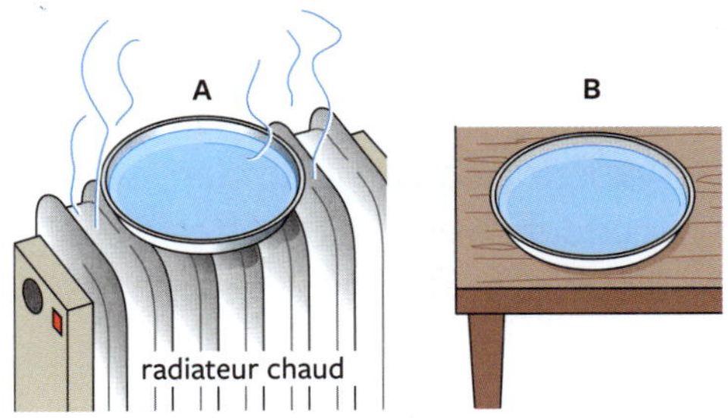

Expérience 2

On met la même quantité d'eau dans deux assiettes identiques. C'est chaque fois dans l'assiette A que l'eau s'évapore le plus vite.

a. Quelles conclusions peux-tu tirer de ces expériences ? La ventilation et la chaleur donne l'évaporation

b. Explique alors pourquoi du linge étendu sèche plus vite quand il y a du soleil et du vent.

Le soleil et le vent donne l'évaporation...

jeu malin

Trouve le mot mystérieux en écrivant les mots correspondant aux définitions.

1. 6e lettre de l'alphabet.

2. État de l'eau quand elle coule.

3. État de l'eau sous forme de glace.

4. Changement d'état de l'eau à 100 degrés.

5. Transformation de l'eau liquide en vapeur d'eau à température ambiante.

1. F
2. LIQUIDE
3. SOLIDE
4. EBULLITION
5. EVAPORATION
6. CONDENSATION

6. Transformation de la vapeur d'eau en eau liquide.

Bravo, tu as terminé !

Entoure ton smiley.

Corrigés page 30 du *Guide parents*

Sciences

2 Le cycle de l'eau dans la nature

Pour commencer

D'où provient l'eau qui forme un nuage ?

J'apprends

▶ De l'eau dans l'air

• Grâce à la **chaleur du Soleil**, de l'eau **s'évapore** partout sur la Terre : à partir des mers et des cours d'eau, du sol, des végétaux, etc. Ainsi, il y a toujours de la **vapeur d'eau** dans l'air.

• Lorsque l'air se refroidit, la vapeur d'eau qu'il contient se condense en gouttelettes d'eau liquide, qui forment les **nuages** ou le **brouillard**.

Le cycle de l'eau dans la nature

▶ Les précipitations

• Dans certains nuages, les gouttes d'eau grossissent et tombent : c'est la **pluie**. S'il fait plus froid, les nuages contiennent des cristaux de glace qui vont former la **neige**.

• L'eau qui tombe sur le sol peut **s'évaporer**, **ruisseler** pour rejoindre un cours d'eau ou **s'infiltrer** dans le sol.

Je comprends comment ça fonctionne

▶ Le cycle naturel de l'eau

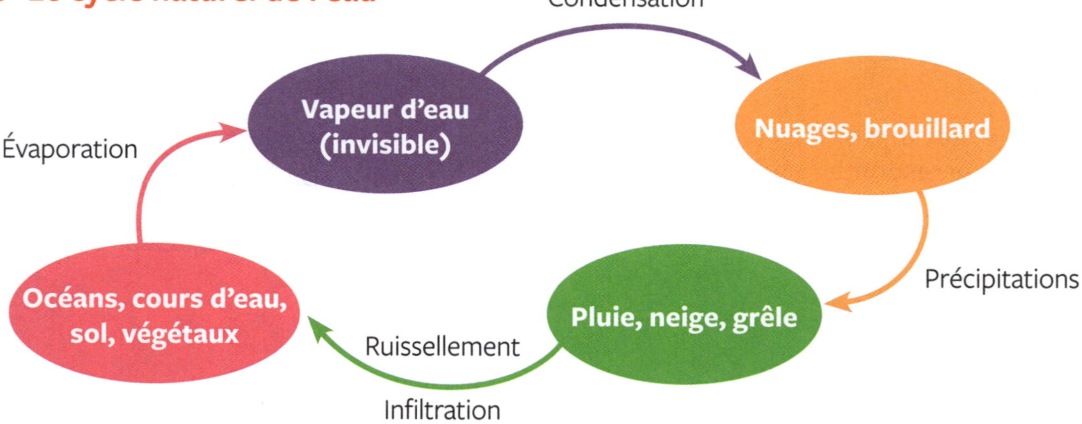

INFO PARENTS

Réalisez avec votre enfant un modèle rudimentaire (croquis) du cycle de l'eau en enfermant un verre d'eau chaude dans un sac en plastique transparent. Observez le brouillard au-dessus du verre et le dépôt de buée sur le plastique.

Je m'entraine

1 QUIZ Coche la bonne réponse.

a. Qu'est-ce que le brouillard ?

- [ ] de la vapeur d'eau
- [x] des gouttelettes d'eau
- [ ] de la fumée

b. Qu'est-ce qui provoque la condensation de la vapeur d'eau qui est dans l'air ?

- [ ] le réchauffement de l'air
- [ ] le vent
- [x] le refroidissement de l'air

c. Dans la nature, c'est la chaleur du Soleil qui permet à l'eau de s'évaporer.

[x] Vrai [ ] Faux

d. Il y a rarement de la vapeur d'eau dans l'air.

[ ] Vrai [x] Faux

e. Tous les nuages sont formés de gouttelettes d'eau liquide.

[ ] Vrai [x] Faux

2 Lis le texte et réponds aux questions.

Jules a entouré une plante verte avec un sac en plastique transparent.
Le lendemain, il constate que de la buée s'est déposée à l'intérieur du plastique.

a. De quoi est faite cette buée ?

....

b. Comment cette buée s'est-elle formée ?

....

....

c. Quelle propriété des végétaux cette expérience montre-t-elle ?

....

3 Observe et réponds aux questions.

Dans la fraicheur du matin, du brouillard recouvre la rivière.

a. De quoi est constitué ce brouillard ?

b. Pourquoi ce brouillard s'est-il formé juste au-dessus de la rivière ?

c. On observe fréquemment de telles nappes de brouillard au-dessus des forêts. Pourquoi ?

jeu malin

Ces 6 phrases racontent l'histoire d'une goutte d'eau. Remets les phrases dans le bon ordre.

...1... Je suis dans la mer au milieu de milliards d'autres gouttes d'eau.

.... Je ruisselle sur le sol et rejoins bientôt un ruisseau, qui grossit et devient une rivière.

.... La chaleur du soleil me transforme en vapeur : je me mélange à l'air.

.... Dans le nuage, ma taille augmente et je tombe sous forme de pluie.

.... Je suis maintenant dans un fleuve et j'arrive dans la mer.

.... Dans l'air qui se refroidit, je redeviens une gouttelette d'eau liquide : je fais maintenant partie d'un nuage.

Bravo, tu as terminé !

Entoure ton smiley.

Corrigés page 30 du *Guide parents*

3 L'air et ses propriétés

Pour commencer
À quels endroits y a-t-il de l'air autour de nous ?

J'apprends

▶ L'atmosphère

L'air est un **gaz invisible**. Il est présent partout autour de nous même dans les espaces qui nous paraissent vides.
La Terre est entourée d'une couche d'air épaisse d'environ une centaine de kilomètres : c'est **l'atmosphère**. Cette couche d'air «piège» la chaleur du Soleil. C'est grâce à elle qu'il fait assez chaud sur Terre pour que l'eau y soit à l'état liquide, ce qui a permis à la vie de se développer.

▶ Propriétés de l'air

L'air est de la **matière**; il a donc une certaine **masse** : l'air est **pesant**. C'est un mélange de plusieurs substances gazeuses, principalement l'**azote** et l'**oxygène**.
L'air est **compressible**. On peut le comprimer (le «tasser») en diminuant l'espace qu'il occupe, comme dans l'expérience avec une seringue.
De même, on comprime l'air quand on gonfle par exemple un pneu avec une pompe.

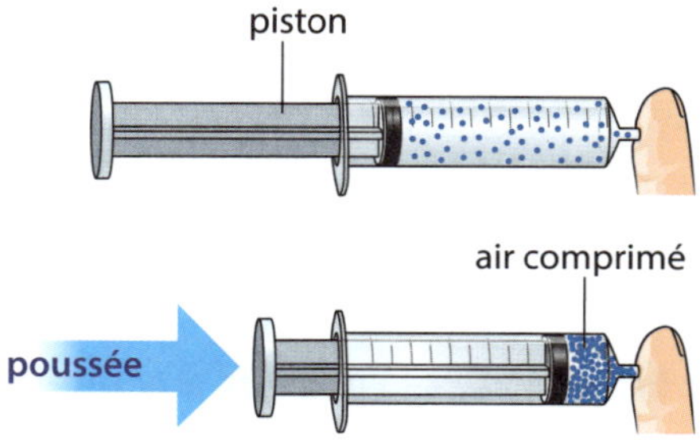

Je comprends comment faire

▶ Pour montrer que l'air pousse sur les choses

A. On a découpé le fond de la bouteille en plastique fermée par le bouchon.

B. Quand on enfonce la bouteille dans l'eau, l'air qu'elle contient se comprime et repousse l'eau vers le bas.

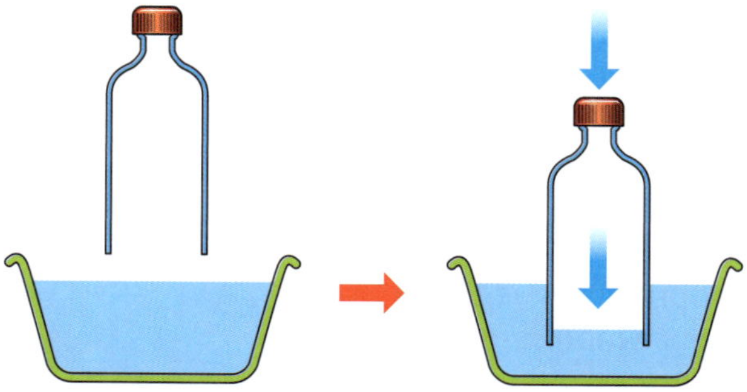

INFO PARENTS

Proposez à votre enfant de boucher avec le doigt la sortie d'une pompe à bicyclette et d'enfoncer le piston. Il va ressentir la pression de l'air sur le doigt et la résistance que l'air enfermé dans la pompe oppose à l'enfoncement du piston.

Je m'entraine

1 QUIZ Choisis la bonne réponse.

a. Quel gaz est l'un des principaux constituants de l'air?

☐ l'oxygène ☐ l'ozone ☐ la vapeur d'eau

b. Comment appelle-t-on la couche d'air qui entoure la Terre?

☐ azote ☐ manteau ☐ atmosphère

c. La couche d'air qui entoure la Terre a une épaisseur d'environ un kilomètre.

☐ Vrai ☐ Faux

d. L'air est de la matière.

☐ Vrai ☐ Faux

e. Quand on gonfle un ballon, on comprime l'air qui rentre dans le ballon.

☐ Vrai ☐ Faux

2 Le piston de la seringue prend successivement les quatre positions dessinées.
Observe les dessins et réponds aux questions.

a. Sur quel dessin l'air dans la seringue est-il le plus compressé? ....

b. Sur quel dessin l'air dans la seringue est-il le moins compressé? ....

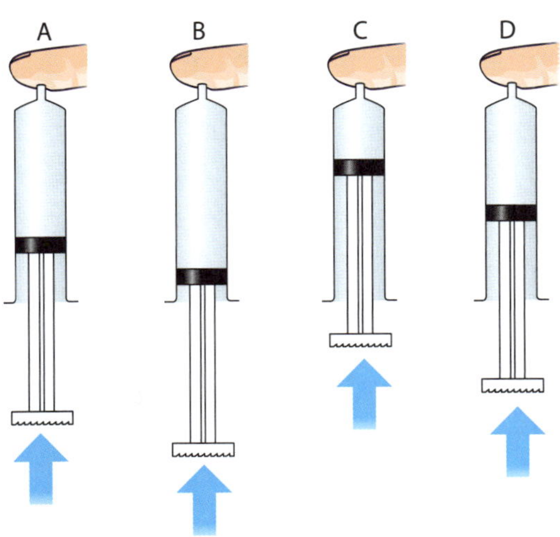

3 Sabrina effectue l'expérience dessinée.

1. Elle réalise l'équilibre de la balance avec un ballon très peu gonflé.

2. Après avoir bien gonflé le ballon, elle le repose sur le plateau de la balance.

Observe les dessins et réponds aux questions.

a. Sur quel dessin le ballon est-il le plus lourd?

....

b. Quelles sont les deux propriétés de l'air que montre cette expérience? ....

1.

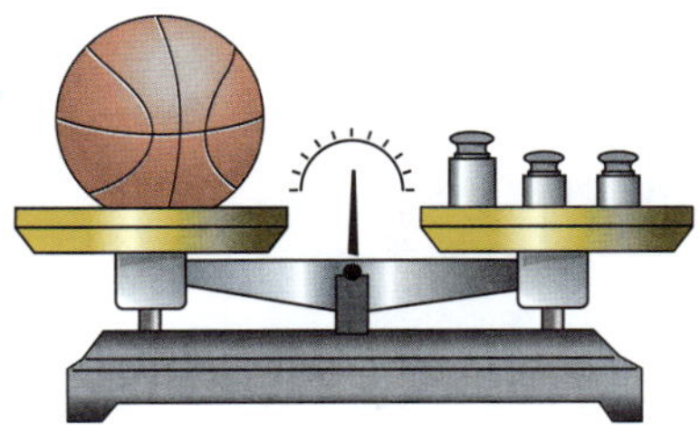

2.

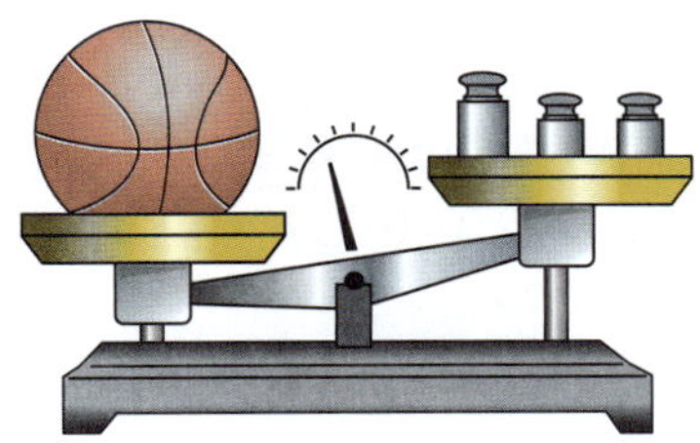

jeu malin

Ces objets contiennent-ils tous de l'air? Trouve l'intrus et barre-le.

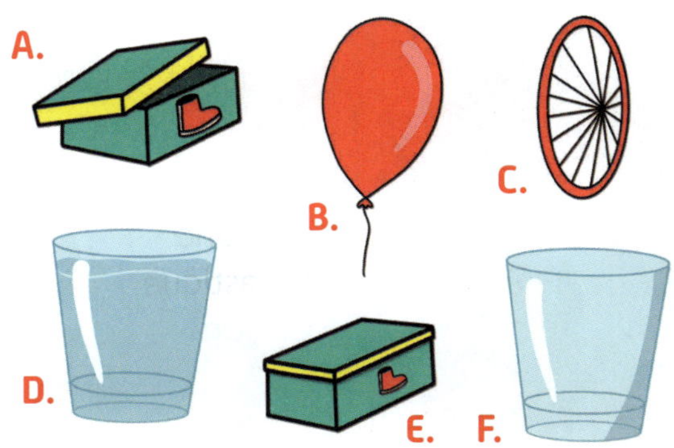

Bravo, tu as terminé !

Entoure ton smiley.

Corrigés page 30 du *Guide parents*

4 L'adaptation des êtres vivants dans leur milieu

Pour commencer

Mon premier est le contraire de vrai, mon second est la deuxième note d'une portée de musique. Mon tout est un milieu peuplé d'arbres.

J'apprends

Un **milieu** est un endroit peuplé d'êtres vivants ayant des relations entre eux et avec le lieu où ils habitent.

Un mulot

▶ La forêt : un milieu bien organisé

Il y a cinq niveaux : le **sous-sol** où vivent de nombreux animaux autour des parties souterraines des végétaux; au **ras du sol**, c'est l'étage des champignons et des mousses. Jusqu'à un mètre, c'est le niveau des **herbes**; jusqu'à dix mètres, ce sont les **arbustes**, puis les **arbres**.

▶ Les relations alimentaires dans la forêt

Les êtres vivants exploitent les ressources du milieu. Les animaux **végétariens** mangent des végétaux. Ils sont les **proies** des **prédateurs (carnivores)**. Ces relations forment des **chaines alimentaires**.

Une chouette ayant attrapé un mulot

Je comprends comment ça fonctionne

▶ Le réseau alimentaire dans la forêt : qui mange qui?

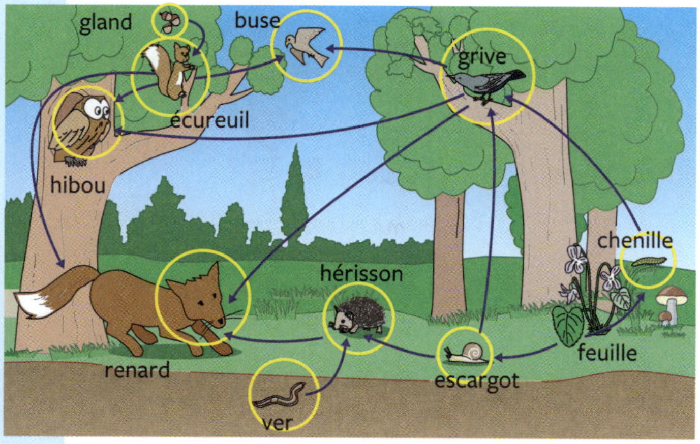

Certains êtres vivants sont mangés par d'autres : ils forment une **chaine**.

→ L'écureuil peut être mangé par la buse, le hibou ou le renard. Il appartient ainsi à plusieurs chaines qui forment un **réseau**.

Un réseau reste en équilibre si rien ne vient le perturber.

Chaque flèche signifie : «est mangé par».

INFO PARENTS

Proposez à votre enfant de jouer à «Qui mange qui?» avec les animaux du réseau de la forêt et avec ceux de la savane, en faisant préciser «carnivore» ou «végétarien». Veillez à ne pas oublier le végétal à l'origine du réseau.

Je m'entraine

1 QUIZ Coche les bonnes réponses.

a. Combien de niveaux de végétation la forêt possède-t-elle?

☐ 1 ☐ 2 ☐ 3 ☐ 4 ☐ 5

b. Un milieu est un lieu occupé par :

☐ des animaux ☐ des végétaux

c. Le régime alimentaire d'un animal indique ce qu'il mange. ☐ Vrai ☐ Faux

d. Le gland du chêne est au début d'une chaine alimentaire. ☐ Vrai ☐ Faux

2 Réponds aux questions.

a. Quel est le régime alimentaire des animaux photographiés page 158?

b. Observe le dessin page 158; que mange la grive? qui mange la grive? Pourquoi peut-on dire que la grive fait partie d'un réseau alimentaire?

c. Que trouve-t-on au début et à la fin de ces chaines alimentaires : un animal ou un végétal?

3 Quels risques l'homme fait-il courir à la nature?

Un milieu naturel est habituellement équilibré. Chaque catégorie d'êtres vivants y est représentée. L'homme peut être responsable d'un déséquilibre lorsqu'il détruit certains maillons d'un réseau.

La cargaison d'un pétrolier s'est déversée dans la mer et sur la côte.

a. Que vont devenir les algues qui poussent sur les rochers?

b. Qu'arrivera-t-il aux animaux qui se nourrissent de ces algues?

c. Qu'arrivera-t-il aux oiseaux de mer qui plongent pour capturer des poissons?

d. Que doivent faire les hommes pour réparer cette catastrophe?

jeu malin

Léo a écrit une lettre à Emma pour lui raconter sa promenade en forêt. Le petit frère d'Emma l'a ouverte avec ses mains pleines de chocolat et a fait des taches. Retrouve les mots tachés pour qu'Emma puisse lire le texte.

Chère Emma,
Hier, je suis allé me promener dans la forêt. C'est un m… peuplé de grands a…. Sur le sol, j'ai trouvé des ch…ons et marché sur des tapis de m…se. Certains arbres font moins de 5 mètres, ce sont des ar…. Je marchais dans des h… de 80 cm de haut et comme il avait plu, j'ai vu des escargots qui mangeaient des feuilles car ce sont des v….
Un petit rongeur, un mulot, est passé devant moi. Il devrait se méfier de la chouette, un de ses pr… qui se nourrit de proies car elle est c…. J'ai fait très attention à ne rien jeter pour ne pas p… et perturber l'é… de la forêt.

Bravo, tu as terminé !

Entoure ton smiley.

Corrigés page 30 du *Guide parents*

5 Le développement des végétaux

Pour commencer

Mon 1er est l'état du pain qui n'est plus frais, mon 2e se fait pour lacer les chaussures. Mon tout est la partie souterraine d'une plante.

J'apprends

▶ La structure d'une plante

Les **racines** fixent la plante dans le sol.
La **tige** porte des ramifications et les **feuilles**.
Les plantes sont vertes car elles contiennent de la **chlorophylle**.

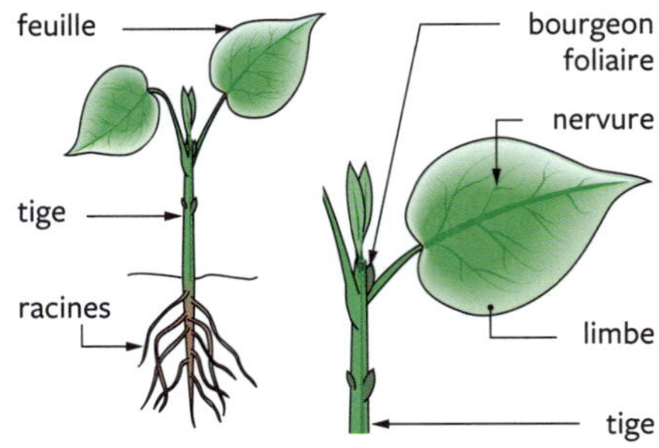

▶ Les besoins des plantes vertes

Les plantes vertes ont besoin d'**eau**, de **sels minéraux** et de **lumière**.
Sans eau, elles fanent; sans sels minéraux, leur croissance est ralentie et sans lumière, elles palissent et sont fragiles.

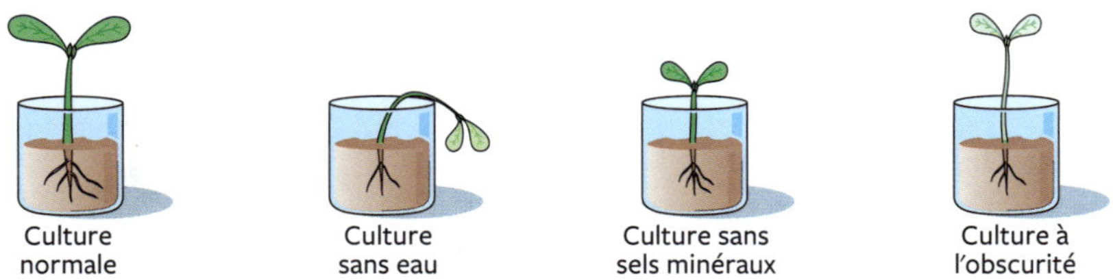

▶ La nutrition d'une plante verte

Les racines puisent l'eau et les sels minéraux du sol, la **sève brute** ainsi formée arrive dans les feuilles. La chlorophylle utilise alors l'énergie de la lumière et le gaz carbonique de l'air pour fabriquer la **sève élaborée**. Celle-ci va nourrir la plante et lui apporte de l'énergie.

Je comprends comment ça fonctionne

▶ Comment les racines puisent-elles l'eau et les sels minéraux?

Les racines occupent à peu près le même volume que les parties aériennes d'une plante.

Seule **une zone de ces racines est entourée de poils absorbants**. Ceux-ci prélèvent l'eau et les sels minéraux présents dans le sol.
Si ces poils ne sont pas en contact avec l'eau, la plante fane.

INFO PARENTS

Reproduisez l'expérience ci-dessus en faisant germer des graines de pois chiche sur du coton maintenu humide. Observez les racines et les poils absorbants.

Je m'entraine

1 QUIZ Coche les bonnes réponses.

a. Quel organe de la plante permet l'absorption de l'eau ?

☐ la tige ☐ les feuilles ☐ les racines

b. À l'obscurité, la plante verte :

☐ pâlit ☐ perd sa chlorophylle

☐ ne subit aucune perturbation

c. La sève élaborée est fabriquée :

☐ dans les racines ☐ dans la tige

☐ dans les feuilles

d. Les racines ne sont utiles que pour l'absorption de l'eau et des sels minéraux.

☐ Vrai ☐ Faux

2 Réponds aux questions.

a. De quoi une plante verte a-t-elle besoin pour pousser ?

b. Comment l'eau et les sels minéraux parviennent-ils jusqu'aux feuilles ?

c. À quoi sert la chlorophylle ?

3 Réponds aux questions.

Les feuilles qui sont tombées des arbres se décomposent puis elles libèrent dans le sol les sels minéraux qu'elles contiennent.

a. En quoi ce phénomène est-il utile pour l'arbre ?

....

b. Que se passerait-il si on ramassait toutes les feuilles qui tombent en automne ?

....

Les engrais sont composés de sels minéraux variés.

c. Pourquoi fournit-on des engrais aux plantes de nos maisons ?

....

jeu malin

Trouve les 14 mots correspondants aux définitions et tu trouveras le mot mystère.

1. Sels minéraux pour les plantes d'intérieur.

2. Qualifie les sels puisés dans le sol.

3. Elle circule dans le bois.

4. Partie verte d'un végétal.

5. Extrémités filamenteuses des racines.

6. Source d'énergie apportée par le soleil.

7. Donne la couleur verte aux plantes.

8. Elles fixent la plante dans le sol.

9. Qualifie la sève montante.

10. Les plantes poussent sur moi.

11. Partie du gaz carbonique fixée par la plante.

12. Ils sont dissous dans l'eau du sol.

13. Elle supporte les branches et les feuilles.

14. Si elles en manquent, les plantes fanent.

A. Le mot mystère : ....

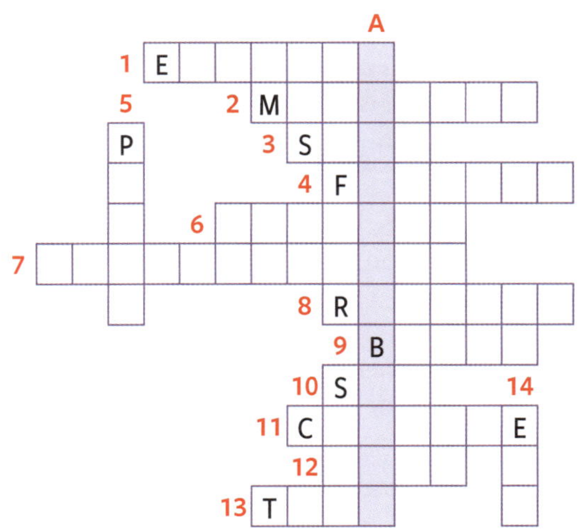

Bravo, tu as terminé !

Entoure ton smiley.

Corrigés page 30 du *Guide parents*

6 Hygiène et santé

Pour commencer

Quelle est l'origine de ces aliments (animale, végétale ou minérale) ? lait, carotte, sel.

J'apprends

La nécessité de s'alimenter

Notre corps a besoin d'aliments, c'est pour cela que l'on a faim.
Les aliments fournissent l'**énergie** et les substances nécessaires à la croissance.
Un homme de 100 kg est constitué de 62 kg d'**eau**, 17 kg de **protides**, 13 kg de **lipides**, 6,5 kg de **sels minéraux** et 1,5 kg de **glucides**.

Pour une bonne santé

L'alimentation doit être **équilibrée** (manger de tout) et adaptée aux besoins selon l'activité de chacun. Il faut boire 2,5 l d'eau par jour.
Les **sels minéraux** et les **vitamines** permettent le bon fonctionnement de nos organes. Une bonne **hygiène alimentaire** doit réunir toutes ces conditions.
On a aussi besoin de faire une activité physique régulière et de dormir suffisamment.

Je comprends de quoi c'est fait

Que trouve-t-on dans nos aliments?

groupes	viande, poisson, œufs	lait et fromage	huile, beurre, charcuterie	pain, pâtes, pommes de terre	fruits et légumes	eau, jus de fruits
riches en	protides et lipides	lipides, protides et glucides	lipides	glucides	glucides, sels minéraux et vitamines	eau

Les aliments sont d'origine animale ou végétale.

Ils sont formés d'éléments simples : les **glucides** (sucres), les **lipides** (graisses), les **protides** (protéines), les **sels minéraux**, de **vitamines** et d'**eau**.

INFO PARENTS

Regardez avec votre enfant les étiquettes des produits alimentaires et posez-lui des questions : «Dans quoi trouve-t-on des glucides? des lipides? des sels minéraux? » ou : «Que trouve-t-on dans les pâtes? dans le fromage? » etc.

Je m'entraine

1 QUIZ Coche les bonnes réponses.

a. Quand ton corps a besoin d'eau, tu éprouves une sensation de :

☐ sommeil ☐ soif ☐ faim

b. Pour assurer un apport en protides, tu dois manger :

☐ du poisson ☐ des bananes
☐ des pâtes ☐ du gruyère
☐ du poulet

c. Tu peux manger uniquement ce que tu aimes.

☐ Vrai ☐ Faux

d. Notre alimentation dépend de l'activité physique que l'on a.

☐ Vrai ☐ Faux

e. Nos aliments nous sont fournis par les animaux et les végétaux.

☐ Vrai ☐ Faux

2 Réponds aux questions.

a. Comment notre corps nous fait-il sentir le besoin de nous alimenter?

b. Quels sont les composants essentiels des aliments?

c. Parmi ces composants, quels sont ceux qui assurent le bon fonctionnement de nos organes?

d. Quelle quantité d'eau doit-on boire tous les jours?

e. Quel est le composant dont la masse est la plus importante chez l'homme?

f. Quels sont les aliments riches en glucides?

g. Quels sont les aliments riches en lipides?

3 Lis et réponds aux questions

	Apports quotidiens				Dépenses physiques
	Petit déjeuner	Déjeuner	Gouter	Diner	
Léo	2500 kJ	3000 kJ	1900 kJ	2600 kJ	9000 kJ
Claire	2300 kJ	2700 kJ	1800 kJ	2400 kJ	9200 kJ
Sébastien	1800 kJ	2500 kJ	1600 kJ	2500 kJ	9100 kJ

Le corps utilise l'énergie (mesurée en kilojoules : kJ) apportée par les aliments. Le tableau présente la consommation et la dépense d'énergie (par jour) de trois enfants de 9 ans.

a. Calcule les apports énergétiques quotidiens pour chacun des trois enfants.

b. Qui a une alimentation équilibrée par rapport à sa dépense énergétique?

c. Que peut-il arriver aux deux autres?

jeu malin

Entoure les aliments qui conviennent pour faire un repas équilibré et sain et barre les intrus.

Bravo, tu as terminé !

Entoure ton smiley.

Corrigés page 30 du *Guide parents*

Sciences

7 Les mouvements du corps

Pour commencer

Mets ta main sur ta joue, près de l'oreille. Serre les dents. Que sens-tu ? D'après toi, qu'est-ce que c'est ?

J'apprends

▶ Le squelette soutient notre corps

Le squelette humain est composé de 208 os liés entre eux au niveau des **articulations** par des **ligaments** très solides. Ils coulissent l'un contre l'autre grâce au **cartilage** qui recouvre leurs extrémités.

▶ Les muscles permettent le mouvement

En se contractant, les **muscles** tirent sur les os par des **tendons** et font pivoter l'articulation. C'est un mouvement volontaire. Le cœur et le diaphragme sont des muscles qui fonctionnent automatiquement.

Tout mouvement nécessite de l'**énergie**. Une grande activité en consomme beaucoup, comme chez le sportif Miguel Indurain.

Le coureur cycliste Miguel Indurain et ce qu'il mange chaque jour quand il « court ».

Je comprends comment ça fonctionne

▶ Comment le mouvement est-il possible?

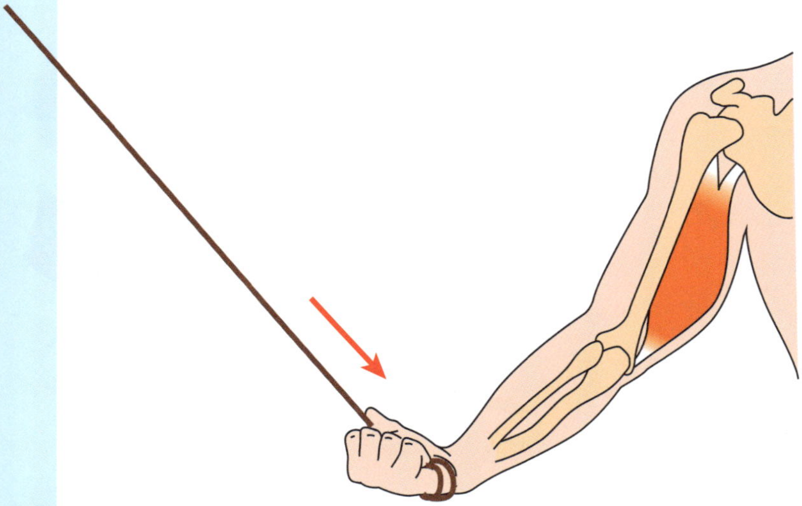

Il faut au moins deux muscles pour faire un mouvement et son contraire.

→ Le bras se plie par une contraction du **biceps** et revient à sa position de départ par une action opposée du **triceps**. Le biceps et le triceps sont des muscles **antagonistes** : quand l'un est contracté, l'autre est relâché.

INFO PARENTS

Bloquez la main droite de votre enfant et demandez-lui de plier le bras. Avec sa main gauche, il pourra sentir son biceps se contracter et raccourcir. À l'inverse, en tendant son bras, son biceps est relaché et son triceps est contracté.

Je m'entraine

1 QUIZ Coche les bonnes réponses.

a. Dans le squelette, les os sont séparés par :
☐ une articulation ☐ des ligaments
☐ des tendons

b. Les muscles qui permettent le mouvement d'une articulation sont :
☐ automatiques ☐ moteurs
☐ antagonistes

c. Un exercice sportif modéré ne consomme pas d'énergie. ☐ Vrai ☐ Faux

d. Pour qu'un mouvement corporel soit possible, il faut au moins deux muscles. ☐ Vrai ☐ Faux

e. Nous pouvons contrôler les contractions du cœur. ☐ Vrai ☐ Faux

2 Réponds aux questions.

a. Comment les os sont-ils reliés entre eux?

b. Quelle partie du muscle est rattachée à l'os?

c. Pourquoi dit-on du cœur qu'il effectue une contraction involontaire?

d. À quoi servent les muscles moteurs?

e. Quel est le muscle antagoniste du biceps?

3 Réponds aux questions.

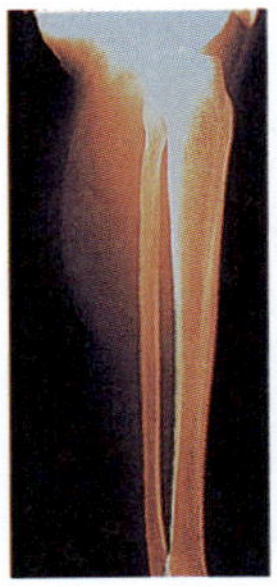
Avant une fracture.

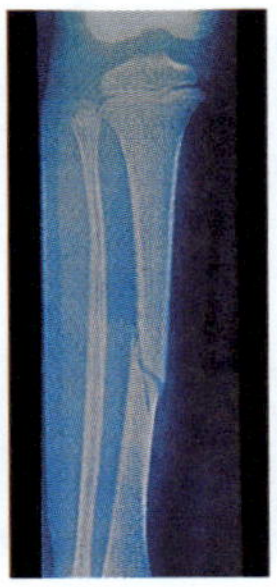
Une fracture.

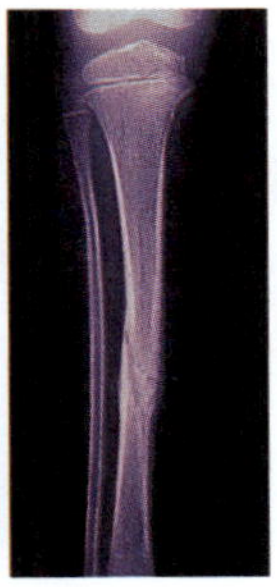
Une fracture réparée.

Quand un os est fracturé, on le remet dans sa position normale et on l'immobilise dans un plâtre pendant plusieurs semaines.

a. Qu'est-il arrivé à la jambe de la photographie du milieu?

....

b. Que s'est-il passé après deux mois d'immobilisation dans un plâtre?

....

c. Quelle différence observes-tu sur l'os avant la fracture et après sa guérison?

....

jeu malin

Pauline a recopié les mots de sa leçon sur les mouvements corporels. Mais un tourbillon a mélangé les lettres de chaque mot. Aide-la à reconstituer les mots.

a. stelquete : ....

b. latricautoin : ....

c. gemilant : ....

d. largicate : ....

e. sculme : ....

f. ontend : ....

g. pebisc : ....

h. memenvout : ....

i. tortoncacin : ....

j. tripsec : ....

k. gamphirade : ....

Bravo, tu as terminé !
Entoure ton smiley.

Corrigés page 30 du *Guide parents*

8 Circuits électriques

Pour commencer
Les 2 phares d'une voiture jouet s'éclairent en même temps. Comment les 2 lampes sont-elles reliées aux piles ?

J'apprends

▶ Conducteurs et isolants

Un **circuit électrique** est formé d'éléments qui se laissent traverser par le courant électrique : ce sont des **conducteurs**. Les corps qui ne se laissent pas traverser par le courant électrique sont des **isolants**.
Les matériaux conducteurs sont principalement les **métaux**. La plupart des autres matériaux (verre, bois, plastique, etc.) sont isolants.

▶ Branchements en série et en dérivation

Deux lampes sont branchées **en série** quand elles se trouvent l'une à la suite de l'autre sur une même boucle (dessin **A**). Si le circuit est coupé quelque part, aucun courant ne circule. Un interrupteur commande simultanément les deux lampes.
Deux lampes sont branchées **en dérivation** quand leurs deux bornes sont reliées directement aux bornes de la pile (dessin **B**). Chaque lampe fonctionne alors indépendamment de l'autre.

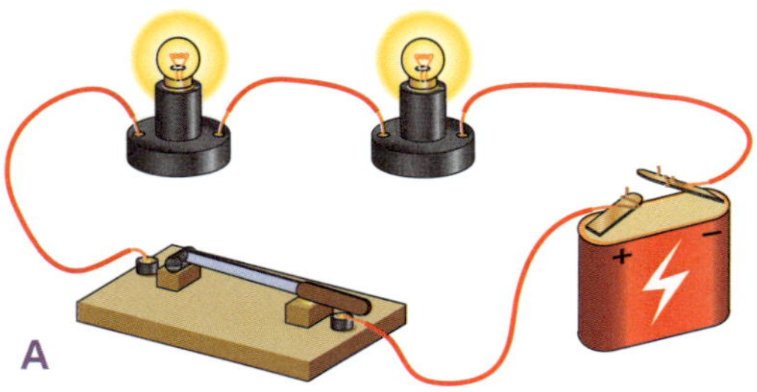

A

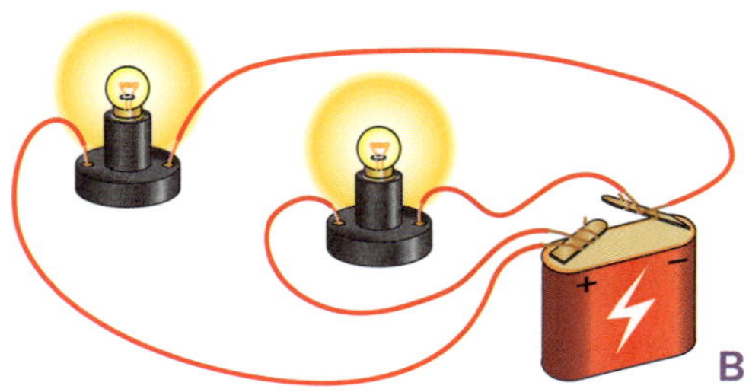

B

Je comprends comment faire

▶ Réaliser des circuits électriques

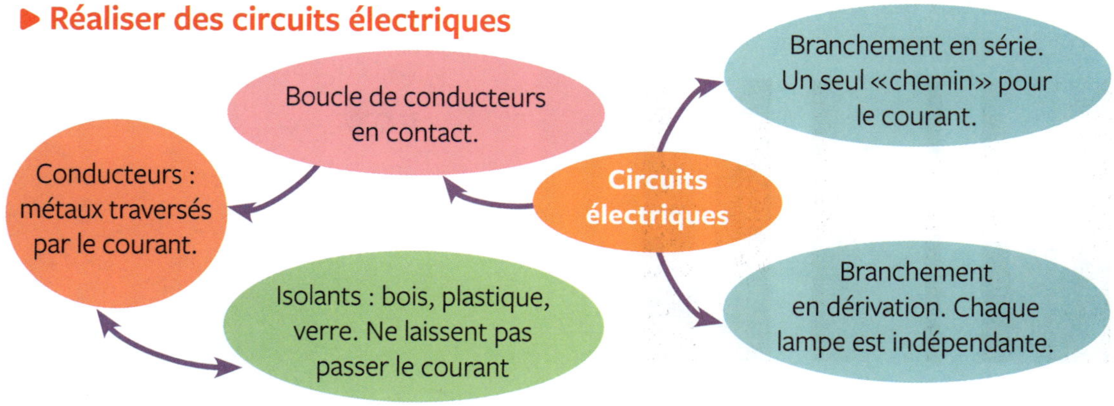

INFO PARENTS
Bien mettre en garde votre enfant sur l'extrême danger qu'il y aurait à reproduire les montages électriques présentés ici avec le courant des prises murales ! L'utilisation de piles par contre ne présente aucun danger.

Je m'entraine

1 QUIZ Coche les bonnes réponses.

a. Comment appelle-t-on les matériaux que le courant électrique ne peut pas traverser?

- ☐ conducteurs
- ☐ imperméables
- ☐ isolants

b. Quels matériaux sont les principaux conducteurs du courant électrique?

- ☐ le plastique
- ☐ les métaux
- ☐ le verre

c. Un circuit électrique est formé d'une succession de conducteurs et d'isolants.

- ☐ Vrai
- ☐ Faux

d. Quand deux lampes sont branchées en série, l'une peut briller quand l'autre est éteinte.

- ☐ Vrai
- ☐ Faux

e. Quand deux lampes sont branchées en dérivation, elles ne peuvent pas briller en même temps.

- ☐ Vrai
- ☐ Faux

2

Margaux voudrait réaliser un montage électrique avec la pile, les trois lampes et les deux interrupteurs, tel que :

- si elle ferme l'interrupteur I1, les lampes L1 et L2 s'allument,
- si elle ferme l'interrupteur I2, seule la lampe L3 s'allume.

Aide Margaux en dessinant les fils pour obtenir le résultat voulu.

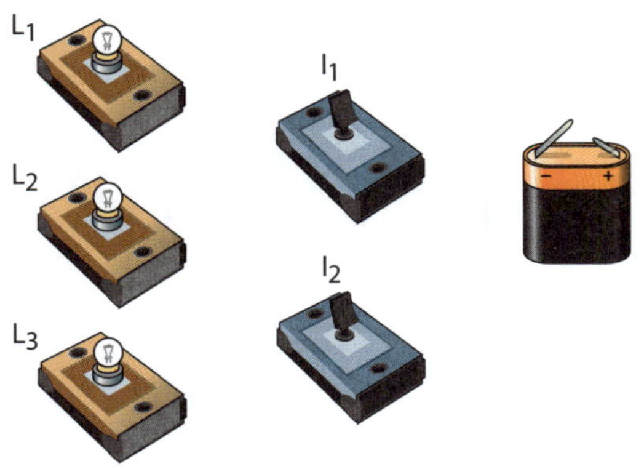

3

Indique si chaque lampe est allumée ou éteinte quand l'interrupteur est ouvert.

a.

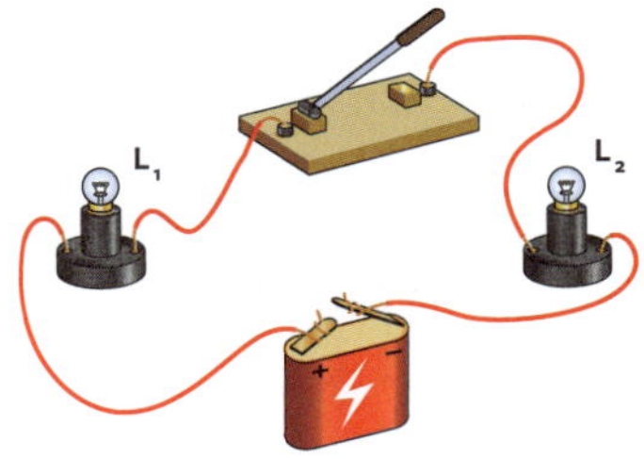

b.

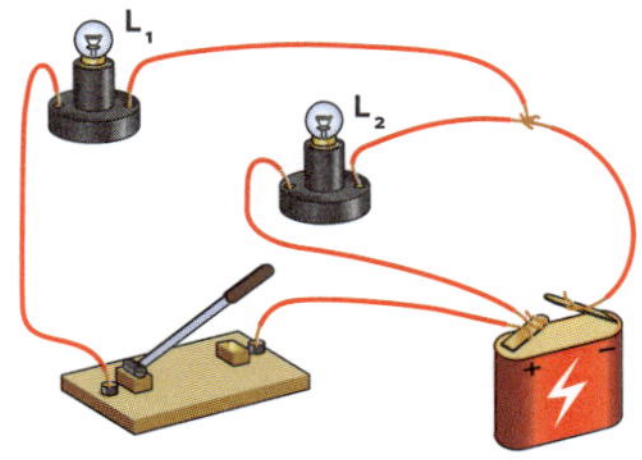

c.

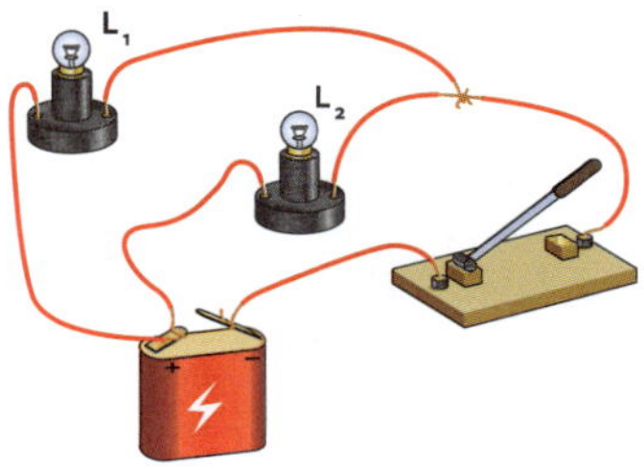

jeu malin

Conducteur ou isolant? Trouve l'intrus et barre-le d'une croix.

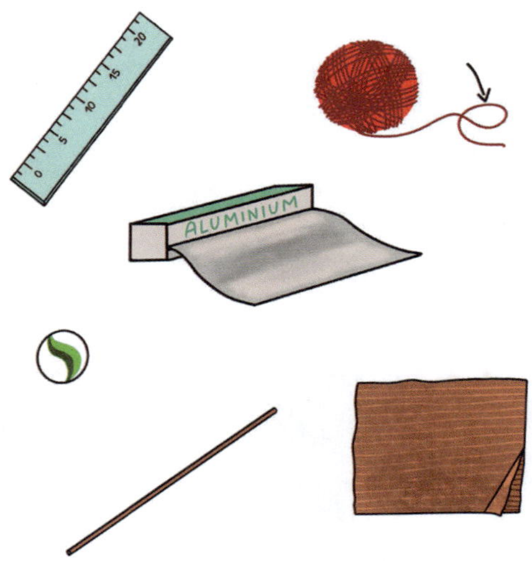

Bravo, tu as terminé !

Entoure ton smiley.

Corrigés page 31 du *Guide parents*

Sciences

9 Histoire de balances

Pour commencer

Comment pesait-on les objets quand les balances électroniques n'existaient pas ?

J'apprends

Une balance sert à **peser** des objets pour connaitre leur **masse**. Les principales **unités** de masse sont le **kilogramme** (kg), le **gramme** (g) et la **tonne** (t).

Les balances actuelles sont électroniques. La balance **Roberval** et la balance **romaine** sont des exemples de balances anciennes.

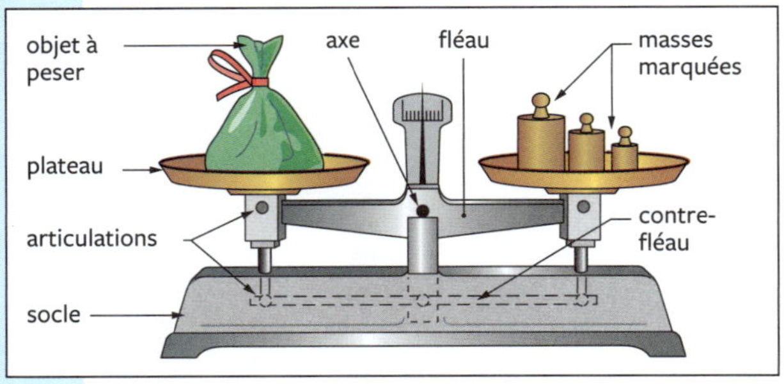

Balance Roberval

▶ Pesée d'un objet à la balance Roberval

On pose l'objet sur un plateau et on établit l'**équilibre** (plateaux à la même hauteur) en plaçant des **masses marquées** sur l'autre plateau. On trouve la masse de l'objet en additionnant les valeurs des masses marquées.

▶ Pesée d'un objet à la balance romaine

L'objet étant posé sur le plateau, on déplace le **contrepoids** jusqu'à obtenir l'équilibre. On lit alors la masse sur la **graduation**, là où se trouve le contrepoids.

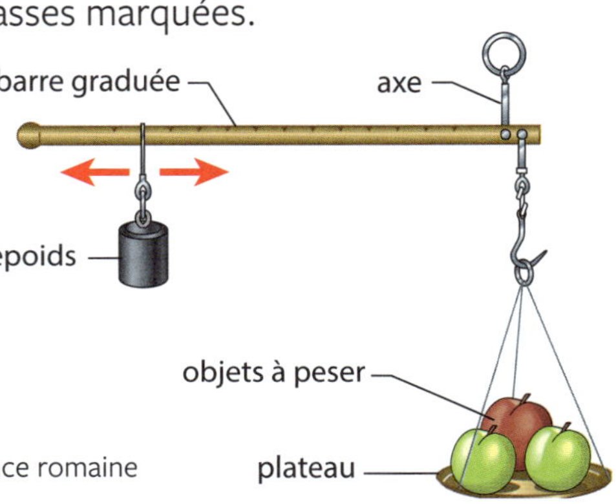

Balance romaine

Je comprends comment faire

▶ Pour peser avec diverses balances

- Actuelle : électronique
- La masse s'affiche sur l'écran

- Ancienne : Roberval
- Utilise des masses marquées

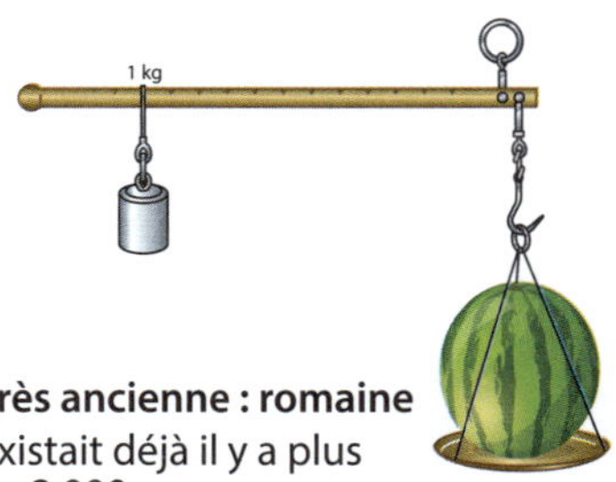

- Très ancienne : romaine
- Existait déjà il y a plus de 2 000 ans
- La masse se lit sur la graduation

INFO PARENTS

Effectuez avec votre enfant des pesées avec les balances disponibles à la maison : pèse-personne (masse en kilogrammes, en négligeant la décimale), balance de cuisine (masse en grammes), et peut-être balance Roberval ou romaine...

Je m'entraine

1 QUIZ Coche les bonnes réponses.

a. Quelle est la principale unité de masse?

☐ kilotonne ☐ kilogramme
☐ kilogrammètre

b. Quelle est l'abréviation de kilogramme?

☐ kg ☐ KG ☐ kigr

c. La balance Roberval est une balance électronique. ☐ Vrai ☐ Faux

d. Pour peser à la balance romaine, on n'utilise pas de masses marquées. ☐ Vrai ☐ Faux

e. Sur la balance romaine, c'est la position du contrepoids à l'équilibre qui indique la masse. ☐ Vrai ☐ Faux

2 Observe le dessin et réponds aux questions.

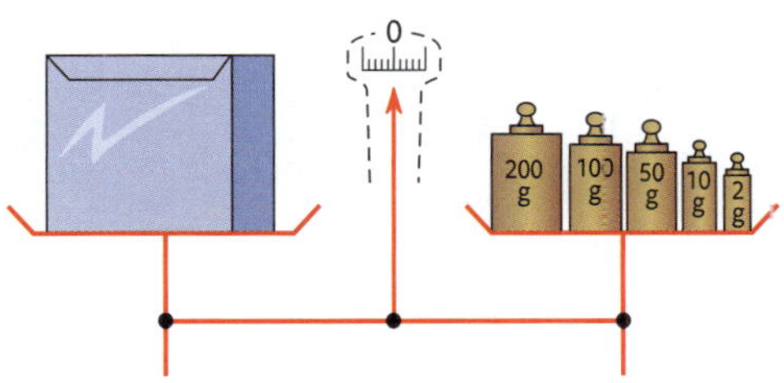

a. Quelle est la masse de l'objet pesé à la balance Roberval?

b. Que se passera-t-il si l'on ajoute une masse marquée sur le plateau de droite?

3 Observe le dessin et réponds aux questions.

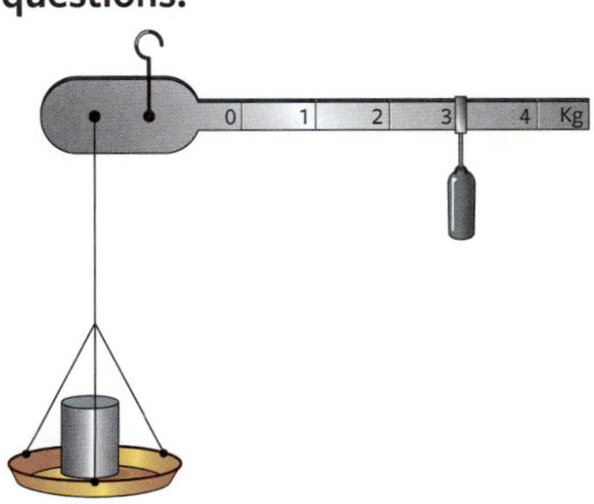

a. Quelle est la masse de l'objet pesé à la balance romaine?

....

b. On remplace cet objet par un autre plus léger. Dans quel sens devra-t-on déplacer le contrepoids pour rétablir l'équilibre?

....

....

4 Réponds aux questions.

Une boite de masses marquées contient les masses suivantes : 500 g, 200 g, 100 g (deux fois), 50 g, 20 g, 10 g (deux fois), 5 g, 2 g (deux fois), 1 g.

a. Quelle est la masse totale de l'ensemble des masses marquées?

b. Quelles masses marquées devras-tu utiliser pour peser à la balance Roberval un objet de 278 g avec le moins de masses possible?

jeu malin

Réponds aux questions.

a. Quel est le sac le plus lourd? ....

b. Quel est le sac le plus léger? ....

Bravo, tu as terminé !

Entoure ton smiley.

Corrigés page 31 du *Guide parents*

ANGLAIS

Anglais

→ Certains exercices proposent des compléments audio disponibles sur le site **www.hatier-entrainement.com**

Ils sont signalés par

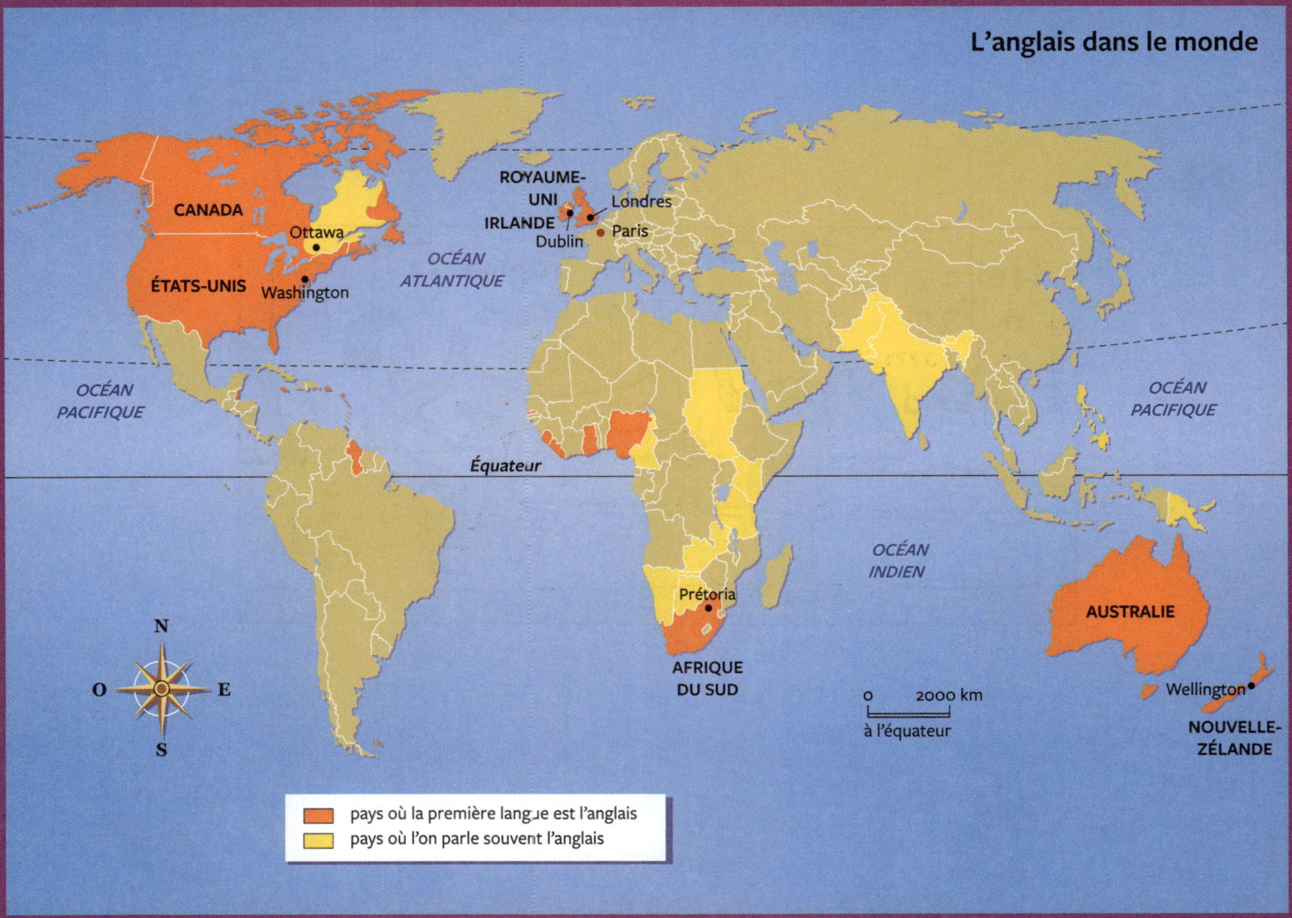

1 Hello, I'm from England!

Bonjour, je viens d'Angleterre !

Pour commencer

370 écoles ont déjà expérimenté des séances de méditation et de relaxation qui ont été mises en place.

Vocabulary

Dialogue

Bonjour, je m'appelle Tom.
Je viens d'Angleterre.

Je m'appelle Sophia.
Je viens d'Italie !

Read AND repeat

moon

star

sun

planet

Games

1 Relie les étiquettes à la bonne illustration.

GOOD MORNING | GOOD EVENING
GOOD AFTERNOON | GOOD NIGHT

2 Que disent Léo, Karen et Bill? Complète ces dialogues.

(Il s'appelle Léo, il vient de France.)

I'm Léo. I'm from France.

(Elle s'appelle Karen, elle vient d'Allemagne.)

I'm Karen. I'm from Germany.

(Il s'appelle Bill, il vient d'Angleterre.)

I'm Bill. I'm from England.

3 À ton tour de te présenter.

Place ta photo dans le cadre ci-dessous. Donne ton nom et dis de quel pays tu viens.

I'm Apolline. I'm from France.

4 Coche la bonne réponse.

a.  ☐ sun ☒ moon ☐ star

b.  ☐ sun ☐ moon ☒ star

c.  ☒ sun ☐ moon ☐ star

Story

Good evening! I'm Maria. I'm from Spain, from Madrid and this is my best friend Alicia, she's from London.
Now good night! Time to go to bed!

Corrigés page 31 du *Guide parents*

Bravo, tu as terminé ! Entoure ton smiley.

morning | afternoon | evening | night

Anglais

2 The family / The house
La famille / La maison

Pour commencer
Le Palais de Buckingham à Londres est la résidence officielle de la reine Elisabeth II.

Vocabulary

Dialogue

J'habite avec ma famille. J'ai un chien. Son nom est Muffin.

J'aime ma maison parce qu'il y a un jardin pour Muffin.

Read AND repeat

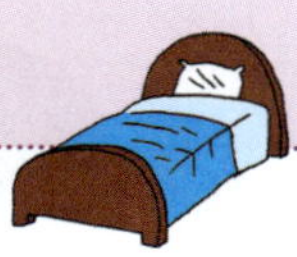
bed

chair

armchair

table

Games

1 Combien peux-tu trouver de mots concernant la famille dans ce serpent : 5, 6 ou 7 ? Réécris-les.

Father, Uncle, Mother, Brother Sister, Cousin Il y a 6 personnes concernant la famille.

2 Relie chaque mot à la pièce correspondante.

3 Ces mots ont mélangé leurs voyelles. Remets-les dans l'ordre.

a. METHOR Mother

b. GERDAN Garden

c. FETHAR Father

d. SESTIR Sister

e. DONNOG RIIM dining room

4 Observe l'arbre généalogique de Peter et complète la liste.

a. My father

b. My mother

c. My uncle

d. My aunt

e. My brother

f. My sister

g. My cousin

h. My cousin

Story

I have got a sister, a cat and a dog.
My bedroom is big and comfortable.
There are two windows and a bed.

Corrigés page 31 du *Guide parents*

Bravo, tu as terminé ! Entoure ton smiley.

mirror

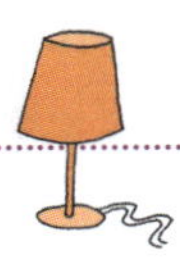

lamp

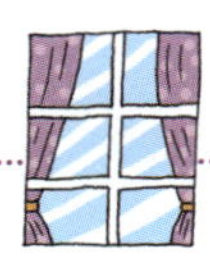

window

roof

3 At school
À l'école

Pour commencer

Les écoliers anglais portent un uniforme : un pantalon pour les garçons, une jupe pour les filles, une veste et une cravate.

Vocabulary

Dialogue

Tom ! Viens au tableau !

Écris la date et ton nom.

!

Quelques prépositions

Read AND repeat

run

sing

read

swim

Games

1 Que contient cette trousse ?

a ruler, a rubber, three pencil, two pens

2 Où se trouve le crayon ? Coche la bonne réponse.

☒ on the desk
☐ under the desk

a. 

☐ under the bag
☒ in the bag

b. 

☐ in the pencil case
☒ under the pencil case

c. 

3 Que font ces personnages ? Relie chaque étiquette au personnage qui fait l'action.

RUN
SING

SWIM
RIDE A BIKE
WRITE
PLAY
READ

Story

I like my school. I read, I write, I sing but I also play and run with all my friends.

Corrigés page 31 du *Guide parents*

Bravo, tu as terminé ! Entoure ton smiley.

ride a bike

play

paint

write

4 Some animals
Quelques animaux

Pour commencer
Londres est célèbre pour ses écureuils gris peu farouches. On peut en voir à Saint James Park.

Vocabulary

Dialogue

J'adore aller au zoo le dimanche. Je peux nourrir les animaux.

Ça me rend triste parce qu'ils vivent dans des cages. Ils ne sont pas libres.

!

Nombres de 1 à 20

1	one	11	eleven
2	two	12	twelve
3	three	13	thirteen
4	four	14	fourteen
5	five	15	fifteen
6	six	16	sixteen
7	seven	17	seventeen
8	eight	18	eighteen
9	nine	19	nineteen
10	ten	20	twenty

Read AND repeat

fly

crawl

jump

eat

Games

1 Les animaux se sont cachés. Peux-tu les reconnaitre?

- It's a snake
- It's a bird
- It's a lion
- It's a giraffe
- It's an elephant

2 Place les noms de ces cinq animaux dans la grille : *bird, elephant, giraffe, bear, cat*. **La colonne en couleur te donnera le nom d'un sixième animal.**

	C	A	T						
		B	I	R	D				
			G	I	R	A	F	F	E
	E	L	E	P	H	A	N	T	
B	E	A	R						

3 Quel est le nom de ces animaux? Coche la bonne réponse.

a.  lion ☐ bird ☐ snake ☒

b.  tiger ☐ dog ☒ bear ☐

c.  lion ☐ bird ☒ monkey ☐

d.  cat ☒ penguin ☐ snake ☐

e.  dog ☐ giraffe ☐ bear ☒

4 Les animaux ont perdu leurs premières lettres. Complète.

a. T IGER
b. M ONKEY
c. G IRAFFE
d. E LEPHANT
e. S NAKE

Story

I have got a cat but it sleeps all the time.
I also have a dog but he eats too much.
He is fat now!

Corrigés page 31 du *Guide parents*

Bravo, tu as terminé ! Entoure ton smiley.

drink

sleep

fight

climb

5 I'm hungry
J'ai faim

Pour commencer
Le petit déjeuner anglais est copieux. Il se compose de bacon, d'œufs, de saucisses, de toasts et de marmelade.

Vocabulary

Dialogue

J'aime le poulet mais je n'aime pas le poisson.

J'aime les gâteaux mais je n'aime pas les légumes.

> **!**
> I like = j'aime
> (♥)
> I do not like = I don't like
> (♥ barré)
> = je n'aime pas

Read AND repeat

potatoes

carrots

peas

tomatoes

Games

1 **Complète cette grille.**

2 **Place les mots dans la bonne colonne : ce qui se boit (*drink*) et ce qui se mange (*eat*).**

tea – apples – milk – cherries – tomatoes – fish – cocoa

Drink	Eat
tea	apples
milk	cherries
cocoa	tommatoes
	fish

3 **Remets les mots dans le bon ordre pour faire des phrases.**

LIKE FISH I I like fish.

DON'T CARROTS LIKE I

I don't like carrots.

Story

At breakfast I eat toast with butter and jam, I drink orange juice and some milk. I don't like cereals.

Corrigés page 31 du *Guide parents* **Bravo, tu as terminé !** Entoure ton smiley.

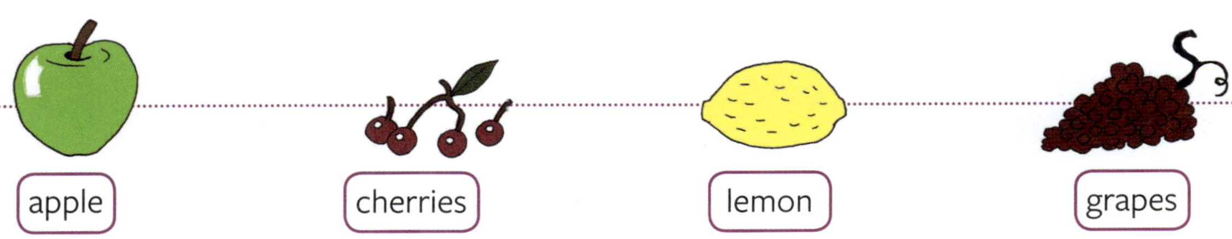

6 Colours
Des couleurs

Pour commencer

Les bus anglais sont rouges et ont un étage. Ils s'appellent *double deckers* (bus à impériale en français).

Vocabulary

Dialogue

J'aime utiliser de belles couleurs.

Oh! Non!
Qu'est-ce que c'est?

Read AND repeat

big

small

cold

hot

Games

1 **Ces drapeaux ont perdu leurs couleurs. Colorie-les en cherchant les modèles sur Internet ou dans un dictionnaire.**

États-Unis

Grande-Bretagne

France

Allemagne

2 **Trouve 5 différences de couleur entre ces deux dessins.**

3 **Relie le dessin au mot correspondant.**

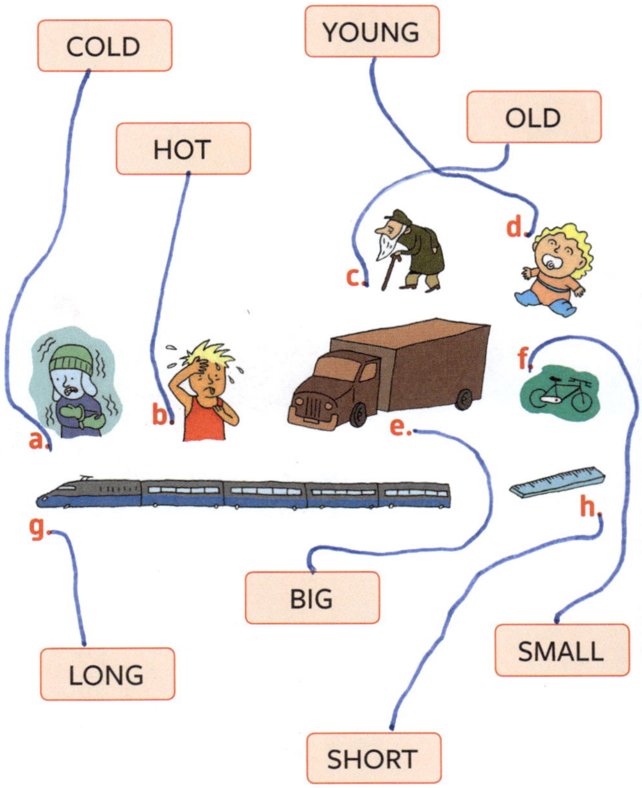

Story

I love colours. My bedroom is pink, my bed is purple and my desk is yellow. I live in a rainbow.

Corrigés page 32 du *Guide parents*

Bravo, tu as terminé ! Entoure ton smiley.

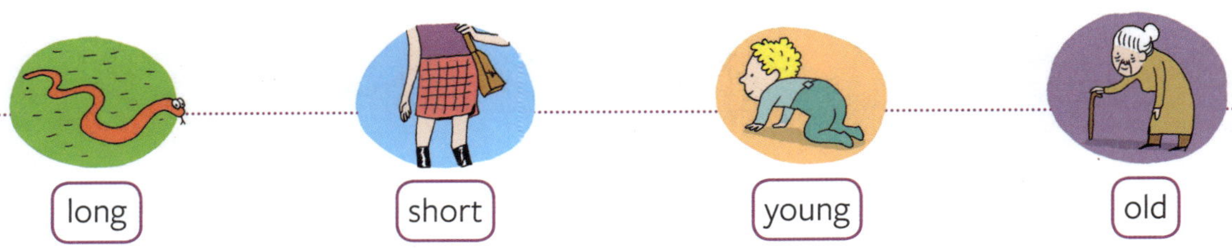

7 Seasons/ Months / Days
Saisons / Mois / Jours

Pour commencer

En France, la semaine commence le lundi.
En Angleterre, elle débute le dimanche (*Sunday*).

Vocabulary

Dialogue

Allons nager samedi.

Non, c'est l'hiver.
J'ai trop froid.
Je resterai au lit.

Read AND repeat

snow

snowman

rain

wind

Games

1 En remettant les jours dans le bon ordre, tu découvriras ce que dit Tom (débute par le lundi).

I never go to school by bus.

2 À quelles saisons correspondent ces éléments?

Autumn
Winter
Spring
Summer

Story

I am very busy. I swim on Mondays, I play tennis on Wednesdays and I ride my bike on Saturdays and Sundays.

Corrigés page 32 du *Guide parents* **Bravo, tu as terminé !** Entoure ton smiley.

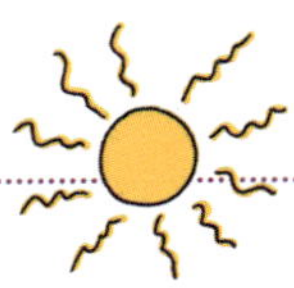

sun

cloud

dead leaves

flowers

BILAN QUIZ ! Français

1 Coche les bonnes réponses.

1. *Pourquoi ris-tu ?* est une phrase :

☐ exclamative. ☐ interrogative.

2. *Un orage violent a déraciné l'arbre.*
Le mot souligné est :

☐ un verbe. ☐ un adjectif. ☐ un nom.

3. Le mot *déterminant* désigne une classe grammaticale.

☐ Vrai ☐ Faux

4. *Le, la, les* peuvent être :

☐ des déterminants. ☐ des articles.
☐ des pronoms. ☐ des noms.

5. *Les ours sont des plantigrades.*
Le mot souligné est un COD du verbe *être*.

☐ Vrai ☐ Faux

6. Il ne faut pas confondre l'infinitif des verbes du 1er groupe et leur participe passé.

☐ Vrai ☐ Faux

7. Au pluriel, on écrit :

☐ des chacaux. ☐ des chacals.

8. Au pluriel, on écrit :

☐ des éventails. ☐ des éventaux.

9. Au futur, on écrit :

☐ je jourai. ☐ je jouerais. ☐ je jouerai.

10. Le féminin de l'adjectif *gras* est :

☐ grasse. ☐ grase.

11. Certains noms et adjectifs se terminent par un **-x** au pluriel.

☐ Vrai ☐ Faux

12. J'ai réceptionné un colis, j'ai signé :

☐ le recu. ☐ le reçu.

13. Une lettre muette ne s'entend pas.

☐ Vrai ☐ Faux

14. Au futur, les 1re et 3e personnes du pluriel se prononcent pareil mais ne s'écrivent pas pareil.

☐ Vrai ☐ Faux

15. *Je suis partie à la piscine.*

☐ C'est Emma qui parle.
☐ C'est Louis qui parle.

16. Le verbe *vouloir* a plusieurs radicaux au présent.

☐ Vrai ☐ Faux

17. Au futur, on écrit :

☐ je viendra. ☐ je viendrai.
☐ je viendrais.

18. Je suis en retard pour aller :

☐ a l'école. ☐ à l'école.

19. Les homonymes ont le même sens.

☐ Vrai ☐ Faux

20. *Terre, terrien, déterrer* sont des mots de la même famille.

☐ Vrai ☐ Faux

21. Les lettres en rouge sont des préfixes :
immobile, illisible, irrespirable.

☐ Vrai ☐ Faux

22. Un dictionnaire peut indiquer le contraire d'un mot.

☐ Vrai ☐ Faux

23. Les mots suivants sont bien classés par ordre alphabétique : *marée, marine, miroir, mollet, moule.*

☐ Vrai ☐ Faux

24. Le contraire de *sage* est :

☐ dissipé. ☐ gentil.

25. On peut écrire un récit sans introduire de personnage.

☐ Vrai ☐ Faux

Corrigés page 32 du *Guide parents*

L'ANNÉE PROCHAINE EN CM1

Voici les points importants du programme de **français** l'année prochaine.
Fais une croix ☒ à côté des notions que tu connais déjà.

Grammaire

Les classes de mots	☐	Le complément d'objet	☐
Le groupe nominal	☐	Le complément circonstanciel	☐
Le sujet	☐	Les types de phrases	☐
Le verbe	☐	Les formes de phrases	☐
Le complément du nom	☐		

Conjugaison

L'infinitif du verbe	☐	L'imparfait	☐
Le présent	☐	Le passé composé	☐
Le futur	☐		

Orthographe

Le féminin des noms	☐	L'accord dans le groupe nominal	☐
Le féminin des adjectifs	☐	-é ou -er	☐
Le pluriel des noms	☐	*Ce* ou *se*	☐
Le pluriel des adjectifs	☐	*Ces* ou *ses*	☐
L'accord sujet/verbe	☐		

Vocabulaire

Les préfixes	☐	Les différents sens d'un mot	☐
Les suffixes	☐	Les différents niveaux de langue	☐

Lire

Lecture et compréhension d'un texte littéraire	☐	Lecture et compréhension d'un documentaire	☐
Lecture et compréhension d'un article journalistique			☐

BILAN QUIZ ! Mathématiques

1 **Coche les bonnes réponses.**

1. sept-cent-quatre-vingt-dix-neuf s'écrit 789.
☐ Vrai ☐ Faux

2. Le nombre de milliers de 78 263 est 8.
☐ Vrai ☐ Faux

3. 1 089 < 1 203
☐ Vrai ☐ Faux

4. 10 258 > 10 285
☐ Vrai ☐ Faux

5. Louis XIV a vécu 72 ans. Il est né en 1643, il est mort en 1705.
☐ Vrai ☐ Faux

6. 489 + 756 = 1 245
☐ Vrai ☐ Faux

7. 6 308 + 62 587 = 69 895
☐ Vrai ☐ Faux

8. 458 + ... = 1 209
Quel est le nombre manquant ?
☐ 641 ☐ 751 ☐ 741

9. J'ai reçu 132 € et j'ai dépensé 59 €, il me reste 73 €.
☐ Vrai ☐ Faux

10. 1 708 – 983 = 735
☐ Vrai ☐ Faux

11. En achetant 8 gâteaux à 3 €, je dépense 24 €.
☐ Vrai ☐ Faux

12. 73 × 100 = 730
☐ Vrai ☐ Faux

13. 236 × 23 = 5 428
☐ Vrai ☐ Faux

14. Si on range 254 œufs dans des boites de 10, on a 25 boites pleines.
☐ Vrai ☐ Faux

15. 158 + 21 = ...
☐ 177 ☐ 179 ☐ 189

16.

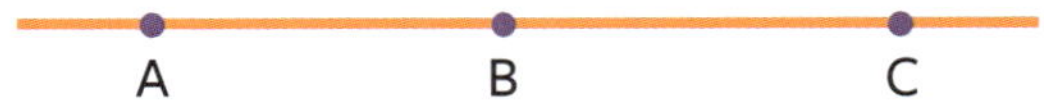

B est le milieu du segment AC.
☐ Vrai ☐ Faux

17. Coche les carrés.

☐ **a.**

☐ **b.**

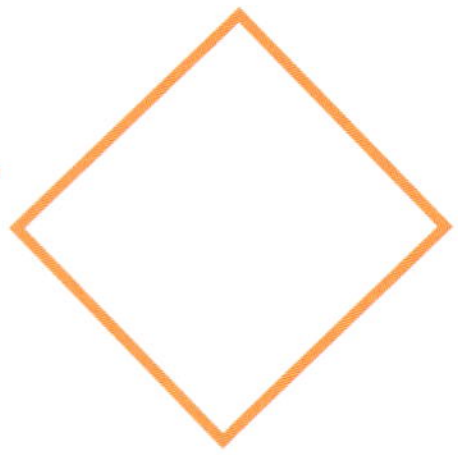

☐ **c.**

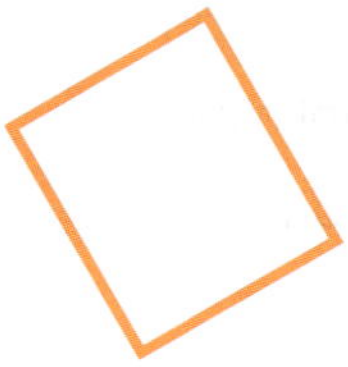

☐ **d.**

18. Une pyramide de base carrée a :
☐ 6 arêtes. ☐ 8 arêtes. ☐ 10 arêtes.

19. La lettre **T** possède :
☐ 1 axe de symétrie. ☐ 2 axes de symétrie.
☐ 4 axes de symétrie.

20. 12 000 cm = 12 km
☐ Vrai ☐ Faux

21. Il est :

☐ 8 h 20. ☐ 16 h 40. ☐ 8 h 40.

22. 12 € 35 c + 45 € 80 c = 57 € 15 c
☐ Vrai ☐ Faux

23. Dans une chorale de 30 enfants, le nombre de filles est le double du nombre de garçons. Il y a donc :
☐ 10 garçons. ☐ 15 garçons.
☐ 20 garçons.

Corrigés page 32 du *Guide parents*

L'ANNÉE PROCHAINE EN CM1

Voici les points importants du programme de **mathématiques** l'année prochaine.
Fais une croix ☒ à côté des notions que tu connais déjà.

Nombres et calculs

Les nombres entiers	☐
Les fractions simples	☐
Les nombres décimaux	☐
Les fractions décimales	☐
L'addition	☐
La soustraction	☐
La multiplication	☐
La division	☐
Évaluer l'ordre de grandeur d'un résultat	☐
La proportionnalité	☐
Les tableaux	☐
Les graphiques	☐

Espace et géométrie

Le repérage dans l'espace	☐
Le déplacement dans l'espace	☐
Le vocabulaire de la géométrie	☐
Le cercle	☐
Les triangles	☐
Les quadrilatères	☐
La symétrie	☐
Les solides	☐

Grandeurs et mesures

Les mesures de longueur	☐
Les mesures de périmètre	☐
Les mesures d'aire	☐
Les mesures de contenance	☐
Les mesures de volume	☐
Les calculs de durées	☐

BILAN QUIZ ! Temps-EMC-Espace Sciences

TEMPS – EMC – ESPACE

1 Coche les bonnes réponses.

1. L'année comprend :
☐ 7 jours. ☐ 12 mois.

2. Un siècle représente :
☐ 10 ans. ☐ 100 ans. ☐ 1 000 ans.

3. L'homme de Tautavel :
☐ s'abrite dans les grottes.
☐ maitrise le feu.

4. Les Gaulois sont vaincus à Alésia par :
☐ Vercingétorix. ☐ César.

5. Le vassal doit payer des impôts à :
☐ son roi. ☐ son suzerain.

6. Chaque citoyen a :
☐ des droits. ☐ des devoirs.
☐ ses propres règles.

7. Si on ne respecte pas les droits des personnes handicapées, cela s'appelle :
☐ la chance.
☐ la discrimination.

8. Vue de l'espace, la Terre est plate.
☐ Vrai ☐ Faux

9. La France possède des territoires dans les deux hémisphères.
☐ Vrai ☐ Faux

10. En ville, les magasins sont très rares.
☐ Vrai ☐ Faux

11. Les villages comprennent moins de 2 000 habitants.
☐ Vrai ☐ Faux

12. La France possède 3 000 km de côtes.
☐ Vrai ☐ Faux

SCIENCES

2 Coche les bonnes réponses.

1. Quand un corps change d'état, sa masse varie.
☐ Vrai ☐ Faux

2. Quand l'eau passe de l'état solide à l'état liquide, sa température est de zéro degré.
☐ Vrai ☐ Faux

3. Grâce à la chaleur du Soleil, l'eau peut s'évaporer à la surface de la Terre.
☐ Vrai ☐ Faux

4. L'air est un gaz qui peut être comprimé.
☐ Vrai ☐ Faux

5. Les végétaux qui dépassent 10 mètres de haut sont :
☐ des herbes. ☐ des arbustes.
☐ des arbres.

6. Une chaine alimentaire est formée de plusieurs réseaux.
☐ Vrai ☐ Faux

7. Quel organe permet à une plante de capter l'eau et les minéraux du sol ?
☐ la feuille ☐ la racine ☐ la tige

8. Quel est le constituant principal du corps humain ?
☐ les protides ☐ les lipides ☐ l'eau

9. Quel muscle permet au bras de se lever ?
☐ le triceps ☐ le diaphragme ☐ le biceps

10. Les os sont liés entre eux par des ligaments.
☐ Vrai ☐ Faux

11. Les corps qui sont des isolants se laissent facilement traverser par le courant électrique.
☐ Vrai ☐ Faux

12. Pour peser un corps à la balance Roberval, on utilise des masses marquées.
☐ Vrai ☐ Faux

Corrigés page 32 du *Guide parents*

L'ANNÉE PROCHAINE EN CM1

Voici les points importants du programme d'**Histoire, Géographie** et **Enseignement moral et civique** l'année prochaine. Fais une croix ☒ à côté des notions que tu connais déjà.

Histoire

Les Gaulois et les Gallo-Romains	☐	François 1er	☐
Les grands mouvements de population au Ve siècle	☐	Henri IV et les guerres de religion	☐
Clovis	☐	Louis XIV et la monarchie absolue	☐
Charlemagne	☐	Louis XVI et la Révolution	☐
Louis IX	☐	Napoléon et l'Empire	☐

Géographie

La population en France	☐	Les espaces touristiques	☐
La population dans le monde	☐	Les besoins alimentaires	☐

Enseignement moral et civique

Les valeurs de la République	☐	Le harcèlement	☐
Les droits de l'enfant	☐		

Voici les points importants du programme de **Sciences** l'année prochaine.
Fais une croix ☒ à côté des notions que tu connais déjà.

Sciences

L'énergie et son utilisation	☐	La digestion	☐
Signal et information	☐	Les mouvements de la planète Terre	☐
Développement des êtres vivants	☐	Le système solaire	☐
La reproduction sexuée	☐		☐

Droits de reproduction textes

Crédits photographiques

Achevé d´imprimer en Espagne par Grafo
Dépôt légal nº 06142-2/01 - Mars 2020

MATHÉMATIQUES

La table de multiplication

2	3	4	5	6	7	8	9
1 × 2 = 2	1 × 3 = 3	1 × 4 = 4	1 × 5 = 5	1 × 6 = 6	1 × 7 = 7	1 × 8 = 8	1 × 9 = 9
2 × 2 = 4	2 × 3 = 6	2 × 4 = 8	2 × 5 = 10	2 × 6 = 12	2 × 7 = 14	2 × 8 = 16	2 × 9 = 18
3 × 2 = 6	3 × 3 = 9	3 × 4 = 12	3 × 5 = 15	3 × 6 = 18	3 × 7 = 21	3 × 8 = 24	3 × 9 = 27
4 × 2 = 8	4 × 3 = 12	4 × 4 = 16	4 × 5 = 20	4 × 6 = 24	4 × 7 = 28	4 × 8 = 32	4 × 9 = 36
5 × 2 = 10	5 × 3 = 15	5 × 4 = 20	5 × 5 = 25	5 × 6 = 30	5 × 7 = 35	5 × 8 = 40	5 × 9 = 45
6 × 2 = 12	6 × 3 = 18	6 × 4 = 24	6 × 5 = 30	6 × 6 = 36	6 × 7 = 42	6 × 8 = 48	6 × 9 = 54
7 × 2 = 14	7 × 3 = 21	7 × 4 = 28	7 × 5 = 35	7 × 6 = 42	7 × 7 = 49	7 × 8 = 56	7 × 9 = 63
8 × 2 = 16	8 × 3 = 24	8 × 4 = 32	8 × 5 = 40	8 × 6 = 48	8 × 7 = 56	8 × 8 = 64	8 × 9 = 72
9 × 2 = 18	9 × 3 = 27	9 × 4 = 36	9 × 5 = 45	9 × 6 = 54	9 × 7 = 63	9 × 8 = 72	9 × 9 = 81
10 × 2 = 20	10 × 3 = 30	10 × 4 = 40	10 × 5 = 50	10 × 6 = 60	10 × 7 = 70	10 × 8 = 80	10 × 9 = 90

Figures géométriques

Les triangles

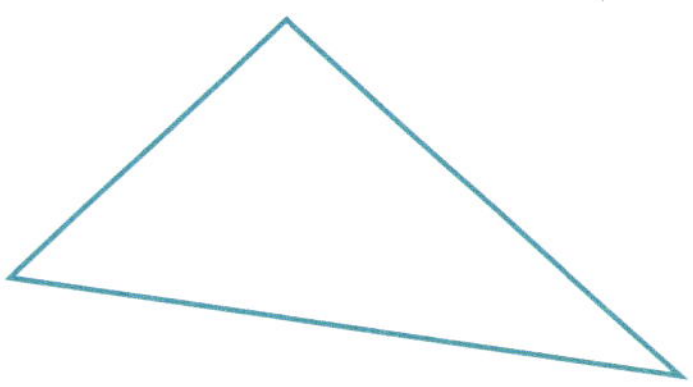

quelconque

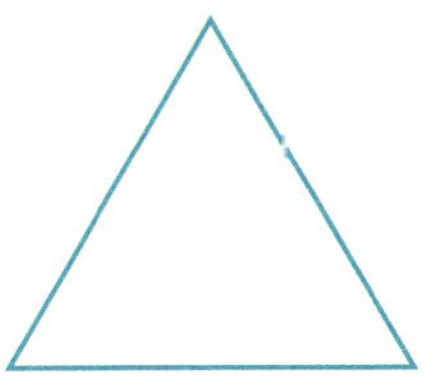

équilatéral
3 côtés de même longueur

Les solides

cube
6 faces identiques
12 arêtes
8 sommets

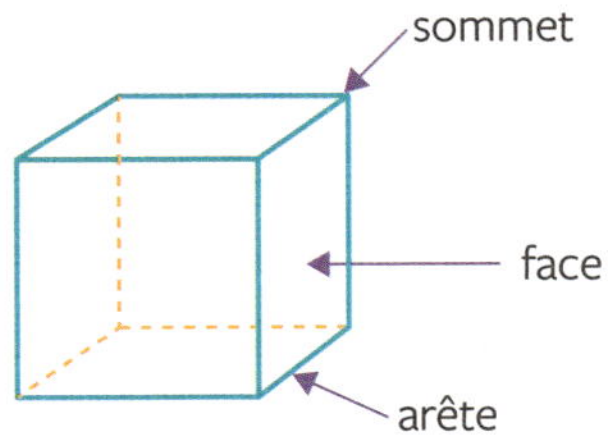

pavé
6 faces rectangulaires identiques 2 à 2
12 arêtes
8 sommets

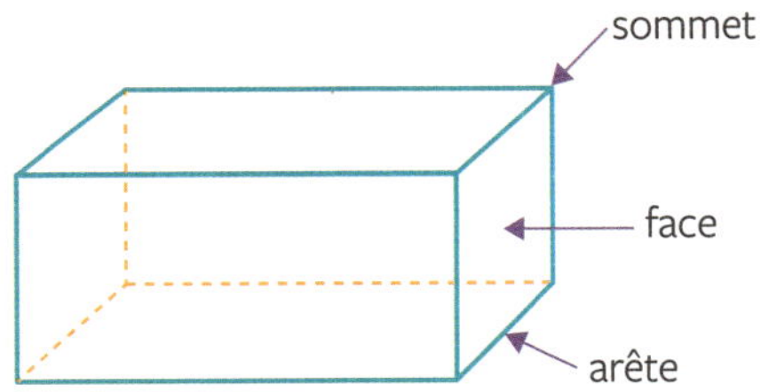

Les quadrilatères (figures à 4 côtés)

quelconque

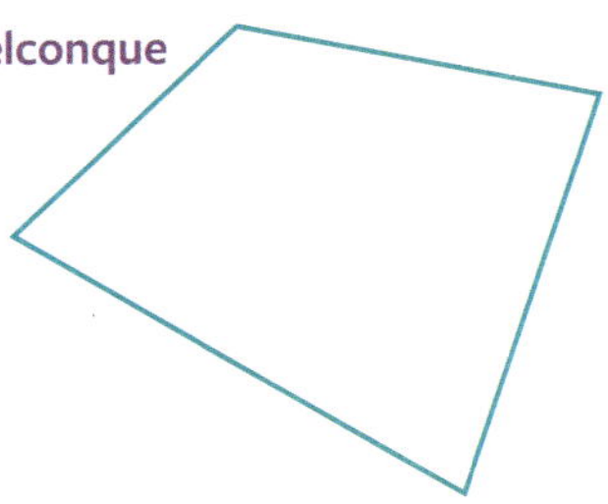

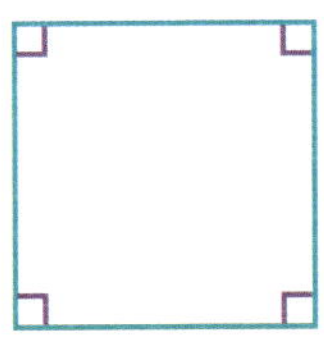

carré
4 angles droits
4 côtés de même longueur

rectangle
4 angles droits
côtés opposés de même longueur

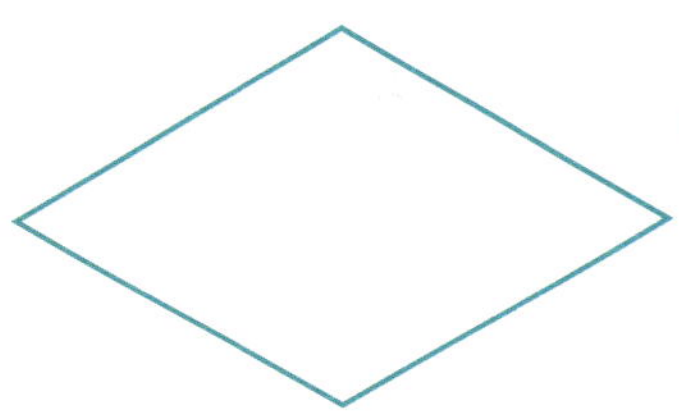

losange
4 côtés de même longueur

DE LA PRÉHISTOIRE À 1800

La Préhistoire

Il y a environ 3 millions d'années	• Trace des premiers ancêtres de l'homme en Afrique
	▶ ÂGE DE LA PIERRE TAILLÉE (PALÉOLITHIQUE)
Il y a environ 2 millions d'années	• Le galet aménagé
	• L'homme découvre le feu, chasse, pêche et cueille.
Il y a 450 000 ans	• L'homme de Tautavel
Il y a 20 000 ans	• L'homme peint l'intérieur de certaines grottes (Lascaux).
	▶ ÂGE DE LA PIERRE POLIE (NÉOLITHIQUE)
Il y a 10 000 ans	• Invention de l'élevage et de l'agriculture

L'Antiquité

(de 4000 avant J.-C. à environ 500 après J.-C.)

3500 avant J.-C.	• Invention de l'écriture.
200 avant J.-C.	• Début des conquêtes romaines
125 avant J.-C.	• Invasion du sud de la Gaule par les Romains
52 avant J.-C.	• Bataille d'Alésia et défaite des Gaulois
An I :	**début de notre ère**
de 100 à 300	• Expansion du christianisme
406	• Invasions des Barbares
476	• Chute de l'Empire romain
481	• Clovis, roi des Francs